D0823849

L'ÉROTISME

FRANCESCO ALBERONI

L'ÉROTISME

RAMSAY

Titre de l'ouvrage en première publication :
L'EROTISMO

Traduit de l'italien par Raymonde Coudert.

© Garzanti Editore S.p.a., 1986, 1990.
© Éditions Ramsay, 1987, pour la traduction française.

ISBN : 2-266-06182-8

Préface

Mon propos n'est pas de décrire toutes les formes d'érotisme présentes dans notre société, pas plus que d'analyser les différences existant entre diverses cultures. Des centaines d'ouvrages de sexologie ont paru sur ce sujet et mon livre n'est pas un manuel de sexologie.

Mon but consiste à amener le lecteur à se demander qui il est, et jusqu'à quel point la description donnée des fantasmes, des rêves et des craintes des hommes et des femmes le concerne. Il est évident que nul ne pourra se reconnaître dans le type idéal présenté à la fin de ce travail. Et c'est logique. Le type idéal est une généralisation, tandis que chaque individu est unique, différent, distinct de tous les autres.

Mon propos n'est pas non plus de faire la description du monde mais plutôt de fournir un instrument d'introspection et de connaissance de soi, de conduire à regarder l'intérieur et non pas l'extérieur. En outre, je suis convaincu que les différences entre les hommes et les femmes ne sont pas de nature biologique mais culturelle et historique. Par conséquent, elles varient d'une société à l'autre, d'une époque à l'autre, et elles sont destinées à subir une mutation rapide en Occident.

C'est précisément en soulignant les différences, les incompréhensions et les malentendus que j'ai voulu sonder l'âme humaine, avec la conviction qu'elle est, au fond, toujours la même, qu'elle soit celle d'un homme ou celle d'une femme, et quel que soit le siècle qu'on choisisse d'étudier. Et c'est cette conviction qui apparaît si l'on juge *L'Érotisme* non pas comme un ouvrage isolé, mais comme une des parties de la trilogie qu'il constitue avec *Le Choc amoureux* et *L'Amitié*.

Milan, janvier 1987.

Différences

1 L'érotisme est placé sous le signe d'une différence dramatique, violente, excessive et secrète. Telle est du moins l'image qui s'en dessine lorsque nous observons les publications dans un kiosque à journaux [1]. À l'écart, presque dissimulée, la pornographie *hard core* ; à côté, plus en vue, les livres pornographiques d'Olympia Press ; enfin, exposées en évidence, les revues érotiques comme *Playboy* ou *Penthouse*. C'est le coin réservé à l'érotisme masculin. Les femmes n'achètent pas cette sorte de publications et elles ne les regardent pas sans éprouver un sentiment de malaise, un vague mépris, voire même de l'irritation.

À l'opposé, dans le même kiosque, sont rangées les publications exclusivement achetées et lues par les femmes [2] : les romans sentimentaux des éditions Harlequin, de Delly, Liala ou Barbara Cartland. L'imaginaire féminin possède en effet ses propres mythes et se nourrit d'images et de fantasmes spécifiques. Le coin réservé à l'érotisme féminin s'élargit aux magazines spécialisés dans le courrier du cœur, la vie sentimentale des stars, la mode, le maquillage, la gymnastique, la maison et les réceptions mondaines.

---

1. L'exemple développé ici concerne l'Italie où les sex-shops n'existent pas mais où les kiosques, dans la rue, proposent à la fois les quotidiens, les hebdomadaires et certains livres.

2. Helen Hazel, *Endless Rapture. Rape Romance and the female Imagination*, New York, Charles Scribner's Sons, 1983. Avant elle, John Money avait soutenu que les revues *True Confessions* et *True Love* constituent la véritable pornographie féminine ; cf. *Pornography in the Home*, in Zubin J. et Money J., *Contemporary Sexual Behaviour : Critical Issues in 1970's*, Baltimore, the John Hopkins University Press, 1973.

L'intérêt que portent les femmes aux crèmes, aux parfums, aux soins du corps et aux fourrures a un sens érotique avant d'être social. Au siècle dernier, le cousin de Darwin, sir Francis Galton, avait déjà montré que les femmes ont une sensibilité tactile beaucoup plus affirmée que les hommes [1]. Havelock Ellis prétendait pour sa part que les femmes ont un érotisme cutané extraordinaire [2]. Dans la même perspective que ces observations, Beatrice Faust estime que les parfums, la lingerie, les corsets et autres talons aiguilles constituent un ensemble de stimuli doués d'une charge auto-érotique très puissante [3]. Les moralistes, qui sont des hommes, se sont toujours intéressés aux zones érogènes définies par l'œil masculin — les seins, les fesses, le pubis — mais ils ne se sont qu'exceptionnellement préoccupés de la peau, car il ne leur est jamais venu à l'esprit que cet organe est, par excellence, la zone érogène féminine. C'est à cet érotisme que s'adresse l'industrie des cosmétiques avec ses lotions, ses massages, ses parfums, ses baumes et ses sels de bains ; c'est à cet érotisme qu'elle fournit ses produits. Il faut ajouter que les femmes semblent plus sensibles que les hommes à la musique, au rythme et aux sons. L'érotisme masculin est visuel et génital l'érotisme féminin est, quant à lui, plus tactile, musculaire, auditif, lié à l'odorat, à la peau, au contact [4].

Ces différences, de nos jours, nettement moins sensibles résulteraient, dit-on, de la division séculaire des rôles entre les sexes et, en particulier, de la prédominance masculine. Selon la même thèse, les différences entre les hommes et les femmes sont l'expression des inhibitions que les deux sexes ont subies sous cette emprise. Engagé dans le travail et dans la vie sociale, l'homme est actif ; il va droit au but, se considère comme un être indépendant,

---

1. Francis Galton, « The Relative Sensibility of Men and Women at the Nape of the Neck », *Nature*, 1984, 50, 40-2.
2. Havelock Ellis, *Sex and Marriage*, Londres, Greenwood Press, 1977.
3. Beatrice Faust, *Women, Sex and Pornography*, New York, Penguin Books, 1981.
4. *Ibidem*. Cf. aussi Susan Brownmiller, *Feminity*, New York, Fawcett Columbine, 1985.

libre de ses sentiments et doué d'une puissance sexuelle aussi étendue qu'insatisfaite. Enfermée dans sa maison, la femme se voit, en revanche, comme un être faible et fragile sans le secours affectif de l'homme ; ce qui explique le soin qu'elle prend de son corps, de sa peau et de sa beauté. Mais ces caractéristiques ne seraient que des survivances d'un passé destinées à disparaître bientôt : c'est ainsi que presque tous les spécialistes de ces questions proposent des recettes censées aider l'humanité à dépasser cet état provisoire des choses, et à éliminer les distinctions qui demeurent encore entre les sexes. Ils ne les analysent pas, ils ne les prennent pas au sérieux : ils cherchent seulement à en démontrer l'absurdité.

Mais ont-ils raison ? Il est vrai que les différences entre les hommes et les femmes sont les traces sédimentées de millénaires d'histoire et d'oppression. La mutation du rapport entre les sexes n'est amorcée que depuis quelques décennies. Un jour viendra où ce qui aujourd'hui nous paraît naturel et éternel n'existera plus. C'est pourquoi, en faisant de l'érotisme l'objet de notre étude, nous ne cherchons pas à décrire un état mais un processus. Pour la première fois dans l'histoire de l'humanité, les femmes et les hommes ont tenté de se comprendre ; chacun des deux sexes s'est identifié à l'autre, a assumé son rôle. La mode vestimentaire unisexe en a été, et en est encore, un parfait témoignage. Les femmes se sont approprié les modèles masculins — vestes et pantalons — et les hommes ont fait leurs les modèles féminins — tenues d'intérieur et cosmétiques.

La possibilité même de l'érotisme, sa manifestation en Occident, est le produit de cette découverte, du jeu de l'échange des rôles qui donne à chacun le pouvoir de pénétrer les fantasmes érotiques de l'autre et de lui livrer les siens. C'est précisément pour cette raison qu'il est important de s'arrêter à ce que chacun des deux sexes présente de spécifique et de particulier.

En outre, rien ne disparaît sans laisser de traces. La vie sexuelle, affective, amoureuse et érotique des femmes et des hommes de demain sera certes différente de ce qu'elle est aujourd'hui, mais non pas radicalement. Le devenir est toujours une synthèse de l'ancien et du nouveau. Les archétypes qui forment le fonds de notre culture [1], les modèles qui ordonnent notre apprentissage ne seront pas détruits, mais subiront une nouvelle élaboration. On ne peut se débarrasser des différences comme si elles étaient de pures illusions. Le point de départ ne saurait être un exorcisme.

Dans la période historique que nous traversons, femmes et hommes cherchent ce qui les réunit au-delà de ce qui les sépare. Néanmoins, ils ont encore une sensibilité différente, des désirs différents et une imagination différente.

Souvent, l'un imagine l'autre comme il n'est pas en réalité et exige des choses qu'il ne peut lui donner. L'érotisme est placé sous le signe du malentendu et de la contradiction. Pourtant, la rencontre existe, et l'attirance réciproque, et l'amour. Comment cela est-il possible ? Quelle est la voie qui mène des différences à l'entente, à la compréhension, à l'enchantement de l'amour entre les sexes ? Tel est le sujet du présent livre.

---

1. Dans la psychologie jungienne, la part féminine de l'homme est appelée *anima* et la part masculine *animus*. Cf. Carl Gustav Jung, *Dialectique du moi et de l'inconscient*, Paris, Gallimard, 1973.

2 1. La pornographie appartient à l'imaginaire de l'homme. Elle est la satisfaction hallucinatoire des désirs, des besoins, des aspirations et des peurs propres au sexe masculin : exigences et peurs historiques, voire même archaïques, mais toujours à l'œuvre aujourd'hui.

Les femmes ne tiennent pas à regarder des photos d'hommes nus. Cela ne les excite pas sexuellement. Barbara Cartland a répondu à un journaliste de télévision qui lui demandait de décrire le type d'homme qu'elle jugeait le plus excitant : « Complètement habillé et, de préférence, en uniforme. » Les hommes sont au contraire excités par la nudité féminine et c'est à cette nudité que s'accrochent leurs fantasmes de rapports sexuels. Autrefois, avant que la pornographie ait trouvé sa légitimation, des photos circulaient, et des dessins, que les hommes se passaient de main en main, en secret. Les coiffeurs offraient à leurs clients de petits calendriers parfumés décorés de dessins de femmes légèrement vêtues. C'était très peu de chose en comparaison de l'ouragan d'aujourd'hui, mais cela suffisait à provoquer l'excitation. Les statues, ou la reproduction des statues de nus de l'Antiquité, ont toujours été, pour les collégiens, du matériel pornographique où alimenter leurs fantasmes masturbatoires. Le roman a joué le même rôle et, plus récemment, le cinéma. Les caractéristiques du récit érotique masculin ont été très bien décrites par Pascal Bruckner et Alain Finkielkraut. Ces deux auteurs considèrent la pornographie comme une série d'actes sexuels non reliés par une histoire dans laquelle les protagonistes masculins n'ont absolument rien à faire. Ils se promènent en toute innocence et une femme vorace les entraîne dans son lit. Au bureau, leur secrétaire se déshabille et, sans un mot, leur propose la fellation. La pornographie offre un monde merveilleux « où l'on n'a plus besoin de séduire pour obtenir, où la concupiscence ne risque jamais ni d'être réprimée ni d'être éconduite, où le moment du désir se confond avec celui de la satisfaction, ignorant avec superbe la figure actante de l'Opposant... Fantasme de l'instantanéité : que le rapport sexuel ne soit pas placé au terme d'une maturation, d'une attente, d'un travail, d'une stratégie. Qu'il soit un cadeau, pas un salaire... Les héros pornographiques sont donc miraculeusement délivrés de la drague et des préludes amoureux : à peine guignées, les femmes sont nues et disponibles ; nul besoin de faire les présentations, de dire bonjour, aucune entrée en matière [1]... » Les femmes convoitent les hommes avant même qu'ils aient songé à manifester leur désir.

La pornographie (masculine) représente les femmes comme des êtres assoiffés de sexe : poussées par une pulsion irrésistible, elles ne pensent qu'à se jeter sur le pénis de l'homme. Telle est, du moins, la manière dont les hommes croient que les femmes se comportent avec eux. La pornographie imagine les femmes dotées des mêmes pulsions que les hommes et leur attribue les mêmes désirs et les mêmes fantasmes ; elle fait ainsi coïncider désirs masculins et désirs féminins : deux personnes quelconques, à un moment quelconque, veulent l'une de l'autre la même chose. Il n'y a ni offre, ni demande, ni échange. Chacun donne tout et reçoit tout. Le désir se manifeste et il est satisfait à coup sûr. C'est l'équivalent érotique du pays de cocagne où un homme affamé voyait courir des fleuves de lait, de vin et de miel, et où poulets rôtis, saucisses et andouilles poussaient sur les arbres en guise de fruits. Le gourmand rêvait d'une satisfaction immédiate de ses désirs, sans prendre la moindre peine, sans nécessité de travailler et sans la menace du spectre de la misère. L'abondance ne l'empêchait pas d'éprouver une faim aussi dévorante qu'insatiable : celle qu'on éprouve précisément lorsqu'on est dans la misère.

1. Pascal Bruckner et Alain Finkielkraut, *Le Nouveau Désordre amoureux*, Paris, Le Seuil, 1979, pp. 64-66.

Cet univers imaginaire ne laisse place à aucun autre sentiment, à aucune autre relation. La pure imagination érotique de l'homme se défait de tout ce qui pourrait la brider. Il n'est que de lire les grands écrivains pour s'en convaincre. Pour Henry Miller [1], par exemple, l'érotisme est toujours un rapport sexuel soudain, facile, frénétique, avec une femme inconnue. La première fois est aussi la dernière, et elle est parfaite. Seul le sexe de la femme présente un intérêt, rien d'autre. Si Miller ajoute parfois un détail — elle est intellectuelle, vorace, timide, réservée —, il renvoie toujours au sexe. Son corps ne fait même pas l'objet d'une description. Il ne nous dit pas si elle est brune ou blonde, si elle a des taches de rousseur. La seule chose qu'il mentionne est sa race — elle est juive ou noire le plus souvent —, son comportement pendant l'acte sexuel : un comportement avide, frénétique. Chez Miller, les femmes « ne pensent qu'à ça ». Toutes, sans exception, et très simplement, et sans délai. Jamais un obstacle, jamais un refus. Et elles disent oui, non pas parce qu'elles sont fascinées par une qualité quelconque de l'homme, mais à cause de la frénésie sexuelle qui les caractérise. Il les touche et les voilà déchaînées ; le geste est magique et ne souffre aucune exception ; sa puissance est irrésistible. Elles sont toutes endiablées, offertes et insatiables. C'est la rencontre d'un mâle et d'une chienne en chaleur. Raison, conventions, éducation, sont des barrières fragiles que le premier contact anéantit en un éclair.

Ces fantasmes ne sont pas sans rapport avec la prostitution. Le corps, pourtant bien réel, de la prostituée est l'incarnation de la femme que la pornographie représente comme sexuellement vorace. La prostituée « appâte » le client. Elle n'attend pas qu'il l'approche et la séduise. C'est elle qui prend l'initiative. Elle lui fait un clin d'œil, un sourire entendu, un signe de la tête. Elle passe près de lui, lui souffle un compliment et l'invite à la suivre. Elle fait ce qu'en réalité aucune femme ne fait. La femme attend, en effet, l'initiative de l'homme, même si son intention

1. Cf. en particulier *Opus pistorum*, trad. Brice Mathieussent, LGF, 1985.

est de le séduire ; elle ne l'invite pas ouvertement. Elle attend que l'autre déchiffre son invite ; elle attend qu'il comprenne. La prostituée, au contraire, séduit l'homme comme l'homme voudrait pouvoir séduire la femme : d'une simple proposition de son corps, en l'invitant et en lui promettant des plaisirs extraordinaires. La prostituée agit comme la protagoniste des romans pornographiques masculins. Elle se comporte dans la réalité comme les actrices des films *hard core* : elle réalise le fantasme masculin qui consiste à être séduit par une femme avide de son sexe. Il n'a rien à faire ; il peut rester passif. Il lui suffit d'exprimer ses désirs pour les voir satisfaits ; et toute cette aventure survient dans la vraie vie, et non en rêve.

Néanmoins, le rapport de l'homme à la prostituée reste un voyage dans l'imaginaire car elle n'éprouve pas au fond l'intérêt érotique qu'elle exhibe, elle fait semblant ; elle feint pour de l'argent. C'est une actrice et elle veut être payée pour sa prestation. Elle se plie aux fantasmes sexuels masculins, elle en accepte le rythme, elle accepte les désirs érotiques de l'homme quand bien même ils lui sont étrangers et ne la concernent pas. Mais elle le fait pour un temps limité et pour un prix convenu.

Pornographie et prostitution prouvent qu'il existe une région de l'érotisme masculin qui reste totalement étrangère à la femme, qui ne l'intéresse pas, qu'elle n'accepte qu'à condition d'être payée, c'est-à-dire au titre d'activité explicitement non érotique, mais professionnelle.

2. Passons maintenant à l'autre partie du kiosque à journaux où sont exposés les romans sentimentaux. Ils sont une des manifestations typiques de l'érotisme féminin, de même que la pornographie en est une de l'érotisme masculin. Le genre sentimental qui correspond à l'anglais *romance* s'est développé indépendamment dans tous les pays d'Occident. Il n'est que de penser à l'énorme succès des ventes de Liala pour l'Italie, de Delly pour la France et de Barbara Cartland comme auteur anglo-américain. À elle seule, cette dernière a vendu plus de 400 millions d'exemplaires de ses livres. D'autre part, les éditions Harlequin, en 1980, ont vendu 188 millions d'exemplaires aux États-Unis, 25 millions en France et environ 20 mil-

lions en Italie. Ce genre de littérature n'est lu que par les femmes et suscite un intérêt pratiquement nul auprès des hommes. Le roman sentimental a été amplement analysé [1] et toutes les études montrent que sa structure varie peu. On peut schématiser l'histoire générique ainsi : l'héroïne est du genre le plus commun ; elle n'est jamais très belle ou, si elle l'est, elle a quelque petit défaut : une bouche trop grande, des yeux trop écartés, les traits réguliers mais sans grâce. Elle est intelligente, active et honnête. Elle est vierge et n'a pas d'expérience amoureuse. Si elle a eu des aventures, elles ont été malheureuses ; en tout cas, elles appartiennent au passé. Les derniers romans du genre la montrent divorcée. Le plus souvent, elle n'est pas riche. Bien insérée dans son milieu, elle ne souffre pas de solitude. Si elle a des possibilités cachées, elle les ignore, comme son entourage. Elle se sous-estime mais son histoire donnera la preuve éclatante qu'elle est capable de susciter un amour passionné.

À un certain moment de sa vie, cette femme rencontre un homme extraordinaire. Il ne fait aucun doute qu'on est en présence du prédestiné, de l'élu. Il est grand, fort, sûr de lui, ses yeux sont de glace, gris, lointains. Elle est troublée car il lui apparaît tout à la fois fascinant et inabordable. Il est trop beau, trop riche, trop connu, trop entouré et adoré par les autres femmes pour qu'elle puisse espérer un regard de lui.

Mais le miracle s'accomplit. Cet homme lointain, sauvage, infidèle, indomptable et supérieur la regarde ; il s'occupe d'elle. Nous sommes au cœur de l'aventure érotique. L'improbable, l'inouï survient. La femme est parcourue d'un frisson d'excitation ; elle est bouleversée. Elle voudrait pouvoir croire qu'il s'intéresse vraiment à elle,

1. En italien, on peut lire l'analyse de Maria Pia Pozzato, *Il Romanzo Rosa*, « Espresso strumenti », Milan, Editori Europei Associati, 1982. Cf. aussi Susan Koppelman Cornillon, *Image of Women in Fiction*, Bowling Green, Ohio, Bowling Green University Popular Press, 1976 ; Nina Bayn, *Women's Fiction*, Ithaca, Cornell University Press, 1978 ; Marilyn French, *Toilettes pour femmes*, Paris, Laffont, 1978 ; Jeanne Cressanges, *Ce que les femmes n'avaient jamais dit*, Paris, Grasset et Fasquelle, 1982.

mais elle n'ose même pas le penser. C'est un don Juan, un séducteur ; son pouvoir est dangereux.

Elle se méfie et elle résiste. Une rivale entre dans la danse : une femme facile et libre de mœurs, séductrice consommée. Sur ce point, l'histoire offre de nombreuses variantes. Il peut arriver, par exemple, que la rivale parte avec l'homme et envoie à l'héroïne, en provenance d'Acapulco, une invitation à son mariage. La présence de la rivale, son succès et l'éloignement du héros sont les ingrédients qui doivent faire croire à l'héroïne qu'elle a perdu la partie : elle n'est plus maîtresse d'elle-même ; elle est désespérée ; elle s'enfuit.

Mais l'homme ne renonce pas ; il insiste ; il l'invite à son tour. Il se montre tendre et pressant. L'héroïne est désormais amoureuse de cet être fort et doux, de cet aventurier délicat, de ce don Juan qui ne se préoccupe que d'elle seule. Mais comment savoir s'il l'aime vraiment ? Elle croit qu'il ne l'aime pas, qu'il ne s'agit là que de sympathie, d'amitié, tout au plus d'une aventure. Aussi s'enfuit-elle à nouveau ; elle se cache, fait une scène et s'en va. Ce qui n'est pas sans poser un problème au héros qui, comme la suite de l'histoire le dira, est profondément amoureux d'elle.

C'est qu'il y a un malentendu. Chacun est amoureux, tout en pensant que ce n'est pas réciproque. L'histoire se déroule comme un roman policier. Le problème de la femme est de savoir si, malgré les apparences, l'homme l'aime ou non. Je précise « malgré les apparences », car celles-ci sont en tous points contraires. Il se comporte vis-à-vis d'elle avec cruauté. Il la sauve mais il l'insulte et la chasse. Elle apprend qu'il a épousé une femme très belle et sans scrupules. Ou encore il l'abandonne dans une forêt. Il arrive même qu'elle le surprenne au lit avec sa rivale. À moins qu'elle ne découvre des vêtements féminins dans son armoire. Selon les codes du roman policier, tout plaide la culpabilité du héros.

Mais voilà la solution : il n'était pas coupable. Il ne s'est jamais intéressé à l'autre femme. Il ne s'est jamais marié. Il l'avait abandonnée dans la jungle dans le seul but de pouvoir la sauver. Il était couché avec une femme parce qu'il était blessé : la femme était penchée sur lui, tout simplement. Quant aux vêtements dans l'armoire, ils étaient là depuis des années. Tout ce qui, dans la réalité, passerait pour des mensonges éhontés est ici pure vérité. Malgré les apparences, l'homme n'a jamais commis de faute. Seuls des obstacles extérieurs peuvent expliquer les événements, ou encore le hasard, l'équivoque, le malentendu, l'illusion.

Telle est l'histoire générique, sinon la plus fréquente. Helen Hazel [1] a montré que même les romans dans lesquels l'héroïne est violée, vendue comme esclave, contrainte à la prostitution, se plient au schéma général de la conquête du véritable amour. Dans le roman sentimental du premier type, les péripéties sont représentées par des doutes et des malentendus ; dans le second, l'héroïne doit subir des épreuves concrètes et physiques. Cet érotisme n'a rien à voir avec le sexe. Les rapports sexuels peuvent exister et, dans les romans les plus récents, l'héroïne fait l'amour avec désespoir, mais l'émotion profonde qui fait la spécificité érotique de ces aventures n'est pas dans le rapport sexuel, elle est dans le frémissement, dans la langueur. C'est le trouble de la jalousie, c'est l'amour non dit qui vous étreint le cœur, qui vous fait tour à tour souffrir et espérer. L'érotisme s'embrase lorsque cette femme quelconque, qui n'a rien à donner, sent le regard du héros se poser sur elle. Quand survient l'incroyable, comme dans la fable de Cendrillon — et avec elle de tous les faibles — à qui tout est soudain donné, par miracle. L'érotisme est aussi dans l'angoisse et dans la peur de ne pas être aimée. Il est dans le besoin de l'héroïne de se savoir cherchée, et cherchée encore. Il est dans le refus, dans le fait de dire non avec l'espoir affolé que l'aimé reviendra malgré tout. L'érotisme se consume et se consomme dans cette tension, dans cette question obsédante, chaque fois déçue, chaque fois renaissante : m'aime-t-il ? me désire-t-il ? m'aime-t-il ?

Des livres qui nous paraissent très éloignés de la littérature sentimentale — comme par exemple ceux de Jackie Collins ou Erica Jong — obéissent, eux aussi, à cette règle inexorable.

1. Helen Hazel, *Endless Rapture, op. cit.*

3. La pornographie masculine et les romans sentimentaux ont quelque chose en commun. La femme qui, dans la vie, n'aurait pas un regard pour son suiveur et qui opposerait un refus catégorique à ses avances, celle qui exigerait d'être invitée à Tahiti dans des hôtels de luxe et des grands restaurants, celle qui finirait par réclamer le mariage, est, dans la pornographie, toujours prête, disponible et sans façons. Le bel homme séduisant, connu, riche à millions, qui n'aurait pas un regard pour son admiratrice, lui écrit, par la vertu du roman sentimental, des centaines de lettres d'amour ; il lui envoie des bouquets de roses, il fait des folies pour elle et la demande en mariage. Éconduit, il insiste. Repoussé, il espère. Il renonce à ses habitudes ; il devient doux comme un agneau, il se laisse domestiquer, épouser. Deux choses aussi incroyables qu'impossibles mais, pour les hommes et les femmes, aussi excitantes qu'incompréhensibles de la part de l'autre.

Il existe une correspondance plus ténue entre les deux genres : l'héroïne des romans sentimentaux qui tombe amoureuse n'a pas d'attaches : elle est célibataire ou divorcée, à moins qu'elle ne soit déjà la femme d'un homme qu'elle aime mais qu'elle devra reconquérir. Elle n'a pas de choix à faire. Aucun obstacle intérieur ne vient l'empêcher de rejoindre son amour : les obstacles sont toujours extérieurs. L'homme, lui, ne comprend pas ; une prétendue amie — ennemie — le lui enlève. Lui aussi est libre ou divorcé ; personne ne lui importe vraiment. Si l'amour est partagé, il n'éprouve aucun doute, aucun remords. La seule question pour elle est celle-ci : « M'aime-t-il et m'aimera-t-il ? » Et pour lui : « Est-ce que je l'aime et est-ce que je l'aimerai ? » Le dilemme n'est pas de mise, le compromis hors de question. C'est un jeu de « tout un ou tout l'autre ».

Romans sentimentaux et romans pornographiques mettent en scène la satisfaction immédiate d'un désir par l'élimination d'une réalité gênante. La pornographie masculine élimine la résistance féminine, la nécessité de courtiser, la demande d'amour de la part de la femme. Les romans sentimentaux éliminent, eux, les obstacles, les doutes et les responsabilités. L'héroïne ne vole jamais le mari d'une épouse fidèle, pas plus qu'elle ne quitte un fiancé ou un époux aimant ; elle n'est pas encombrée par des problèmes d'enfants, elle ne se trouve pas dans la situation où elle serait la maîtresse d'un homme. Les deux protagonistes sont libres, déçus par un amour passé, en quête d'une nouvelle vie ; ils ne font de mal à personne. Les vraies difficultés n'existent pas ; elles ont été miraculeusement effacées.

Le rêve de la femme

3 1. Il est courant d'observer, chez les hommes, une perte d'intérêt pour la femme après l'acte sexuel. Ce phénomène étant toutefois très nuancé selon les individus. Il est à peine marqué chez celui qui, amoureux, serre sa maîtresse dans ses bras comme s'il ne pouvait s'en séparer ; il est à son paroxysme dans le rapport avec une prostituée car, dans ce cas, le désir disparaît instantanément et l'homme aimerait être rhabillé, sorti de la chambre et loin de l'hôtel de passe dès qu'il a pris son plaisir. Entre ces deux extrêmes, il existe de nombreuses situations intermédiaires où les hommes voient leur intérêt baisser momentanément. Puis, peu à peu, le désir sexuel se réveille en eux, et avec lui la tendresse, l'envie de prendre leur maîtresse dans leurs bras, de la caresser, de la regarder, de lui faire l'amour à nouveau. Dans un rapport amoureux, l'homme préfère parler, lire, badiner, avant l'acte sexuel, pour finir par l'orgasme. Après quoi il se sent heureux, comblé et enrichi. C'est, pour lui, le meilleur moment pour la séparation : comme lorsqu'on abandonne un roman policier en sachant qui est le coupable — ce qui suit peut être utile, intéressant, mais non pas essentiel ; l'essentiel a déjà eu lieu —, ou comme lorsqu'on parvient, après un effort intense, à résoudre un problème délicat : la démonstration la plus scrupuleuse et sa rédaction attentive peuvent attendre. Le cri d'Archimède, « Eurêka », exprime parfaitement cet état d'accomplissement bienheureux qui signifie aussi le désir de bouger, de sortir, de courir.

La femme interprète un tel comportement en termes de refus et d'indifférence. Elle juge qu'elle est traitée comme une friandise qui vous rend fou tant que vous n'y avez pas goûté et qui vous dégoûte dès que vous en êtes rassasié. À cela près qu'elle n'est pas une friandise mais une personne. L'homme l'a d'abord courtisée, flattée, désirée. Il ne prétendait pas à son seul corps — jambes, seins, sexe. Il voulait aussi sentir son désir, il admirait son intelligence. Il souhaitait parler avec elle. Après l'orgasme — ou après un certain nombre d'orgasmes —, tout se passe comme si elle disparaissait en tant que personne pour céder la place à son corps comme objet de refus.

C'est cette expérience malheureuse qui sert de règle pour la femme qui a tendance à penser que l'homme, en réalité, recherche seulement la satisfaction de son plaisir, qu'il n'éprouve pas le moindre intérêt pour elle en tant que personne, qu'il ne veut jamais autre chose que son plaisir lorsqu'il feint de l'écouter amoureusement. Le rapport intellectuel et affectif, l'intimité, ne sont qu'un moyen pour atteindre un but précis. En effet, s'il la désirait réellement en tant que personne, il continuerait à la désirer après l'amour, il voudrait rester près d'elle, et il la garderait tendrement enlacée. Une fois satisfait sexuellement, il devrait rester heureux, à ses côtés, la caresser, respirer son parfum, et non pas désirer se lever et partir. Il n'a pas à la quitter avant qu'elle ne soit elle-même fatiguée de lui.

La structure temporelle est différente pour les deux sexes. Les femmes ont une préférence marquée pour le continu et les hommes une préférence non moins marquée pour le discontinu [1]. Lorsque les femmes disent préférer la tendresse et les caresses à l'acte sexuel, elles ne parlent pas seulement du toucher et de l'aspect cénesthésique d'une telle expérience. Elles expriment leur besoin d'une atten-

1. La meilleure explication de ce phénomène est celle proposée par Lilian B. Rubin, *Des Étrangers intimes. Comment les couples construisent leurs malentendus*, Paris, Laffont, 1985. L'auteur rappelle que la femme, contrairement à l'homme, n'a pas besoin de se différencier de son premier objet d'amour et d'identification qui est la mère. Cette expérience la conduit donc à éprouver par la suite un sentiment de continuité avec ceux qu'elle aime. Elle recherche la fusion avec l'être aimé. Cf. aussi les explications, quoique moins claires, de E. Newman, *Zur Psychologie des Weiblichen*, Rasher, Zurich, 1953, et de Silvia di Lorenzo, *La donna e la sua ombra*, Milan, Emme edizioni, 1980.

tion amoureuse continue, d'un intérêt soutenu pour leur personne. La priorité du toucher n'est autre qu'une manifestation de la priorité du continu.

Cette situation de continu-discontinu est l'axe porteur de la différence féminin-masculin. Nous la retrouverons tout au long de cet essai, dans tous les rapports entre les sexes, et jusque dans les façons de penser et de décrire une expérience personnelle. Pour la femme, les différents états affectifs sont moins séparés que chez l'homme. Pour elle, la tendresse et la douceur sont limitrophes de l'érotisme et finissent par s'y intégrer harmonieusement. La femme éprouve comme érotique l'émotion provoquée par le contact du corps de son enfant, de même que celle que lui procure le corps de son amant. Elle trouve du bonheur à les avoir tous deux près d'elle, dans son lit, mais il n'en va pas de même pour l'homme. La différence entre amour et amitié est aussi plus nuancée pour la femme. Dorothy Tennov remarque en outre que les femmes confondent volontiers l'investissement érotique et l'amour [1]. L'homme, au contraire, tend à marquer les différences et à distinguer ses affects [2].

Une conséquence des plus curieuses en découle. Habitué à vivre des émotions et des sentiments différents, non identiques, l'homme n'a pas besoin de changer d'orientation affective. Il n'est pas obligé de passer de l'amour au

1. Dorothy Tennov, *Love and Limerence*, New York, Stein and Day, 1979.
2. L'indifférenciation féminine, au contraire de l'ordre, du logos masculin, est un mythe très ancien. Dans la mythologie babylonienne, Ti Amat est le ventre primitif, éternellement jeune et fécond... C'est l'indifférenciation du marécage où vapeurs infectes, eaux douces et eaux salées se mélangent. La stabilité n'y existe pas, en son sein s'engendrent des créatures monstrueuses, anormales, infères, révoltées. D'où la nécessité d'une remise en ordre de la part des forces masculines. Ti Amat sera ensuite enfermée par Marduk, le dieu des vents et de la pluie. Cf. Gabriella Buzzati, *L'imagine intollerabile, I Labirinti dell'Eros*, Atti del Convegno di Firenze 27-28 octobre 1984, Milan, Libreria delle donne. Mieux que la théorie freudienne, la psychologie jungienne a identifié la tension intrinsèque de l'érotisme féminin. On peut en extraire la figure d'Aphrodite qui tend à la fusion, à la participation mystique avec l'homme. L'autre figure est Artémis, la vierge, qui refuse l'homme et vit une vie autonome. Cf. Silvia di Lorenzo, *La donna e la sua ombra, op. cit.*

refus, du non au oui et vice versa. La femme y est contrainte en revanche, car elle se déplace précisément dans un monde d'émotions contiguës. Les différences s'établissent, pour elle, selon ce qu'elle accepte ou refuse, en termes d'affirmation ou de négation. Elle a tendance à porter des jugements de valeur, non à définir des qualités. Elle peut, en cela, paraître plus discontinue que l'homme. Avant, elle aimait, elle éprouvait de la tendresse, du désir, de l'amitié, de l'admiration. Un refus intervient, et elle ne sait plus où elle en est. Parce qu'elles sont indifférenciées, toutes ses émotions s'effondrent. La discontinuité se présente chez elle comme tout ou rien.

2. Le caractère continu, dans le temps et dans l'espace, apparaît à l'évidence dans les émois sexuels et dans l'orgasme féminin. S'il est vrai que les femmes peuvent avoir des orgasmes comparables à ceux des hommes[1], leur expérience globale est totalement différente. Elle n'est pas localisée en un point unique, ni orientée vers un but unique, et elle ne s'épuise pas en un acte unique.

L'homme se sent attiré par la continuité caractéristique de l'érotisme féminin en même temps qu'elle suscite en lui de l'inquiétude. En réalité, il perçoit cette continuité comme intensité, le désir de proximité comme désir d'orgasme, l'érotisme diffus, cutané, de contact, musculaire, comme passion frénétique et incontrôlable. Pascal Bruckner et Alain Finkielkraut ont bien exprimé cette émotion masculine : « Les spasmes de l'aimée n'ont pas la certitude rudimentaire de la semence virile ; ils sont ce visage tordu qui, sous l'emprise d'une insoutenable dévastation, ne me voit plus, cette face que je ne peux contenir dans un regard comme pendant le sommeil, cette peau incandescente qui se colle à moi ou me fuit, ce vertigineux ballet de jambes, de bras, de baisers, qui m'étreint, me repousse, s'exaspère de mon contact, s'augmente de ma distance, me parle de mille choses que je ne comprends pas et ne me dit jamais que ceci : je ne suis pas où tu es, je chavire où tu ne tressailles pas, de moi tu n'auras ni

1. William H. Masters et Virginia E. Johnson, *Les Réactions sexuelles*, Paris, Laffont, 1968.

vision claire ni perception nette car je ne suis rien dans les termes où tu peux l'entendre[1]. » Et, plus loin : « À notre connaissance une seule musique s'approche ou équivaut à la jouissance féminine, la musique orientale, généralement peu supportée en Occident en raison de sa structure répétitive, obsédante[2]... » Et encore : « Orgasmes donc, au pluriel, ne revenant jamais de la même façon comme un récit qui juxtaposerait dans une mosaïque baroque plusieurs débuts, plusieurs fins, plusieurs intrigues et linéarités, principe de désorganisation permanente aux regards d'une chair qui n'attendrait jamais que des bouleversements identiques[3]... » Ou enfin : « Jamais elle n'a joui au sens où elle en aurait fini avec son excitation, elle jouit, cela circule toujours sans se résoudre, se résorber... Sa seule exigence est : honorez toutes les parties, la bouche autant que le sexe, l'utérus autant que la vulve, l'oreille comme l'anus, le genou comme le fin tissu des paupières... Soyez partout afin que cette jouissance, qu'on dit prisonnière des oubliettes du bas-ventre, ne soit plus nulle part[4]. »

Bruckner et Finkielkraut ont pressenti la nature continue de l'émoi sexuel féminin et ils ont presque honte de la simplicité de l'érotisme masculin qui passe à leurs yeux pour une modalité appauvrie et grossière du premier. En réalité, l'organisation sexuelle masculine est structurellement différente. Et c'est parce qu'elle progresse selon certains ryhmes vers un but précis qu'elle produit la scansion de l'érotisme féminin. Excitation et frustration sont simultanément nécessaires et c'est la frustration qui à son tour engendre le désir. Ainsi, et c'est vrai, la femme réagit là où ni l'un ni l'autre n'attendent de réponse. Mais il est vrai aussi que le détachement dont l'homme fait preuve, un détachement qui permet la distance du regard, contraint la femme à considérer l'homme comme un objet, de même qu'il la contraint à se voir elle-même avec un regard particulier. L'érotisme n'est pas annulation, perte de soi, écla-

1. Pascal Bruckner et Alain Finkielkraut, *op. cit.*, p. 150.
2. *Ibidem*, p. 154.
3. *Ibidem*, p. 155.
4. *Ibidem*, pp. 159-160.

tement infini. C'est un processus dialectique entre continu et discontinu.

3. Simone de Beauvoir a écrit de belles pages sur le besoin que la femme éprouve de retenir contre elle, physiquement, son amant : « Au contraire, l'absence de l'amant est toujours pour la femme une torture... même assis à ses côtés, lisant, écrivant, il l'a abandonnée, il la trahit. Elle hait son sommeil[1]. » À sa suite, les féministes ont expliqué ce comportement par la passivité forcée des femmes du fait de leur condition sociale. Seul l'homme est actif, aussi la femme cherche-t-elle, par le biais de l'amour, à incorporer l'activité de l'homme dans le but de participer à son monde. Elle recherche la fusion pour échapper au sentiment de son manque. Lorsqu'il s'en va, elle se sent perdue. Sans lui, elle n'est rien. Mais cet état de choses — d'après Simone de Beauvoir — est destiné à disparaître quand la femme aura conquis son autonomie et révélé ses capacités à agir. Alors, si l'homme la quitte, elle n'éprouvera plus ce vide. Certes, la condition historique de la femme pèse lourd dans sa réaction excessive à l'indifférence de l'homme. Une femme qui a une activité, une volonté propre, un métier, ne se sent pas niée si son amant s'endort ou part en voyage. Mais son besoin d'intimité, de proximité et de continuité demeure. Après l'amour, la femme regarde tendrement son amant endormi. Elle le sent doux et sans défense. Les traits de son visage ont perdu leur tension ; ils sont sereins comme ceux d'un adolescent ou d'un enfant. Et ce spectacle est ineffable pour la femme qui aime. Le sommeil lui donne un sentiment de proximité et d'intimité comme si elle tenait l'homme dans ses bras, comme si elle le portait en elle. Le sommeil est la conséquence émouvante de son amour. La femme n'éprouve le sommeil de son partenaire comme un refus que lorsqu'elle ne l'aime pas, ne le supporte pas. La description de Simone de Beauvoir est donc erronée. En outre, la femme active, celle qui connaît le succès, celle

---

1. Simone de Beauvoir, *Le Deuxième Sexe*, Gallimard, coll. Idées, Paris, 1949, p. 397.

qui n'a pas peur d'affronter le monde, est désappointée elle aussi lorsqu'elle sent son amant lointain et distrait. Ce n'est pas le sommeil qui sépare, c'est le manque d'intérêt, le fait de penser à autre chose, la fuite, même par l'esprit. Une femme active désire comme n'importe quelle femme la présence amoureuse continue de celui qu'elle aime, elle a besoin de la continuité de son intérêt pour elle.

Le lien entre l'érotisme du toucher, l'érotisme musculaire, la capacité à sentir les odeurs, les parfums, les bruits, et le plaisr à être désirée et aimée en continu est très étroit. Le toucher signifie la proximité, et il en va de même pour l'odeur. La femme aime éprouver la présence physique de son amant, sentir ses mains sur son corps, la force tendre et accueillante de son étreinte ; elle aime respirer son odeur, et le mélange de leurs odeurs est pour elle un parfum. Elle aime entendre sa voix profonde qui l'appelle. Elle aime sentir sa pilosité broussailleuse, le poids de son corps sur le sien, la force délicate de sa main, l'entente subtile de leurs doigts, les effleurements furtifs qui renouvellent la déclaration d'amour mieux que des mots. Elle aime sentir sur elle son regard passionné et étonné lorsqu'elle apparaît dans une toilette nouvelle et, en même temps, éprouver le frisson de l'étoffe sur sa poitrine. Elle aime sentir son désir quand elle marche et savoir qu'il s'accorde au rythme de ses pas. Elle aime respirer son odeur, celle de ses vêtements à lui, celle de son corps, et les effluves de son parfum de femme qui se mêlent aux siens pour exprimer leurs émotions mutuelles.

Toutes ces sensations se déroulent sur le registre de la continuité. Continuité de la tendresse, des caresses, des mots, de la pénétration, du murmure. Océan où les sensations se succèdent telles des vagues, coulant de l'un en l'autre. Continuité dans les métamorphoses. Continuité des corps, de la peau, des muscles, des odeurs, des pas, des ombres au crépuscule, des visages. Continuité du désir, de l'attention, de l'excitation, de l'intérêt, de la tendresse, de la passion. Continuite, donc désir d'être ensemble, de vivre avec, de faire les mêmes expériences, de voir les mêmes choses, le même clair de lune, les mêmes nuages, la même plage au bord de la mer, de respirer le même air, de mener la même vie.

4 1. L'érotisme féminin a une seconde racine dont on ne parle pas volontiers ni fréquemment. Une racine qui ne relève pas de son individualité mais qui est collective. Dans les publications lues principalement par les femmes, outre les romans d'amour et les rubriques de mode et de beauté, il faut ajouter l'histoire des vedettes. Les hommes ne s'intéressent pas à la vie privée des stars, hommes ou femmes, pas plus qu'à leurs histoires d'amour. Ils les apprécient en tant qu'acteurs et actrices ou en tant que chanteurs et chanteuses ; ils admirent leurs prestations mais ce qu'ils sont dans la vie quotidienne leur reste étranger lorsque le spectacle est fini, de même que ce qu'ils font chez eux avec amants, maris, épouses ou maîtresses. Or c'est précisément ce qui motive l'intérêt des femmes. La fixation sur les stars est un phénomène bien féminin, produit pour une part par le spectacle et, pour une autre part, par la presse qui relate des épisodes de leur vie privée. La star est l'objet désigné des commérages collectifs[1].

Les femmes s'identifient aux gens du spectacle comme s'ils étaient de leurs amis, comme s'ils étaient des voisins. Elles éprouvent pour eux des sentiments d'amour, des désirs et des antipathies réels. Lorsqu'une adolescente commence à s'intéresser à la musique et qu'explose en elle, pour un chanteur, une passion fanatique, il s'agit d'un amour vrai, d'une passion authentique. Ce phénomène existait déjà, dans le passé, avec les acteurs de théâtre. Il a pris une dimension de masse avec Rudolf Valentino et on l'a retrouvé, intact, à notre époque, avec un chanteur

1. Francesco Alberoni, *L'elite senza potere*, Milan, Bompiani, 1973.

comme Elvis Presley [1]. Des milliers d'adolescentes ont hurlé, pleuré, se sont évanouies, ont voulu l'embrasser, le toucher, être touchées, possédées par lui.

La situation de délire collectif orgiaque et acoustique ne doit pas nous faire perdre de vue que chaque jeune fille veut le chanteur pour elle toute seule et que, si elle pouvait, elle n'hésiterait pas à se donner à lui ; elle se sent prête à faire n'importe quoi pour lui. Cette dimension du désir féminin n'apparaît pas seulement dans le cas du spectacle ou dans les situations d'excitation collective. Les fans d'une star restent fidèles à leur idole pendant des années [2].

Il n'existe rien de comparable dans l'univers masculin. Un garçon peut adorer une chanteuse, être attiré érotiquement par elle et la désirer, mais il est rare de le voir devenir fou d'elle au point de juger toutes les femmes inférieures à son modèle. Au contraire, une fille amoureuse d'un chanteur, ou de toute autre vedette, ne voit que lui, et les hommes du commun sont, à ses yeux, insignifiants et sans intérêt. La même chose se produit vis-à-vis des hommes dotés d'un certain pouvoir, et en particulier des chefs charismatiques. L'homme adore le chef mais il lui voue un amour qui n'a rien d'érotique. Pour la femme au contraire, le rapport au chef devient très facilement un rapport érotique. Dans tous les mouvements collectifs, anciens et modernes, le chef a toujours été entouré d'une petite cour composée de femmes sexuellement disponibles. Les Italiennes ont désiré Mussolini, et les Allemandes Hitler, et les Russes Staline, et les Américaines Roosevelt ou John Fitzgerald Kennedy. Dans tous les cultes, dans toutes les sectes, dans toutes les religions, le maître, le grand prêtre, le gourou, le prophète, est toujours entouré d'un groupe de femmes qui recherchent son contact, son amour, son désir. Il faut noter que les hommes de la même secte n'en

1. Alberto Goldman, *Elvis, un phénomène américain*, Paris, Laffont, 1982.
2. À propos de l'attrait amoureux érotique des stars, cf. Edgar Morin, *Les Stars*, Paris, Le Seuil, 1972.

sont pas jaloux et ne se sentent en rien diminués par la préférence que marquent les femmes pour l'élu.

La différence est ici fondamentale entre l'érotisme masculin et féminin. L'érotisme masculin est touché par le corps, par la beauté physique, par le charme, par le pouvoir de séduire, et non pas par la place dans la hiérarchie sociale, par la reconnaissance sociale ou par le pouvoir. Si un homme accroche au mur de sa chambre la photo de Marilyn Monroe nue, c'est pour la simple raison que c'est une très belle femme nue, et peut-être même la plus belle femme du monde. Ce n'est pas sa célébrité qui l'attire mais sa beauté. Il peut même accrocher, à côté du poster, la photo d'autres belles femmes non moins nues et, dans certains cas, se sentir encore plus excité par celles-ci que par celle-là. Si un homme doit choisir entre faire l'amour avec une actrice connue mais laide et une délicieuse inconnue, il n'éprouvera pas l'ombre d'une hésitation et choisira la seconde, car son choix se fonde sur des critères érotiques personnels. Il n'en va pas de même pour la femme. Milan Kundera écrit que les femmes ne recherchent pas les hommes beaux mais ceux qui ont possédé de belles femmes[1]. L'érotisme féminin est profondément influencé par la reconnaissance sociale, par le succès et par le rôle social. L'homme veut faire l'amour avec une femme belle et sensuelle, et la femme veut faire l'amour avec une star, un chef, un homme adulé des femmes, un homme de pouvoir.

Cette différence se manifeste aisément dans les comportements les plus quotidiens. Les femmes dont les photos s'étalent au fil des pages des revues pour hommes telles que *Penthouse* ou *Playboy* ne sont pas réputées pour leur statut social qui, le plus souvent, n'est même pas mentionné. Que telle poitrine soit celle de la présidente de la General Motors ou celle de sa secrétaire ne présente pas le moindre intérêt. Au contraire, dans les revues féminines, le statut social n'est jamais oublié. La femme veut

---

1. Milan Kundera, *Le Livre du rire et de l'oubli*, trad. François Ketel, Paris, Gallimard, 1978.

trouver des hommes célèbres dans les pages de *Vogue Homme*, des hommes importants, pas le premier venu.

Cet aspect de l'érotisme féminin est à mettre en rapport avec la tendance des femmes à la contiguïté-continuité. L'homme établit une distinction entre éros et politique, entre sexualité et pouvoir, quand chez la femme il y a continuité entre ces mêmes termes. La proximité physique, le toucher, le lien sensoriel, le rapport érotique, sont un mode d'être social, un mode d'exister dans un groupe, au centre d'un groupe.

Le féminisme explique ce phénomène par le fait que l'homme, ayant toujours eu le pouvoir au fil des siècles, les femmes ont appris à érotiser la protection qu'apportent les puissants. Mais l'égalité des sexes devrait néanmoins amener progressivement la disparition de cette situation. Ce sera long, car elle est aussi ancienne que *l'humanité*. Chez les mammifères supérieurs, la femelle s'accouple avec le plus puissant des mâles de son espèce, celui qui réussit à éliminer ses rivaux et à marquer son territoire : ainsi est assurée la protection d'un riche patrimoine chromosomique. Chez les humains, la femme doit en outre protéger sa vie propre et celle de ses enfants contre la faim, les dangers et les difficultés qui peuvent survenir. C'est pourquoi, quand elle a attiré le guerrier, ou le chef, pour en obtenir la semence, il lui faut encore le retenir et le domestiquer. Le guerrier ne doit pas partir mais rester pour défendre la maison et le groupe, ce qui suppose qu'il soit capable d'amour et doué de la fibre communautaire. Le héros est le dépositaire des exigences féminines : il est fort et passionné, aventurier et loyal, responsable devant ses engagements et les devoirs de la communauté, impitoyable pour ses ennemis et tendre pour celle qu'il aime. Dans cette phrase primitive, les meilleures probabilités pour recevoir un patrimoine génétique de valeur et le conserver résidaient dans le fait de rester à côté du chef, au cœur de la communauté. Ce ne fut que lorsque la communauté fut réduite au couple, comme dans la famille monogamique moderne, que la femme éprouva le besoin de s'attacher à un homme quelconque.

2. L'homme rêve d'amour avec plusieurs femmes et la femme d'un amour vrai et définitif, d'une fidélité absolue à un seul homme ; mais il ne faut pas voir là la preuve de la polygamie de l'homme et de la monogamie de la femme. En réalité, les innombrables rêveries amoureuses de la femme montrent à l'évidence qu'elle reste en quête de l'élu. Si elle continue à rêver, c'est que ce qu'elle possède ne la satisfait pas pleinement. Les aventures amoureuses qu'elle vit par procuration, par le truchement des romans d'amour, sont autant d'adultères ; de même que la masturbation solitaire de l'homme devant des photos pornographiques. L'homme rêve à des femmes multiples, la femme à de multiples amours-passions avec un homme hors du commun.

Si l'homme aime la variété et la femme, au contraire, l'« amour toujours », tous deux recherchent en réalité ce qui les excite érotiquement. L'un dans un corps sensuel, l'autre dans une relation amoureuse avec un héros. La femme est plus possessive, plus exclusive, plus fidèle que l'homme ; elle cherche une relation à plus long terme mais elle regarde chaque fois son partenaire en se demandant : celui-ci est-il meilleur que celui que j'ai déjà ? Non seulement sur le plan physique — épaules, bras, hanches, jambes — mais encore par le charme et la virilité. Il arrive aux femmes de parler de leur sensibilité à la masculinité : c'est une impression composite où entrent aussi bien la façon de bouger que les odeurs. Une femme peut la percevoir dans le simple fait de repasser une chemise d'homme. Mais la masculinité se constitue aussi d'éléments tels que le fait d'être riche, puissant, plus fort et brillant que les autres, adulé par les femmes. La masculinité est un attribut physique et social ; c'est un regard, un geste d'autorité ; c'est une façon de parler, une voiture de sport ; c'est une odeur, un air de supériorité.

Dans sa forme positive et tendre, la masculinité prend les traits du prince charmant. Sa forme noire est assumée par la bête sauvage. Nous avons vu que, dans le roman d'amour, le héros est glacé, lointain, terrible, le visage dur. C'est un guerrier, un pirate ou un aventurier. Ce sont les images et les symboles d'une masculinité barbare et impitoyable vis-à-vis de ses ennemis, mais qui signifient aussi protection, confiance et défense de la communauté. Dans le conte bien connu de *La Belle et la Bête*[1], la bête est un homme violent et cruel aux appétits effrénés. Elle est terrible et il faut la craindre, mais elle peut être apprivoisée et transformée par l'amour. Elle cesse alors d'être menaçante pour se faire douce et protectrice.

Le roman d'amour satisfait de même ce besoin profond et donne une réponse à la peur que suscite le héros. Je prendrai pour exemple un petit roman de Rebecca Flanders, *Suddenly Love*, paru chez Harlequin. L'héroïne en est une femme déjà dans sa maturité, pharmacienne de son état. Elle vit retirée et sans amis. Elle n'est pas belle. Un jour, elle rencontre un homme extraordinaire, acteur célèbre et champion automobile. Il est milliardaire, célibataire, intelligent et courtois, sincère et loyal. Il lui fait la cour pendant des années, sans relâche. Mais elle a peur, elle dit non, elle se défend. Quand, à Indianapolis, au cours d'une compétition, il est grièvement blessé, elle s'enfuit car cette vie dangereuse lui fait peur. Par miracle, il survit et, pendant des mois, lui adresse des lettres enflammées. Chaque jour, il lui envoie des bouquets de roses rouges, la conjurant de l'épouser. Elle n'acceptera que lorsqu'il renoncera au cinéma, aux courses automobiles et à sa vie mondaine pour se consacrer à elle. Outrée, déformée, poussée jusqu'à l'extrême, la peur de la bête sauvage apparaît ici. La femme veut être adorée quoiqu'elle se refuse obstinément, quoiqu'elle ne concède rien et prétende à tout. Elle est immobile, passive, et n'a de cesse que son héros soit transformé à son tour en un homme comme les autres. La bête sauvage doit être apprivoisée, le roi doit être humilié, et le guerrier transformé en agneau. Ce n'est qu'à ce prix qu'il sera enfin accepté.

1. Cf. aussi l'analyse de Bruno Bettelheim dans *Psychanalyse des contes de fées*, Paris, Laffont, 1976.

3. Le sentiment qu'éprouve l'adolescente pour tel chanteur, ou la femme pour telle vedette de cinéma, est-il fait d'amour ? Il s'agit, sans nul doute, d'une passion érotique proche de la phase initiale de l'amour, d'une forme d'adoration et d'abandon qui ressemble à ce que nous trouvons dans l'amour. Il existe pourtant une différence radicale mais qu'on ne saisit pas le plus souvent. Dans l'amour, la valeur de la personne apparaît indépendamment des valeurs sociales, du succès ou de la gloire. L'amour consiste en une révélation : une personne comme tout le monde devient, pour une autre individualité, unique, irremplaçable et dotée d'une valeur absolue. Si l'amour dépendait des qualités sociales et reconnues de la personne, les hommes tomberaient exclusivement amoureux de belles femmes et les femmes tomberaient exclusivement amoureuses d'hommes puissants et célèbres. Or il n'en est rien. Il y a donc une opposition entre l'attirance érotique pour le chef ou la star, qui s'adresse à un objet reconnu par tous, et l'amour qui se fixe sur un individu pour lui-même. L'amour subvertit les valeurs sociales et les hiérarchies convenues. Lorsqu'elle est amoureuse, la femme aime aussi les faiblesses, les souffrances, les défauts, les manques et la fragilité de l'homme qu'elle aime. Elle aime sa pauvreté s'il est pauvre, son infortune s'il n'a pas de chance. Elle l'aime tel qu'il est et se moque du jugement que les autres pourraient porter sur lui. Au contraire, l'amour pour le chef ou pour les stars se plie à l'opinion collective.

Néanmoins, on peut dire que ces deux formes d'amour ou d'érotisme existent simultanément chez la femme qui cherche en l'homme aimé un héros.

4. Si, d'aventure, une femme parvient à entrer dans l'intimité d'une star et à partager sa vie, sa déception est immense. Elle croyait le connaître mais, en réalité, elle ne connaissait que son personnage en représentation, la mise en scène orchestrée par ses agents et destinée au public. En outre, l'homme connu, le politicien arrivé, la star adulée par des millions de femmes éprouvent de la méfiance envers cette sorte d'amour. Quel est le véritable

objet d'amour d'une telle femme ? Le succès, la gloire ou la personne authentique qui se cache sous le masque ? Tout se passe comme pour la riche héritière ou le milliardaire qui ne savent jamais s'ils sont aimés pour eux-mêmes ou pour leur argent. L'ambiguïté est au cœur de semblables relations. Dans les romans d'amour qui fonctionnent sur cette composante collective de l'érotisme féminin, la femme se demande si l'intérêt que le héros manifeste à son endroit est anonyme ou personnalisé, si elle appartient au troupeau des épouses ou si elle a quelque chance d'être l'élue.

Certains comportements cruels et cyniques de la part des grands hommes et des stars peuvent être interprétés comme le produit d'une frustration : le besoin individuel d'un amour profond et sincère reste insatisfait. Dès que leurs admiratrices les plus fanatiques sont admises dans l'intimité d'une relation amoureuse, elles leur reprochent d'être comme ils sont et engagent une lutte à mort contre leurs rivales.

5. L'équivalent féminin du pouvoir est la beauté. La beauté est l'enjeu de toutes les rivalités. Souvent, les femmes ont pu remarquer, avec autant de stupeur que d'inquiétude, que les hommes se comportaient comme s'ils avaient peur de la beauté féminine. Une très belle femme suscite à la fois le désir, la méfiance et la peur. Des hommes intelligents, séduisants, pleins de charme et de qualités, épousent des femmes laides ou même tout à fait quelconques. Ils sont souvent passés tout près de la Beauté mais ils ont gardé leurs distances. Ils agissent comme s'ils avaient compris qu'elle n'était pas pour eux. Leur goût même en est affecté et ils ont appris à désirer des choses plus modestes, à leur portée.

La simple observation de la réalité montre que seules certaines catégories d'hommes ont des femmes très belles : les chefs charismatiques, les milliardaires, les stars, les grands acteurs, les grands metteurs en scène et les gangsters. La Beauté, la grande beauté, est inexorablement attirée par le pouvoir, et le pouvoir tend aussi inexorablement à la monopoliser. Et c'est ce lien profond, ancestral, toujours vivant et toujours renouvelé, qui rend les hommes prudents. Ils savent que la beauté féminine fait jouer la compétition, provoque la lutte et sert d'enjeu entre les puissants. Lorsque Faust rencontre la Beauté, Hélène, il ne peut faire autrement que de conquérir Sparte et vaincre Ménélas. Le chœur le met en garde : qui prétend à la beauté doit se tenir prêt à la défendre par les armes[1].

1. Johann Wolfgang von Goethe, *Faust*, Paris, Garnier, 1977.

5 1. L'entreprise de séduction de la part des femmes tend à produire chez l'homme une émotion érotique indélébile. Même s'il ne s'agit que d'une rencontre occasionnelle, d'une aventure sans lendemain, même si l'homme n'est pas libre. La séduction féminine appelle l'excitation érotique chez l'homme et allume son désir. Il s'embrase comme une torche. Cependant, l'acte sexuel n'est pas le but recherché par la femme. Ce qu'elle veut, c'est que l'homme tombe amoureux, qu'il la désire et que ce désir demeure fixé sur elle, nostalgique, à jamais. La séduction doit être enchantement, charme, elle doit éveiller le désir de l'homme et le fixer définitivement sur celle qui séduit. C'est la raison pour laquelle l'invite sexuelle doit être simultanément dénégation et obstacle. Une invite fur- tive à consommer l'acte sexuel n'agit pas comme un charme. Elle énonce clairement son but et avoue son pen- chant pour l'oubli, le retour prochain à l'indifférence. La proposition qui affirme : « Faisons l'amour et n'y pen- sons plus » est obscène.

La séduction féminine réclame quelque chose de plus. Elle exige qu'on se souvienne, elle veut que le désir demeure. Elle agit tout entière dans le présent pour mieux hypothéquer l'avenir. On a dit que les femmes, toutes les femmes, attendaient le prince charmant. C'est tout à la fois vrai et faux. Ce qu'elles veulent, c'est être assez bel- les pour attirer l'attention et le désir du prince charmant sur elles, de façon à le retenir. Quant à lui, c'est l'éton- nante beauté en sommeil de la belle qui le charme, qui l'arrête, qui le distrait de son chemin. Il allait, il ne voyait rien, il ne sentait rien, il ne désirait rien. D'après la fable, c'est son baiser qui réveille la Belle au bois dormant, mais c'est à partir de ce baiser qu'il ouvre les yeux lui aussi et commence à éprouver des émotions à son tour. Elle l'attendait pour lui révéler une beauté qu'il ne connaissait pas et pour lui faire ressentir le désir et la passion.

2. Lorsque l'homme pense à une conquête, c'est l'acte sexuel qu'il a en tête. La femme, de son côté, pense à l'émotion érotique qui la fera se souvenir et qui gardera son désir en éveil. Chez les très jeunes femmes, le désir de rester gravées dans l'esprit d'un homme s'accompagne souvent ensuite de la crainte d'être engagées dans un rapport trop étroit et sans plaisir. La femme tend à l'érotisme continu, mais ce n'est pas pour autant qu'elle voudrait transformer toute rencontre en une liaison durable. Ce qu'elle veut, c'est laisser une trace permanente en même temps que se soustraire à ce rapport. Certaines femmes font tout pour ensorceler un homme et, dès qu'elles constatent qu'elles y sont parvenues, elles se retirent du jeu, elles vont même jusqu'à prendre la fuite. Elles ne veulent pas d'une relation concrète ; elles ne demandent qu'à susciter un désir, un amour, savoir que cet amour durera, ne s'éteindra pas, être sûres que tel homme continuera à penser à elles des années durant. Le roman le plus surprenant dans lequel ce désir d'être aimée et jamais oubliée s'exprime le mieux est *La Princesse de Clèves*[1]. La jeune princesse, âgée de seize ans à peine, rencontre le duc de Nemours. Il est très beau, plein de charme, et parmi les plus grands dons Juans de France. Nulle ne lui a jamais résisté. Or la princesse lui résiste et c'est cette résistance même qui le fait s'enflammer pour elle. La princesse se trouve devant un choix cruel. Elle est amoureuse, elle désire désespérément le duc, mais elle sait que, si elle s'abandonne, elle ne sera qu'un nom ajouté à la liste de ses conquêtes. Telle est la loi de la cour. Si, au contraire, elle veut continuer à être aimée de lui, elle doit se soustraire à son emprise, ne pas se laisser vaincre : c'est pourquoi elle se retire au couvent.

---

1. Madame de La Fayette, *La Princesse de Clèves*, Pocket, coll. « Lire et voir les classiques », n° 6003, Paris, 1989.

3. Le désir de continuité de la femme se manifeste de mille façons. Elle apprécie les actes qui marquent la continuité de l'intérêt que montre l'homme pour elle : un coup de téléphone, un compliment, des fleurs. Elle aime aussi les conventions amoureuses, les caresses, le simple fait de rester embrassés, le répit et la reprise du jeu amoureux. Elle est sans cesse en quête de complicité amoureuse, de l'intimité, de la sérénité, de la douceur de l'idylle. Et cela non pas dans les loisirs que lui laissent d'autres activités mais pour de longues plages de temps, pour une éternelle lune de miel.

Bien sûr, la femme dotée d'une activité professionnelle, qui trouve sa réalisation dans son travail et qui dispose de très peu de temps pour toutes ses occupations, finit par se comporter vis-à-vis du temps comme un homme. Mais, au fond d'elle-même, elle voudrait pouvoir s'abandonner à la douceur, sans souci de l'heure qui tourne, comme lorsqu'elle se laisse caresser par le soleil, étendue sur le sable, car elle aime être désirable et bronzée, mais aussi parce que le soleil sait être un amant tendre et doux.

C'est pourquoi la femme préfère chez un homme une érection prolongée qui signifie à la fois qu'il a été excité par sa beauté et qu'il continue à la désirer ; l'étreinte amoureuse et le plaisir de la fusion peuvent durer ; ils ne sont pas arrachés à la jouissance par la rupture du temps, par la discontinuité. Les hommes croient que les femmes sont folles de leurs érections, qu'elles adorent le dieu Priape ; en réalité, elles ne désirent que la permanence de l'intérêt amoureux, de la douceur, de l'abandon, de la passion. C'est de ces éléments que se nourrissent leur érotisme et leur plaisir. L'éjaculation précoce ne les gêne pas en elle-même mais en ce qu'elle est le signe de l'indifférence de l'homme vis-à-vis d'elles ; car cette indifférence les précipite dans un état de désarroi et de frustration.

Si la femme ne se sent pas désirée, aimée, son effort de séduction est déçu, elle éprouve un sentiment de vide, d'inutilité et de désespoir. Elle sombre dans l'inexistence et sa réaction de défense est la colère. Ce phénomène s'observe fréquemment dans le mariage ou la vie commune. En vivant avec celui qu'elle aime, la femme imagine qu'elle va prolonger la continuité érotique dont elle rêve. Elle pense que la discontinuité dans le comportement des hommes dépend d'événements externes, de difficultés matérielles, des nécessités du travail. Elle ne peut comprendre qu'elle participe de la nature même de la masculinité, qu'elle fonde, en somme, la nature de son désir. En vivant ensemble, pense-t-elle, cette sorte d'obstacle disparaîtra. En dormant dans le même lit, en prenant le petit déjeuner ensemble, en mangeant à la même table, en bavardant le soir ensemble, nous prendrons tout le temps nécessaire pour que se trouve réalisée la continuité érotique que je souhaite. Le temps passé ensemble est rêvé comme un temps érotique dans toute son étendue, et doté de la charge amoureuse la plus dense. Ce qui, pour l'homme, se réalise dans l'émerveillement de la rencontre, est recherché par la femme dans le prolongement de cette rencontre, dans la durée érotique sans temps mort, dans l'érotisation de la continuité temporelle.

4. Sur le versant masculin de l'érotisme, ce qui compte au contraire, c'est l'éclat du rapport sexuel. La relation érotique est, en soi, un temps magique, arraché à la vie quotidienne. Il a donc un commencement et une fin. L'homme sait qu'il retournera à la vie de tous les jours. La rencontre est comme une plage de temps libérée et libératrice, une expérience régénérante dont il sort enrichi, plus fort, heureux, avec un sentiment d'accomplissement, de force et d'assurance pour affronter à nouveau le monde. L'amour-passion est ainsi vécu comme une suite de rapports merveilleux.

Plus souvent que la femme, l'homme fait l'expérience du *moment d'éternité*. Il ne s'agit pas réellement d'une séquence temporelle mais d'un état très particulier, hors du temps. Lorsque le moment d'éternité s'évanouit, le temps reprend son contrôle. Mais la valeur du premier est plus forte que celle du second. Le souvenir du moment d'éternité fait du temps un obstacle qui risque d'entraîner notre chute, qui nous détourne de notre vraie nature qui consiste à vivre l'éternité. Tout se passe comme pour le mystique qui n'appréhende Dieu que par « éclats » d'éternité.

L'homme amoureux éprouve parfois un sentiment de

profonde tristesse en pensant que le moment divin qu'il est en train de vivre est destiné à disparaître, à se briser contre le mur du temps. Il regarde le bleu du ciel, les arbres et les pierres et il sait que cette perfection constitue l'éternité. Tout au plus pourra-t-il garder le souvenir de cette expérience divine sous la forme d'une image pâlie.

À la différence du moment d'éternité, la *rencontre lumineuse* est un fragment du temps, un îlot de l'expérience qui peut être remémoré comme événement et modifié par l'imagination.

5. L'homme amoureux, comme la femme amoureuse, continue bien sûr à penser à celle qu'il aime en son absence. Il la désire même parfois de façon obsédante. Il imagine l'avoir perdue et en éprouve une douloureuse nostalgie. Lorsqu'il la retrouve, ému, il se sent plein d'ardeur. La rencontre lumineuse le rend plus audacieux. En la quittant, il est sûr de la retrouver et cherche seulement à mériter son amour. Son souvenir reste en lui, le stimule et l'encourage. Il pense à elle lorsqu'il agit. Il la sent en lui, elle est en lui, elle le soutient, elle l'enchante. Pour l'homme, la mémoire vient combler la discontinuité de la présence.

S'il n'est pas amoureux, son désir de revoir une femme dépendra de la qualité de leur rapport. Si la relation a été satisfaisante, il cherchera à la revoir, et si le miracle a lieu une seconde fois, il persistera dans son désir. Si au contraire la liaison s'essouffle, si des problèmes surviennent, et de la rancœur, si la quotidienneté la plus banale s'installe, le désir de l'homme diminuera d'autant. Pour profonde, extatique et lumineuse qu'elle soit, l'expérience érotique ne suffit pas à l'élaboration d'une relation permanente. Seul le sceau miraculeux de l'amour provoque l'irréversible. La séduction féminine en est en quête, mais l'amour profond demeure rare et improbable. Le plus souvent, la femme ne sait pas le reconnaître avec certitude. Elle a tendance à confondre l'amour et la continuité temporelle de la relation physique, la seule chose qui ait une valeur à ses yeux, mais non pas à ceux de l'homme. Elle cherche à obtenir cette continuité par des demandes répétées ou en redoublant de séduction érotique, et se trouve donc contrainte à renouveler sans cesse ses efforts, se sentant chaque fois moins sûre d'elle. La séduction féminine est obligée de se renouveler continuellement pour exorciser la discontinuité qui caractérise l'homme.

6. Le charme féminin n'agit sur l'homme que pendant une durée limitée, ce qui constitue pour les femmes une source de déception et un motif de reproche. Les hommes qui ne restent pas prisonniers de l'amour, ceux qui ne se jettent pas à corps perdu dans une aventure, leur paraissent froids, inhumains et cruels. Du côté des hommes, le mythe énonce clairement que le héros résiste à l'envoûtement. Ulysse n'obéit pas à l'appel des sirènes ; il abandonne Circé et quitte Calypso comme Nausicaa. Roger s'enfuit du château de la fée Alcine. Voilà pourquoi le charme doit chaque fois être renouvelé.

L'homme s'en va. Il s'en va tout de suite après l'acte sexuel. Il s'endort. Et, dans son errance, il peut être séduit par une autre, tomber sous le coup d'un autre charme.

Dans *Roland furieux*, l'aventure survient même au plus amoureux des amants, au plus pur des héros. Il y a toujours, au hasard du chemin, une fontaine de l'oubli ou un puits d'amour. Aussi la femme doit-elle veiller sur celui qu'elle aime, que ce soit son mari ou son amant. Cette réaction primordiale fait partie intégrante de la séduction et de l'érotisme de la séduction. Les femmes sont vigilantes et cherchent à garder l'amour en éveil, en elles comme en celui qu'elles aiment. La femme est l'artisan d'une continuelle transfiguration d'elle-même et de sa maison. Il doit toujours y avoir quelque chose de nouveau, d'agréable, pour elle ou pour lui, quelque chose qui le fera s'exclamer : « Comme c'est beau ! Comme tu as bien fait ! Quelle merveille ! » Il faut de l'émotion, toujours. Chaque jour qui passe. Tout au long de l'année. Il faut régénérer le désir de l'homme. Cet homme qui voudrait l'oublier, qui l'oublie peut-être.

Lorsqu'une femme engage une relation amoureuse importante, elle déploie une très grande énergie à la préparation de la maison ; elle veut la rendre attirante, confortable ; son amant doit pouvoir y trouver le bonheur et la vie. Si elle ne dispose pas d'une maison, elle s'en fera prêter une ou inventera autre chose. La maison, le nid, est, dans tous les cas, une de ses préoccupations fondamentales. C'est une extension d'elle-même, de son corps. Tout comme ses vêtements, les draps à fleurs de son lit, les rideaux de ses fenêtres, la couleur de ses murs, les plantes et les fleurs dont elle s'entoure. La préparation de la maison fait partie intégrante de l'acte de séduction. Les revues de décoration intérieure ont un contenu érotique aussi puissant que les revues de mode ou les rubriques de beauté. Sur le plan érotique, l'atmosphère (féminine) a une grande importance pour l'homme. Il ne faut pas confondre les fantasmes masculins et le comportement réel de l'homme. Même s'il évoque surtout le corps dans ses souvenirs ou dans ses fantasmes, dans la réalité, il est sensible à une toilette, excité par un parfum, par l'atmosphère de la maison d'une femme. On dit communément que les hommes ne pensent qu'à déshabiller la femme ; encore faut-il qu'elle soit vêtue pour qu'ils puissent la dévêtir. Le strip-tease même suppose le vêtement que l'on ne peut ôter : le nid-demeure ; la maison est là, autour, pareille à un vêtement. Le corps féminin, nu, est toujours offert dans un écrin fleuri, séduisant et parfumé.

La maison n'est pas seulement composée d'objets, de tissus de couleurs, de lumières, elle n'est pas seulement une atmosphère, elle est aussi faite d'une qualité d'accueil. L'accueil est lui-même une révélation. Les geishas japonaises ont surtout flatté la sensibilité des hommes par l'accueil et l'essentiel du plaisir qu'elles procurent se situe à ce niveau : elles accueillent, elles valorisent, elles intéressent l'homme qu'elles incluent dans une structure véritablement poétique. De même, la courtisane occidentale a une belle maison et est passée maître dans l'art de l'accueil. La prostituée qui interpelle les hommes dans la rue manque en tout de cette qualité, mais il faut dire que son but n'est pas de retenir l'homme. La courtisane, elle, veut au contraire le retenir et renouveler le charme qui séduit l'homme pour se l'attacher.

7. La face cachée de la séduction féminine est la crainte de manquer de charme, de ne pas savoir provoquer cette émotion profonde, et indélébile. Les femmes sont très

différentes sur ce point. Certaines, dès leur plus jeune âge, sont sûres de leur capacité à séduire et fières de leur pouvoir érotique sur l'homme. D'autres, au contraire, n'ont aucune assurance. Peut-être est-ce parce qu'elles refusent d'assumer leur rôle de femmes de crainte de devenir des femmes fatales. Il n'est pas question ici de développer le problème de l'élaboration du rôle féminin. Je me contenterai de souligner que lorsque la femme manque d'assurance, quant à elle ou à son aptitude à séduire, elle a tendance à en rajouter du côté de son besoin de continuité. Elle reste attachée à celui qu'elle aime de façon presque obsessionnelle et elle craint d'autant plus de le perdre. Pour lui, elle est prête à renoncer à toutes les occasions qui peuvent se présenter dans sa vie, à sa carrière, et même à avoir un enfant. Il existe des femmes de valeur qui, pour cette simple raison, restent avec des hommes médiocres et se sacrifient pour eux. Les convictions politiques et idéologiques n'y sont pour rien et c'est même le cas de féministes convaincues.

6 1. La femme se sent attirée par un homme capable d'émotion violente et de passion. Elle va spontanément vers celui qui est sensible et volontaire, vers celui qui n'hésite pas à se lancer courageusement dans une aventure amoureuse. Cette attirance correspond précisément au fantasme de séduction. La femme veut produire une émotion érotique indélébile en chaque homme, même pour se donner au seul qui la méritera, au seul qui répondra à son désir. Les femmes ont souvent l'impression que les hommes sont incapables d'amour-passion, incapables de s'abandonner à leurs propres désirs. Plongés dans le travail et les questions économiques, épouvantés par l'égalité des femmes avec eux, intimidés par leur beauté, ils montrent peu de disponibilité pour ce que l'érotisme et l'amour comportent d'héroïque et de risqué. Les pays de tradition hispanique ont une expression, le machisme, pour définir la vaine gloire de l'homme traditionnel qui méprise la femme et se vante d'une puissance sexuelle aussi incroyable qu'imaginaire ; en réalité, il se préoccupe surtout des autres hommes dont il craint la concurrence et avec qui il est dans une rivalité continuelle [1]. Le machiste est tout à fait capable d'accomplir des actions dangereuses pour donner la preuve de son courage physique et se faire admirer mais, en réalité, ce n'est pas la femme qui l'intéresse, et il est incapable de se lancer dans l'aventure de l'amour érotique avec les risques qu'elle comporte.

1. Cf. Joseph Vincent Marquès, *No es natural*, Valencia, Editorial Prometeo, 1980 ; *Que hace el poder en tu cama ?*, Barcelone, El viejo topo, 1981.

Il a honte d'admettre qu'il a, lui aussi, besoin d'affection et des femmes et qu'il a peur de la solitude.

Au fond, les hommes, comme les femmes, éprouvent un besoin désespéré de ce qui est hors du commun, de ce qui sort de la banalité de la vie quotidienne, de sa monotonie, de son absurdité. Dans l'histoire, les hommes ont toujours recherché l'absolu et de bien des façons : dans la religion, dans la guerre, à travers les rites et l'aventure. La femme, de son côté, a dû vivre pendant des siècles dans le milieu étroit de la famille et de la maison, et c'est là que s'est développé son besoin de transcendance et d'utopie. Elle a, elle aussi, participé avec passion aux cultes nouveaux ; elle a fondé des sectes religieuses ; à des époques plus récentes, son énergie créatrice s'est déployée dans la production artistique, scientifique et littéraire. Néanmoins, la marque des siècles de liens familiaux est restée sur elle, d'où son besoin désespéré de se libérer du quotidien, d'ouvrir la porte qui mène à une région plus élevée de l'être, une région où toute chose crie sa joie de vivre, où tout ce qui est vivant réalise sa vraie nature, où les émotions sont pareilles à des torches embrasées, où l'érotisme est un chant très pur, un lien indéfectible avec l'idéal et l'essence des choses.

Ce que veut la femme, c'est donc de rencontrer un homme capable de répondre à sa demande d'émotions puissantes ; elle est attirée par de fortes personnalités, par des hommes au magnétisme très fort, même si elle doit ensuite être déçue, car de tels hommes ne sont souvent fascinés que par le succès et le pouvoir. Ils disposent d'une énorme énergie intérieure mais seule une infime partie peut être convertie en érotisme et en amour. La tâche de la séduction féminine consiste dans ce cas à se libérer le plus possible de cette force emprisonnée, étouffée, retenue. Et, pour accomplir cette libération, la femme déploie tous ses efforts en direction de celui qu'elle a choisi, élu, de celui qu'elle aime. Aujourd'hui encore, où elle est enfin libérée du poids du quotidien et de sa condition d'esclave, son activité pour transfigurer l'existence et pour tout changer se déploie surtout en direction de l'homme aimé. Avant de chercher ailleurs ou de capituler, elle met tous ses efforts à faire exploser la richesse qu'elle sent prisonnière en lui.

La protestation féminine des années soixante-dix peut être ainsi perçue comme une tentative pour secouer la torpeur des hommes, pour leur révéler la richesse des sentiments amoureux.

2. Mieux que les hommes peut-être, les femmes savent que l'amour a quelque chose d'inéluctable dans son déroulement. Lorsque l'amour existe, nulle force ne peut l'éteindre. Lorsqu'il s'achève, aucun pouvoir ne saurait le ranimer. Si un homme cesse d'être amoureux, les artifices les plus sophistiqués de la séduction sont impuissants à ressusciter son amour, à le faire refleurir comme au premier jour. Les femmes le savent quoiqu'elles l'admettent difficilement, et elles se comportent et parlent comme si la chose était encore possible. Habituées à rechercher en toute chose la continuité et à nier les différences, elles sont enclines à confondre la fixation érotique, le désir et l'amour-passion. L'homme au contraire sait parfaitement faire la différence entre le désir sexuel et l'amour. Pour la femme, les deux expériences sont plus floues ; c'est pourquoi si jamais elle parvient à allumer, encore une fois, chez celui qu'elle aime les feux de la passion érotique, si elle réussit à attirer son attention, à le retenir, elle entreprend aussitôt de le convaincre qu'il l'aime toujours. Le besoin d'être courtisée, aimée, désirée, la conduit à prendre pour de l'amour ce qui n'en est pas. Elle le sait mais préfère ne pas y penser, ne pas analyser les sentiments et accepter les choses comme elles sont. Il n'est pas rare de voir une femme choisir le second entre celui qu'elle aime et celui qui l'aime. Au risque d'aimer, elle préfère la certitude d'être aimée. Et c'est à ce sentiment qu'elle donne le nom d'amour. Elle ira jusqu'à prétendre qu'elle aime celui qui l'aime, qu'elle en est amoureuse et que l'autre, celui qu'elle aimait, l'amour, le vrai, était une « passade ». À moins qu'elle ne parvienne à se convaincre que, profondément, elle n'était pas aimée et qu'il n'y avait rien à faire pour y parvenir.

3. La femme accepte mal l'idée qu'elle ne parvient pas à séduire celui qu'elle désire ou à retenir celui qu'elle aime. Le visage de la séduction féminine est double : il ne faut

pas négliger l'aspect collectif de l'érotisme qui se présente comme conquête, manipulation, domination. Il existe donc deux archétypes de la séduction féminine : la Belle au bois dormant, Blanche-Neige ou Cendrillon, dont la beauté fascine l'homme : il en tombe amoureux et l'emmène avec lui. L'autre figure est celle de la magicienne : Circé ou Alcine, qui retient l'homme par la vertu d'un charme. Le mythe prétend que la Belle au bois dormant ou Blanche-Neige sont amoureuses du prince charmant. Au contraire, Circé n'est pas éprise d'Ulysse. Elle le veut et, pour l'avoir, elle est prête à le retenir prisonnier contre sa volonté. Alcine charme Roger pour l'empêcher de combattre contre les Sarrasins dont elle est l'alliée [1].

Cette séduction s'apparente au philtre, au charme, à la manipulation, au pouvoir. L'amour n'est pas son but, mais la puissance. La séductrice veut enchaîner l'homme et lui faire faire ses quatre volontés. Pour atteindre son but, elle est prête à utiliser toute la gamme des sentiments : excitation érotique, adulation, mensonge, chantage. Pour réussir, ce type de séduction requiert un détachement affectif et une froideur incompatibles avec l'amour-passion. Celle qui agit ainsi peut l'emporter si son but est le mariage, ou l'argent, ou le succès, ou le prestige social. Mais si son but est l'amour, une fois la bataille gagnée, elle sera obligée de se rendre à l'évidence : elle ne saura pas si elle est réellement aimée, et elle perdra toute son assurance. La psychologue Ellen Hartmann observe que les femmes actives et très entreprenantes, qui ont pris l'initiative d'une conquête, se sentent ensuite mal assurées dans leur relation. L'homme à son tour est inquiet et troublé. Si la manipulation se poursuit, si elle devient du chantage affectif, il se sent prisonnier. La magicienne du mythe n'est jamais sûre de l'amour de son héros. Et elle a raison car le héros en vient toujours à se révolter contre son enfermement et parvient chaque fois à le déjouer. Ulysse oblige Circé à libérer ses compagnons et la flotte d'Alcine est détruite. Ces deux visages de la séduction féminine, si différents du point de vue affectif et logique, coexistent

1. Arioste, *Roland furieux*, Paris, Flammarion, 1982.

pourtant dans la vie ; ils se superposent et apparaissent en alternance. Une relation, engagée comme un enchantement positif, peut devenir, au fil des années, un lien tissé grâce à un jeu de manipulation et à la savante utilisation des faiblesses et du sentiment de culpabilité de l'autre[1].

Au contraire des femmes, les hommes ne font guère confiance à leurs capacités de séduction. Pensons à la Carmen de Mérimée. Don José, amoureux, demande à Carmen de revenir à lui. En réalité, il ne fait rien, il se borne à la supplier. Il lui expose son amour, il lui rappelle le passé mais il ne se montre pas différent de ce qu'il est, il ne se masque pas, il ne se transforme pas, il ne crée pas une nouvelle image, il ne la « séduit » pas. Il existe aussi des histoires, bien sûr, dans lesquelles le héros, qui n'est pas aimé, part au loin pour devenir riche et puissant, avant de revenir, transfiguré, pour reconquérir et humilier la femme qu'il aime. C'est le cas de Gatsby le Magnifique[2]. Mais ce type d'aventures se situe en totalité dans la discontinuité. L'homme subit une métamorphose, il devient un autre homme et c'est de cet autre que la femme tombe amoureuse. Ce type de fantasme est typiquement masculin. Seule la vengeance peut conduire la femme à agir ainsi.

4. La séduction n'est pas seulement invite, elle est aussi refus. La femme rejette les propositions anonymes de l'homme. Elle veut que la demande sexuelle lui soit adressée à elle. Son refus est destiné à effacer l'aspect anonyme de l'érotisme masculin, pour l'infléchir dans une autre direction. Il fait aussi partie des artifices de séduction : *se-ducere*, détourner. Le refus a aussi un autre sens. La femme a éveillé le désir de l'homme mais, pour ce faire, elle a dû s'impliquer, devenir la proie et faire de l'homme

1. Dans la littérature amoureuse italienne, le personnage qui vit le drame de la magicienne amoureuse est Armide, ennemie des chrétiens et amoureuse de Renaud. Torquata Tassa, *Jérusalem libérée*, Alphée, 1984.
2. Francis Scott Fitzgerald, *Gatsby le Magnifique*, LGF, 1984. Le même thème apparaît dans Emily Brontë, *Les Hauts de Hurlevent*, LGF, 1984.

le chasseur. Si elle parvient à susciter sa passion, si la séduction marche, elle aussi peut se prendre au jeu. Dans ce cas, il faut qu'elle sache si elle a éveillé le désir : si l'homme n'insiste pas, s'il renonce, cela signifie que son émotion n'était pas très puissante, ou encore que l'homme n'était pas capable de l'accepter, de la vouloir, qu'il manquait de courage.

Le comportement féminin qui consiste à mettre un homme mal à l'aise par des questions sournoises, ou des regards de commisération, a le même but ; de même que les remarques tout à la fois agressives et naïves qui visent à le placer dans une position infantile : « Tu as besoin de demander la permission pour sortir ? » Ou le mépris : « Je n'aurais jamais cru que tu étais si faible. » Ou encore un refus violent et catégorique suivi d'un geste d'acceptation, de l'arpège dans la voix qui reformule la disponibilité et renoue le jeu : inviter et se dérober, flatter et mépriser, mettre dans l'embarras, rendre infantile, se moquer, comme le font les femmes qui rient d'un homme entre elles. Celui qui se permet des commentaires sur une femme qui passe n'éprouve pour elle que mépris, mais seule la distance l'autorise à ironiser, outre le fait qu'il n'y a pas de rapports réels. Il ne se le permettrait pas dans une situation de face à face. Une femme le ferait au contraire sans se gêner car elle considère l'inertie de l'homme comme un défaut stupide ; sa passivité l'irrite ; elle ne le supporte pas s'il ne se met pas en avant ; s'il ne s'offre pas, enthousiaste, passionné, libre et disponible. La femme a besoin d'être recherchée par l'homme. Par ses moqueries, elle veut mettre à mal sa fierté et briser l'orgueil masculin. Son but consiste à le pousser à agir sous l'aiguillon du défi et à prouver son courage. Les railleries constituent une épreuve : si l'homme n'y réagit pas, s'il se replie sur lui-même, s'il s'humilie, c'est la preuve qu'il n'a aucun courage, aucune énergie, qu'il est un être méprisable. Et si la femme le méprise, son intérêt érotique s'en trouve aussitôt annulé. L'entreprise de séduction a échoué : l'objet ne méritait pas d'être séduit, il n'en valait pas la peine.

5. La femme est victime d'une étrange contradiction. Elle veut un homme physiquement puissant mais elle a

peur de sa force dans le rapport érotique. C'est la raison pour laquelle elle préfère un homme habillé (le prestige de l'uniforme). Le vêtement cache la rudesse du corps ; il laisse transparaître la force en même temps que le sentiment de sécurité qui en émane. Le premier pas que fait la femme vers l'homme se manifeste comme le désir de se réfugier dans ses bras. Les barrières psychologiques et physiques, chez la femme, tombent suivant la façon dont l'homme la prend dans ses bras. Dès la première étreinte, elle sent qu'elle acceptera ou non son corps nu à chaque instant de la vie commune, et non pas seulement pendant le rapport sexuel. Il est bien sûr toujours plus facile d'accepter la nudité pendant le rapport sexuel car alors le corps de l'homme se fait plus doux, plus malléable, plus léger, perméable aux sensations et aux émotions. Le corps est aussi ce qui permet de communiquer avec l'esprit et, pendant l'amour, il devient comme pénétrable au corps féminin. Tel est le paradoxe, car la femme a peur du corps de l'homme, en même temps qu'elle veut l'emplir d'émotions, comme un souffle, comme s'il était devenu une matière fluide. Et puisqu'elle ne peut le pénétrer physiquement, peut-être le peut-elle mentalement, grâce à la chaleur et aux vibrations de son corps à elle.

Si l'homme cherche à posséder la femme brutalement, comme on prend un objet, elle le ressent comme une violence à la fois physique et psychique. Elle se sent impuissante et elle a peur. Elle éprouve la même sensation que celle qui s'exaspère lorsqu'elle subit des violences sexuelles ou un viol : un sentiment d'étouffement, d'anéantissement. C'est cette sensation d'annulation, d'écrasement, de destruction, qui pousse au suicide les femmes ayant été victime d'un viol collectif.

La force physique de l'homme attire et terrorise la femme. Son aspect rude et imposant peut être aussi merveilleux qu'il est effrayant. Aussi se trouve-t-il des femmes pour préférer les hommes graciles et physiquement fragiles, pour ne pas avoir à craindre leur force, pour pouvoir les traiter comme des enfants sur le plan physique et psychique. Ce type de femmes veut souvent dominer l'homme également dans d'autres domaines. L'acceptation du corps de l'homme, l'idéalisation de son côté rude sont les premiers signes de l'amour. De même que le « désamour » ou l'absence d'amour conduisent la femme à repousser l'homme, tout d'abord sur un mode voilé, subtil, ambigu, ensuite ouvertement. En réalité, lorsqu'elle cesse d'aimer, la femme met en avant l'aspect le plus grossier de l'homme, le plus animal, et dans tous ses détails. Elle lui reproche de ronfler quand il dort, elle lui en veut de sa façon de se déplacer dans la maison, elle l'accuse de tout déranger, de tout casser. Son corps et tout ce qui s'y rattache l'irritent. Son odeur est forte et insupportable. Les draps ne sont plus remplis de « leur » parfum mais de son odeur à lui, âcre et fauve, celle d'un intrus. Le côté animal de l'homme est difficile à effacer pour une femme et certaines voient les hommes sur la plage comme autant de gorilles. Entre elles, elles se racontent que les hommes nus ne sont pas beaux et que leur géographie n'a rien d'affolant. C'est, en partie, objectivement vrai mais, pour une autre part, c'est la rudesse physique qui les fait paraître ainsi aux yeux des femmes. Il se passe exactement le contraire pour la femme avec ses enfants. Aux yeux de la mère, ses enfants sont toujours beaux, même s'ils sont gros et laids ; une mère n'admet pas la laideur de ses enfants et elle se met en colère si on la lui fait remarquer. Ce comportement est souvent confondu avec l'« amour maternel ». La réalité est que la femme ne peut admettre qu'elle a pu accoucher d'un enfant laid. Si elle en acceptait la laideur, elle devrait accepter en même temps l'aberration d'une part d'elle-même. Elle le sait sans vouloir le savoir et elle fait le contraire de ce qu'elle ferait avec celui qu'elle aime. Elle étouffe son enfant sous des sentiments angoissés et possessifs. On parle d'« excès d'amour » mais en réalité, elle aimerait pouvoir le reprendre en elle, le cacher, le tuer d'une certaine façon.

Lorsqu'elle aime d'un véritable amour, la femme renverse positivement l'aspect inquiétant du corps de l'homme. Si elle aime un homme, elle aime aussi son corps, elle l'aime comme le sien propre, qui ne l'a jamais rebutée. Pour toute femme, son corps est toujours aimable, même atteint par les années : il reste chaud, doux et accueillant. Elle l'occupe en quelque sorte, et s'y sent bien. L'amour permet donc à la femme d'aimer le corps de l'homme peu à peu, par degrés. L'homme aimé n'est plus le préda-teur qui a possédé son corps, qui s'en est délecté et qui s'est endormi, rassasié. Il devient comme un enfant aban-donné au sommeil et à l'amour sous l'effet de son amour à elle. De proie, elle est devenue chasseur. Son orgueil est celui de Diane qui a tiré sa flèche et qui regarde avec fierté sa victime immobile. Elle peut dormir près de ce corps désormais doux et protecteur, innocent. Le corps de l'homme aimé n'est plus coupé d'elle. Elle repose entre ses bras et en respire l'haleine. Son souffle est comme l'air, indispensable. Leurs odeurs sont mêlées pour ne former qu'un seul parfum. Elle le respire et se sent en paix avec la vie. Le toucher, c'est toucher cette paix. C'est la certi-tude de la continuité, de la permanence, de l'éternité.

Le rêve de l'homme

7 1. Le grand rêve de la séduction féminine est la continuité de l'amour. Au contraire, au centre de l'érotisme masculin et de ses fantasmes se trouve la discontinuité du plaisir sexuel. Le plaisir existe aussi, bien sûr, dans l'érotisme féminin, mais il est médiatisé par le rapport amoureux et il trouve sa noblesse dans la générosité de l'amour. Le plaisir de l'amour est intrinsèquement moral : l'amour est don, dévouement, altruisme. L'amour tend à la fusion de deux individus qui parviennent chacun à la transcendance de leur moi empirique, de leur mesquinerie égoïste. L'amour fou atteint même à la dignité sociale. L'amoureux fou est comme le converti qui abandonne derrière lui sa maison et ses enfants pour suivre sa foi ; comme le terroriste qui tue pour un idéal[1]. Le plaisir n'a pas cette dignité éthique et même, l'érotisme masculin, tel qu'il apparaît à travers les fantasmes que nous avons examinés, est le contraire de l'éthique. L'éthique oblige à considérer l'autre comme une fin et jamais comme un moyen. Au contraire, l'objet du désir érotique masculin est un moyen, une nourriture, de l'eau pour qui a soif, un lit pour qui a sommeil. Est moyen tout ce qui sert à satisfaire nos besoins. La réciprocité même, dans l'érotisme masculin, est égoïste. Le plaisir de la femme n'est souhaité que pour servir le plaisir de l'homme.

Seul le plaisir de l'autre en tant que son plaisir propre, hors de toute utilisation à des fins égoïstes, entre dans le

---

1. Nitlas Luhman a montré que l'amour fou n'a été socialement reconnu qu'au XIXᵉ siècle. Cf. *Liebe als Passion : zur Lodierung von Intimität*, Francfort, Suhrkamp. 1982.

registre de l'amour et de la vertu. L'érotisme n'a pas cette dignité, elle ne lui est pas accordée et il ne se l'accorde pas. L'érotisme masculin est égoïstement avide de jouissance. Si un homme marié se sent attiré érotiquement par une femme jusqu'à faire l'amour avec elle, sans la moindre intention de vivre avec elle, de construire un avenir, de fonder un nouveau foyer, de réaliser un grand amour, si son but unique et exclusif est le plaisir qu'il en retire, il n'aura aucune circonstance atténuante. Le plaisir n'est toléré que pour ceux qui sont libres de tout engagement, de tous liens et autres contrats. Le plaisir est toujours vécu, hors des institutions et à l'écart de toute durée contractuelle, comme quelque chose de bas, dégradant, corrompu. Il nous entraîne sur la pente la plus facile, celle qui nous permet d'éviter de choisir, qui nous autorise, sans réfléchir, à prendre tout ce qui se présente à nous.

Le plaisir nous met à la merci de la séduction de l'objet [1]. Le sujet se perd dans l'objet et, fasciné, il en reste brisé. C'est donc la folie, la dissociation, la perte du centre qui résiste à l'objet et s'impose à lui. L'homme érotique est possédé par le désir ; il veut tout, comme le singe qui ne sait pas se donner de but, ni les moyens pour l'atteindre. Le langage courant dit qu'il a cédé aux « séductions de la chair », qu'il s'est « laissé aller ». C'est le même vertige que celui du jeu et, du reste, cet érotisme est aussi dangereux que les jeux de hasard ou les courses automobiles, tant il est vrai que, tôt ou tard, mais fatalement, survient une catastrophe. C'est même la seule conclusion possible. Le joueur ne s'arrête que lorsqu'il a tout perdu, lorsqu'il est ruiné. Le vide moral de l'érotisme apparaît dans toute sa violence chez Henry Miller ou chez l'écrivain italien Vitaliano Brancati.

Cette caractéristique n'est pas une exclusivité de la tradition judéo-chrétienne. Les recherches récentes de Michel Foucault ont montré que les *afrodisia* de la conception grecque sont fondés sur une énergie qui tend à l'excès. C'est pourquoi il faut faire un usage modéré de ces forces

---

1. Jean Baudrillard, *De la séduction*, Paris, Denoël, 1981 ; *Les Stratégies fatales*, Paris, Grasset et Fasquelle, 1983.

et cela n'est possible que si l'on est capable de s'opposer à elles, de leur résister. Michel Foucault précise que ce qui constitue aux yeux des Grecs « la négativité par excellence » tient précisément à la passivité au regard des plaisirs [1].

La correspondance entre les fantasmes érotiques masculins occidentaux et ceux qu'on peut lire dans certains textes orientaux est frappante. Le fameux livre du Chinois Li Yü, *La Chair comme tapis de prière* [2], est lui aussi construit autour de l'irrésistible pulsion sexuelle de l'homme. Les femmes sont asservies à la puissance virile et fascinée par elle ; elles deviennent les esclaves de son membre extraordinaire et ne veulent plus connaître autre chose. La même aventure surviendra au jeune Clerc de la Première Veille et à l'honnête Ch'üan. Le premier se rend irrésistible aux yeux de sa première femme car il est expert dans l'art érotique, mais lorsqu'il veut se mesurer à Ch'üan pour la possession d'Arôme, il doit se rendre à l'évidence de son infériorité physique. Il se fait alors confectionner un membre d'une taille extraordinaire, s'en sert pour séduire Arôme et en profite pour rendre inoffensives toutes les femmes jalouses ou envieuses. Lorsqu'il est en danger, il séduit celle qui le menace. Aucune ne peut résister au plaisir que lui procurent ces deux surhommes. Elles sont folles de désir et littéralement droguées. Leur dépendance est immédiate. Dès qu'elles y ont goûté, elles ne peuvent plus s'en passer.

À la différence de la pornographie orientale, nulle science, nul don n'est nécessaire en Occident. Point n'est besoin d'un super pénis ou d'un savoir sexuel sophistiqué. Le premier venu est réputé capable d'exciter une partenaire déjà enflammée de désir, et cela à tout moment car, en Occident, la femme est en permanence sous l'emprise du désir. Dans les deux cas, tout est réduit au sexe et au corps. On ne parle pas d'autre chose et on ne fait pas autre chose. Le discours sur l'érotisme se dévide, indéfiniment.

---

1. Michel Foucault, *Histoire de la sexualité*, II, « L'usage des plaisirs », Paris, Gallimard, 1984.
2. Li Yü, *La Chair comme tapis de prière*, Paris, Pauvert, 1979.

Les chagrins d'amour n'existent pas. Tout au plus souffre-t-on d'abstinence.

Le caractère immoral de l'érotisme n'est cependant pas absent des publications chinoises. Dans *La Chair comme tapis de prière*, le protagoniste manque à tous ses devoirs et entraîne les femmes qui l'aiment à la ruine et à la mort. Dans Chin P'ing Mei, il est un assassin. Hsi-Mei et Lotus d'Or, les deux amants, cherchent leur plaisir par tous les moyens. Lotus d'Or se montre cruelle avec tous et va jusqu'à tuer sauvagement son mari. L'érotisme sans frein (le mot amour n'est jamais prononcé) déborde, ravage jusqu'à Hsi-Mei qui, malade, absorbe la cantharide que lui donne Lotus d'Or pour l'exciter sexuellement jusqu'à ce que mort s'ensuive. L'autre constante est le danger. Celui qui prend du plaisir court toujours les plus grands risques. Dans le livre de Li Yü, il s'agit de n'être pas découvert par un mari ou par quelque autre femme. Dans Chin P'ing Mei, c'est un assassinat qu'il faut cacher.

2. Vue sous cet angle, l'imagination érotique masculine est à l'opposé de celle des femmes. Si celles-ci cherchent la continuité, l'intimité et la vie commune, l'homme, lui, s'efforce de fuir l'amour, les devoirs et jusqu'à la vie sociale. Chez Li Yü, les enfants, les parents, les affaires, les cérémonies et toutes les autres préoccupations de la vie sont tenues à l'écart de l'aventure érotique. La femme veut retenir celui qu'elle aime et l'homme fait tout ce qu'il peut pour garder sa capricieuse liberté. L'imagination érotique masculine comporte une caractéristique rigoureusement opposée aux engagements et aux responsabilités. Au cours de ces dernières années, les femmes qui ont représenté l'idéal érotique masculin avaient en commun de ne pas rechercher de liens durables et de ne pas engager la responsabilité des hommes. Marilyn Monroe n'a rien d'une héroïne romantique. Elle dit : « Me voilà, simple, ingénue, fragile, excitable. Fais ce que tu veux. Je ne te demande rien, ni mariage ni continuité, ni engagement ni argent. Ce que tu peux me faire me laisse indifférente, n'a pas de signification sexuelle. » Dans le film *Sept Ans de réflexion*, Marilyn s'offre du début à la fin, mais en toute innocence.

La femme qui incarne le fantasme érotique ne laisse pas à l'homme la responsabilité de son désir. Elle ne réclame aucune compensation éthique au plaisir. Son message est le suivant : « Si je te plais, prends-moi. Si tu veux me quitter, je ne te ferai ni reproches ni ennuis, ni chantage ni pleurnicheries. Je ne chercherai pas à te retenir à cause des enfants, des parents ou de la famille. Je n'ai pas besoin de ton argent. Je n'éprouve ni jalousie ni rancœur. Et si tu veux revenir, je serai là. » Sophia Loren et Gina Lollobrigida ne se sont pas glissées dans ce moule. C'est pourquoi elles ne sont pas devenues des symboles érotiques, quoique étant très belles. Brigitte Bardot est au contraire devenue un sex-symbol. Son image a été d'abord celle d'une adolescente sans inhibitions et un peu en marge. Le signe de l'absence de danger, chez elle, a été un certain degré de désordre et de négligence : vêtue comme par distraction, les cheveux à moitié décolorés. Elle a joué les filles faciles qu'on peut prendre et laisser sans conséquences.

Sans conséquences, le rapport de cause à effet peut s'interrompre. Le temps comme juxtaposition d'instants séparés, sans liens entre eux, est à l'opposé du temps de la morale et de la loi, faite pour qu'on se souvienne et qu'on n'oublie pas. Il est la négation d'une composante très importante de la mentalité masculine : la responsabilité. Il est la négation de la pulsion biologique qui pousse l'homme à arrêter sa course pour prendre soin de sa femme et de ses enfants. Il y a dans l'érotisme de l'homme une composante anarchiste et antisociale, une inquiétude quant à sa liberté qu'il admet lui-même difficilement. Souvent, l'homme qui trompe sa femme ou sa maîtresse ne le fait pas parce qu'il s'intéresse à une autre femme, pas plus que pour satisfaire son goût de la conquête ou de l'aventure. Il la trompe pour éprouver sa liberté, pour défier la surveillance, pour échapper au sentiment de possession amoureuse, pour ne plus être sous contrôle. Le mensonge et la dissimulation sont à considérer sous cet angle : ce sont les balises d'une zone secrète et personnelle dans laquelle le plus grand amour n'a pas droit de cité. Dans cette aire protégée contre l'amour et le devoir, l'érotisme a le goût de la liberté sans limite et de l'irresponsabilité.

3. Comme l'amour, la morale est engagement, contrat, continuité. Au contraire, la liberté de l'érotisme masculin tend à refuser les entraves et autres limites. L'homme veut avoir le droit de choisir en toute circonstance, de célébrer et de récompenser celle qui lui donne du plaisir et d'écarter celle qui l'en prive. Néanmoins, s'il existe en cette dernière quelque chose qu'il aime, il veut aussi le conserver, isolé du reste. D'où ses efforts pour séparer l'ensemble concret que forme un individu dans son unité et dans sa complexité en autant de parties. Une femme sans beauté ni noblesse peut être attirante sexuellement et, dans ce cas, l'homme cherche à isoler cette qualité. Il ne veut conserver que l'aspect sexuel, mettre entre parenthèses, autant que faire se peut, les caractères déplaisants pour ne valoriser que les caractères positifs.

La femme aussi procède, bien sûr, à de semblables opérations, mais davantage sur le terrain de l'intérêt économique et social. Une femme peut tout à fait décider de sortir dîner avec un homme pour la seule raison qu'il est un personnage important ; elle peut même se marier par amour de l'argent. Dans ce cas, elle met entre parenthèses les caractères déplaisants en faveur d'un avantage matériel. Mais il est rare de la voir agir ainsi par intérêt érotique, rare de la voir ne rechercher la compagnie d'un homme que pour ses prestations sur le plan sexuel. Dans son livre, *Les Parachutes d'Icare* [1], Erica Jong cherche à se comporter ainsi avec ses amants occasionnels mais elle n'y parvient pas, et en éprouve à la fois haine et amertume. Il faut dire que la sensibilité érotique d'une femme s'exerce par rapport à la personnalité globale d'un homme. Bien sûr, il arrive qu'elle soit attirée par une qualité érotique extraordinaire. Un certain homme d'État français a ainsi connu un vif succès auprès des Parisiennes à cause de la taille de son sexe, mais on peut penser qu'elles étaient davantage attirées par la curiosité, la rivalité ou le titre de président de l'homme en question ; quelque chose appartenant donc au champ social et ne mettant pas en jeu un goût particulier et personnel. Le corps de l'homme

1. Erica Jong, *Les Parachutes d'Icare*, Paris, J'ai lu, 1984.

peut être beau, musclé, viril... les applaudissements du public et, pourquoi pas, un yacht, seront toujours plus érotiques aux yeux d'une femme.

4. Une autre des manifestations de la discontinuité de l'érotisme masculin est à interpréter dans le désir de trouver refuge, dans le fantasme du château fort, de la caverne de chair, pour faire une analogie avec *La Chair comme tapis de prière* de Li Yü. Dans les bras de sa maîtresse, l'homme est loin du vacarme du monde. C'est ainsi qu'il oublie ses erreurs et s'en console, qu'il soigne ses blessures. L'érotisme est une île qui fait que la vie ailleurs est possible. Les choses se passent très simplement pour l'homme. Il suffit que deux amants soient d'accord. Nul besoin d'état naissant ou d'entraînement ; les bonnes dispositions suffisent. S'ils sont d'accord, eh bien, l'enchantement peut survenir, du moins pour quelques heures, pour eux seuls, et ils peuvent construire un jardin de roses loin du monde. Ils pourront ou non y retourner, à leur gré. Comment définir cela ? Pour deux amis, je l'ai appelé *rencontre* [1] mais il faut une expression particulière pour signifier cette rupture du temps érotique, cet enchantement momentané, cette vacance vis-à-vis du monde, cette fusion provisoire qui se réalise dans l'étreinte, dans l'acte sexuel. « Acte » serait trop peu, « relation » serait trop. L'unité de base de cet érotisme est un intervalle, un *intermède lumineux*.

L'érotisme suppose l'absence de préoccupations communes aux deux amants. Un acte positif et libérateur doit permettre de se dégager des problèmes éventuels et qui pourraient gêner la relation érotique. L'espace ainsi libéré peut alors se remplir d'érotisme. Il ne s'agit pas d'un espace vide mais vidé, dans lequel les deux partenaires peuvent se concentrer sur le plaisir érotique et sur sa perfection, à l'exclusion de toute autre chose. La concentration de la méditation — l'érotisme comme méditation (cf. *La Chair comme tapis de prière*) — atteint la perfection pour autant qu'elle se libère de la frustration et de la tristesse

1. Francesco Alberoni, *L'Amitié*, Paris, Ramsay, 1985.

desséchante susceptibles de s'emparer de celui qui se livre à la méditation. C'est dans cette même dimension qu'évoluent les amants. Le temps passé avec une maîtresse doit être libre de toute préoccupation ; ce doit être un temps extraordinaire. Celui du bonheur, de la paix. Un temps hors du temps, retranché de la vie quotidienne, avec un commencement et une fin. Tout ce qui est différent doit avoir un début et une fin, hormis l'état naissant qui est le commencement de ce qui est totalement nouveau et qui n'a pas de fin. L'amour ne veut pas de fin. Les amants existent parallèlement à une relation institutionnalisée. Ils créent une autre dimension où ils se réfugient et dont ils doivent sortir pour réintégrer le quotidien. La dimension du quotidien est celle dont on peut parler et qu'on connaît : le lieu des devoirs, de la réalité officielle, des obligations dont on peut énumérer tous les détails, analyser les éléments. La dimension dans laquelle se retrouvent les amants est à l'écart, double, parallèle ; elle est celle du bonheur car le temps y est compté, car son rapport au monde n'est pas global ; tout se passe bien dans cet espace car il est sans interférences ; il est perfection érotique. La scansion d'un temps calculé et défini le rend maîtrisable : c'est le temps d'une fête, d'une représentation théâtrale, des vacances, d'un bal. C'est le seul temps pendant lequel l'idylle est possible. Nombreux sont ceux qui voient l'amour comme une idylle mais c'est une vision fausse. L'amour est aussi inquiétude, tourment. L'idylle n'est possible que pour un temps limité, au commencement, quand la passion ne s'est pas encore déclarée, et avec elle, le dilemme. Ou ensuite, quand la règle a été établie, quand le code des rapports internes et avec le monde a été instauré. L'idylle n'est pas le produit naturel de l'attirance entre deux êtres mais le résultat d'une mise en scène.

Le rôle de maîtresse ou d'amant est parfois voulu par les deux partenaires, parfois un seul. L'autre ne se plie pas toujours volontiers à ce rôle. Il arrive aussi que les deux soient amoureux mais que l'un des deux veuille conserver le rôle d'amant pour empêcher l'amour d'envahir son existence entière, et de sombrer dans l'ennui de la vie quotidienne, ou encore pour éviter d'avoir à faire un choix. Édouard d'Angleterre aurait voulu garder cachée, au moins en partie, ses relations avec Wallis Simpson. Son milieu devait le souhaiter, ainsi que la cour d'Angleterre, où chacun devait être satisfait de savoir cette femme déjà mariée ; ainsi n'épouserait-elle pas Édouard. Mais, au contraire, elle divorça et voulut être reçue à Balmoral. Elle n'acceptait pas d'être « confinée » dans le rôle de la maîtresse. Elle voulait le mariage, ce qui signifiait devenir reine d'Angleterre. Néanmoins, le monde politique et l'opinion publique ne pouvaient l'admettre. Devant le dilemme — épouser celle qu'il aimait ou renoncer au trône — Édouard décida d'abdiquer.

Les relations d'amants peuvent aussi parfois durer pendant des années, et même toute la vie, surtout lorsque les deux partenaires sont mariés chacun de leur côté. Ils se rencontrent rarement et prennent soin, dans leurs rencontres, de ne pas introduire d'éléments de leur vie quotidienne respective. Ils sont attentionnés, aimables, uniquement préoccupés de se donner du plaisir. Ils se comportent comme deux complices et chacun donne à l'autre le meilleur de lui-même. Le fait que leur relation se borne à l'érotisme lui garde un caractère léger, désengagé, même si, à la longue, un sentiment profond et sincère se développe, et parfois un véritable amour. Il n'y a pas d'amants sans limites dans le temps, limites imposées par la vie officielle et par les conventions. Il n'y a pas d'amants sans secret. Lorsqu'une relation est manifeste, publique, elle change de nature, elle est assimilée au mariage, même si elle n'en porte pas le nom.

Avoir une maîtresse participe de la recherche d'une relation ambivalente, qu'on obtient par soustraction et par la mise en place d'une clôture. Cette façon d'éviter, d'éluder, de tromper les autres, est apparentée à la façon dont la secte hébraïque Dönhmeh [1] résistait et s'opposait au monde musulman : cette secte se cachait ; en apparence, ses membres se comportaient comme des musulmans mais, en secret, ils pratiquaient le culte hébraïque. Les textes du Talmud étaient écrits sur des livres minuscules, pas plus

1. Cf. Gershom Scholem, *Le Messianisme juif, essai sur la spiritualité du judaïsme*, Paris, Pocket, n° 115.

grands que le pouce. Les Dönhmeh ne faisaient pas de prosélytisme et ne cherchaient pas à s'étendre. Ils voulaient seulement survivre.

L'érotisme dont nous avons parlé ne se pose pas en modèle ; il ne s'érige pas en principe moral. Sa liberté est négative ; elle est une défense contre toute intrusion. Dans cette situation, la dissimulation est plus appropriée que la lutte ouverte. Le conflit veut éclaircir les situations et les résoudre ; faire un choix signifie se limiter à une solution unique. L'érotisme, au contraire, est toujours un fragment, une zone délimitée. Il se sait d'une fragilité extrême. Sa limite est comme le cercle magique de l'exorcisme ou du sacrifice. Une simple ligne tracée sur le sol et destinée à protéger du contact avec l'impur, le profane, ce qui contamine, envahit. Milan Kundera exprime très bien ce sentiment qu'il attribue à Sabina dans *L'Insoutenable Légèreté de l'Être* [1]. Franz, son amant, est obsédé par le besoin de vivre dans la vérité. Aussi, un beau jour, avoue-t-il à Marie-Claude, sa femme, qu'il a une relation avec Sabina. « Pour Sabina, ce fut comme si Franz avait forcé la porte de son intimité. C'était comme de voir dans l'embrasure la tête de Marie-Claude, la tête de Marie-Anne, la tête d'Alan le peintre et la tête du sculpteur qui se tenait toujours le doigt, la tête de tous les gens qu'elle connaissait à Genève. Elle allait devenir la rivale d'une femme qui lui était tout à fait indifférente. Franz allait divorcer et elle prendrait place à son côté sur un grand lit conjugal. De près ou de loin, tout le monde regarderait ; il lui faudrait, d'une manière ou d'une autre, jouer la comédie devant tout le monde ; au lieu d'être Sabina, elle serait forcée d'interpréter le rôle de Sabina... L'amour offert en pâture au public prendrait du poids et deviendrait un fardeau. Rien que d'y penser, elle ployait d'avance sous ce fardeau. »

1. Milan Kundera, *L'Insoutenable Légèreté de l'Être*, Paris, Gallimard, 1984, p. 148.

5. Le miracle de la relation érotique masculine est celui d'une totale confiance et d'un total abandon ; son but est exclusivement tourné vers le plaisir, sans nul devoir, engagement ou contrainte. En cela il est en tout point semblable à l'amitié. À la différence qu'on ne parvient pas à la sérénité érotique par l'approfondissement intellectuel, la confiance et la révélation, tous éléments caractéristiques de l'amitié. Pour l'érotisme, c'est la clôture, le silence, la discrétion. Seule, en effet, une totale discrétion dans tous les autres domaines de la vie autorise le déchaînement érotique, car rien ne vient alors le troubler. C'est une erreur que de considérer l'érotisme comme une révolte [1]. L'amour, lui, est révolte. Il se sent parfait, exemplaire. Il veut se montrer, crier sa beauté, s'exprimer par des actes publics, dans des relations sociales. Les amoureux ne se tiennent pas reclus, ils ne se cachent pas ; ils s'exhibent, ils se tiennent par la main. L'homme amoureux agit ainsi mais, au fond de lui, il garde la conscience aiguë que le social, ce qu'on montre, la mondanité, jette l'individu hors de lui-même, le place sur une scène où il doit tenir un rôle. Et le rôle est toujours destiné à un public, non pas à soi-même.

L'érotisme féminin tend à s'ouvrir sur le monde, à se vivre au grand jour, aux yeux de tous. La femme rêve de faire l'amour sous un ciel étoilé, sur la plage, dans la forêt, là où la nature est la plus belle. Marcher dans la rue, main dans la main, avec son amant, ou arriver à son bras à une soirée, procurent à la femme une véritable excitation érotique. Si la femme est belle et si l'homme est amoureux, il peut être, à son tour, excité érotiquement, car lui aussi est orgueilleux ; il lui arrive plus souvent qu'à la femme de se vanter de ses conquêtes érotiques. Pourtant, en secret, son érotisme s'exprime d'autant mieux qu'il demeure caché, enfermé. Il existe, chez l'homme, une composante érotique très puissante qui nie l'extérieur et survalorise l'intérieur. Cet érotisme n'attend ni reconnaissance ni gloire, il n'a que faire du triomphe social. Au

1. Comme le fait Georges Bataille dans *L'Érotisme*, Paris, Éd. de Minuit, 1957.

contraire ; il est épris d'autonomie, d'indépendance, d'autarcie : je me suffis à moi-même, dit-il. Sa victoire réside précisément dans le fait qu'il se passe du monde, qu'il crée un microcosme : j'ai triomphé du monde en lui opposant mon propre monde, d'égal à égal, en maître de moi-même que je suis. J'ai conquis ma liberté contre l'oppression ; je défends mes frontières. Nul ne peut entrer. J'ai gagné. Je n'attends aucune reconnaissance car je ne dépends de personne. J'ai repoussé toutes les attaques ; j'ai sauvé mon royaume et ma patrie.

6. Pourtant, même le livre de Li Yü s'achève sur le repentir et le renoncement à l'érotisme. Les aventures érotiques y sont jugées comme des erreurs, sans qu'on puisse soupçonner la moindre influence judéo-chrétienne. Pourquoi l'érotisme masculin est-il toujours présenté comme un exemple de vie dépravée à ne pas suivre ? S'agit-il d'une tentative hypocrite pour tromper la censure ? À mon sens, quelque chose de plus profond est en cause. Cet érotisme forme une part très importante de la vie mais n'en épuise pas les ressources, ni ne peut en constituer l'essence. L'érotisme permet de fuir les contingences pour se réfugier dans le bonheur ; il permet d'annuler le temps mais non pas de le maîtriser. L'érotisme est un refuge contre le monde extérieur. C'est l'oubli du monde qui lui donne sa perfection. L'érotisme ne cherche pas à s'imposer comme projet de vie ; il ne veut pas dominer celle-ci ; il ne veut pas décider de ce qui a été, de ce qui est et de ce qui sera. C'est pourquoi, à la fin de la vie d'un homme, il doit céder la place aux instances qui savent maîtriser le temps : à la société, à l'amour, à Dieu ou à Bouddha.

8 1. Séduire, pour l'homme, ne signifie pas provoquer une émotion érotique indélébile. Cela signifie simplement coucher ensemble, faire l'amour. Mais cela ne veut pas dire pour autant que l'homme n'aime pas le jeu de la séduction sans but, de la séduction comme pur désir de plaire et d'éveiller le plaisir. L'homme éprouve même très fortement ce besoin de courtiser et, s'il vient à être inhibé, le pouvoir d'excitation érotique tombe avec lui pour céder la place à un sentiment de frustration et à une dépression pénible. On peut observer ce phénomène dans les groupes d'adolescents : si l'un d'eux courtise une jeune fille, tous les autres se moquent de lui et, au bout d'un certain temps, il devient inhibé, timide, voire peureux. On peut l'observer aussi parfois dans les rapports conjugaux si l'épouse interdit au mari de regarder les autres femmes, ou l'agresse lorsque ça lui arrive. L'homme éprouve dans ce cas un véritable sentiment de mutilation de sa liberté ; il se sent contraint, emprisonné ; il ressent quelque chose d'analogue à ce qu'éprouve une femme à qui on interdirait de prendre soin d'elle-même, de se faire belle et de vouloir plaire. Nous l'avons déjà dit : tout homme se sent le droit, au fond de lui, de rechercher les femmes, et toute femme se sent en secret celui d'être recherchée et de choisir, et cela, sans but érotique avoué. Néanmoins, la cour amoureuse se fonde sur un fantasme : faire l'amour doit en être la conclusion. Et si cette cour débouche sur une rencontre érotique, ce fantasme ne tarde pas à devenir du désir. Faire l'amour est le but recherché par tout homme ; c'est la conclusion à laquelle il veut arriver. Si une femme accepte la relation érotique mais refuse la sexualité, elle refuse l'essentiel. L'affection, l'intimité et les caresses ne suffisent pas. Au tréfonds de son âme, de sa mentalité, l'homme garde enracinée l'idée que si une femme lui cède sur le plan sexuel, elle lui cède tout son être. C'est pourquoi celui qui est parvenu à faire l'amour avec une femme parle de « conquête ». C'est pourquoi les jeunes gens se vantent de leurs conquêtes amoureuses. Les femmes conquises sont autant d'avions abattus, autant de victoires remportées.

Il n'en va pas de même pour la femme, qui peut décider de se donner sexuellement sur une gamme très variée en intensité : très peu, un peu, beaucoup, à la folie... Le cas limite est celui de la prostituée qui se donne sans rien donner, et qui symbolise son inaccessibilité totale par son refus d'être embrassée sur la bouche par ses clients. Ce qui, pour l'homme, est un acte discontinu — l'accord ou le refus, l'acte sexuel ou rien — est, pour la femme, une gamme d'ouvertures successives, une série de portes qui s'ouvrent au seul homme qui, à ses yeux, en est digne. C'est pourquoi une femme qui a fait l'amour avec un homme se sent gravement offensée s'il la juge comme une conquête et s'il la traite comme si elle était devenue sa chose.

2. La femme habillée est, aux yeux de l'homme, lointaine et interdite. Le vêtement et le fard ont toujours une double signification : ils sont à la fois invite et obstacle, et sont deux forces susceptibles d'être diversement dosées. Si la femme veut attirer l'homme, s'il lui plaît, elle accentuera l'invite. Mais l'homme éprouve les plus grandes difficultés à en déchiffrer les signes. Nous avons vu que, le plus souvent, il a peur de la beauté féminine. Il est attiré par elle mais, en même temps, il la craint. La femme qui se fait belle pour plaire peut donc donner à l'homme l'impression qu'elle est encore inaccessible. En outre, dans l'imaginaire érotique masculin, le vêtement, par son élégance, son raffinement, son caractère précieux, féminin, symbolise la différence, la distance, l'obstacle, l'épreuve. Séduire équivaut à renverser la situation : il s'agit de faire de la belle inconnue, de la secrétaire derrière son bureau, de la dame en manteau de fourrure ou en tenue de soirée, une amante passionnée. Au fond, l'homme doute toujours

de son pouvoir de séduction. Pour lui, la séduction reste un miracle. Lorsque la femme quitte ses vêtements, c'est parce qu'elle l'a décidé, et elle seule, et l'homme ne peut que s'en montrer étonné et heureux. Le don Juan le plus cynique est ému si une inconnue lui offre son intimité — une intimité impensable quelques minutes auparavant. Pour l'homme, la séduction n'est pas un motif de triomphe mais un émerveillement. Elle engendre un sentiment de reconnaissance et non de supériorité.

Il n'y a rien de plus merveilleux, pour un homme, que la transformation de la femme qui se donne [1]. Il ne s'y attend pas et, soudain, une inconnue se conduit avec lui comme si elle le connaissait depuis toujours, comme si une profonde confiance les liait intimement, comme si elle avait toujours été sa maîtresse, comme si elle était amoureuse. Telle est la raison qui faisait naguère croire aux hommes qu'ils étaient des bourreaux des cœurs. L'homme sait que la femme l'a étudié, mis à l'épreuve ; ensuite elle s'est ouverte, lentement, et alors même qu'elle se donnait, elle ne se livrait pas tout entière. L'homme, qui ignore tout de cette gradation silencieuse, typiquement féminine, croit à la passion véritable lorsqu'il contemple cet abandon sans réserve, cette avidité déchaînée pour son corps, son sperme, son odeur, cette impudique frénésie. L'homme garde de l'expérience de ces métamorphoses merveilleuses une impression très forte, un souvenir indélébile. Et c'est cette émotion que recherche le don Juan. Il veut la renouveler à l'infini, et chaque fois en retrouver l'extase. Néanmoins, pour y parvenir, il doit s'opposer radicalement à la passion qu'il a suscitée. Il doit résister à la vague érotique de la femme ; elle ne doit ni l'entraîner ni le lier ; elle ne doit pas devenir continuité sous peine de voir cesser l'enchantement de la séduction.

Au fond de lui, l'homme aussi veut susciter une irrésistible émotion, être aimé et désiré ; il recherche, chez la femme, une passion érotique sans limite, et les symboles

1. Maria Pia Pozzato l'a bien observé dans son analyse du roman sentimental, mais elle n'a pas compris que c'est un point de vue masculin et non pas féminin. La femme veut véritablement provoquer cette émotion et cette surprise. Cf. Maria Pia Pozzato, *op. cit.*, p. 63.

de la séduction féminine promettent précisément ce délire émotionnel et sensuel. Il le désire mais, en même temps, son besoin de discontinuité reste très fort. La femme doit s'éloigner pour qu'une nouvelle rencontre puisse avoir lieu. Elle doit « se rhabiller », redevenir élégante et distante pour lui permettre de retrouver en elle une inconnue. Et cela, elle le sait. Nous avons pu voir qu'un des moyens de la séduction féminine consiste à changer continuellement pour maintenir l'intérêt érotique de son amant. Nous avons dit aussi que l'émotion ressentie par l'homme face à la beauté féminine est de courte durée, que l'homme s'éloigne et que la femme doit renouveler l'enchantement. La femme est donc contrainte à exercer son art de la séduction même lorsqu'elle voudrait « être elle-même », ou être la Belle au bois dormant. Et cette situation peut lui peser.

3. L'homme ne sait pas distinguer, dans les métamorphoses amoureuses de la femme, entre l'amour et l'artifice. La prostituée elle-même, lorsque le tarif est fixé, simule un intérêt et une admiration qu'elle n'éprouve pas, voire de l'excitation érotique. L'homme ne comprend pas qu'elle lui refuse sa bouche. Pour lui, la femme est excitée érotiquement si elle fait l'éloge de son corps, de la taille de son sexe, si elle crie de plaisir, si elle va jusqu'à l'embrasser. Les courtisanes et les prostituées de haut rang s'y prennent si bien qu'il est très difficile à l'homme de démêler l'artifice de l'amour ou de la passion. Une part de lui-même veut interrompre le flot émotionnel, la continuité érotique. La prostituée le sait, qui connaît ses moindres désirs. Elle sait qu'il ne veut pas être étouffé ou retenu par l'affection et les attentions. Le premier paradoxe est que l'homme est particulièrement sensible au charme de la femme qui use de la séduction d'une façon rationnelle. La Belle au bois dormant a raison de craindre le pouvoir de la magicienne et les dangers et les angoisses dont parlent les romans sentimentaux sont tout à fait justifiés.

Le second paradoxe est le suivant : l'homme qui considère qu'une femme s'abandonne trop facilement juge qu'elle le fait par calcul, en d'autres termes qu'elle agit comme une prostituée. L'expression méprisante : « c'est une pute » signifie, en définitive, qu'on a affaire à une femme qui fait semblant, qui trompe, qui se sert de la sexualité à des fins non érotiques. Il ne faut pas oublier que, pour l'homme, le plaisir sexuel est une fin en soi. L'idée qu'il puisse être utilisé dans d'autres buts le trouble ; l'idée que l'excitation érotique puisse être feinte l'inquiète. L'homme ne peut feindre car son érection est une preuve impossible à inventer.

Il arrive aussi que l'homme se méprenne sur le désir de continuité de la femme. La femme veut rester avec l'homme qui lui plaît ou qu'elle aime. Elle veut l'accompagner, voir ce qu'il voit, se faire admirer à ses côtés, se montrer en public avec lui : tels sont les éléments de son érotisme spontané. Pour sa part, l'homme jugera que la femme qui lui fait une telle demande est intéressée par les seules mondanités et non par l'érotisme. Là encore, se dessine l'image de la prostituée qui livre son sexe pour avoir autre chose et dont la véritable intention est ailleurs. La femme éprouve un véritable malaise devant cette difficulté de l'homme à distinguer entre l'amour et le calcul.

4. En imagination, l'homme désire toutes les femmes et voudrait faire l'amour avec toutes. Le désir sexuel qu'il éprouve est inépuisable, infini. Comme dans la pornographie et la prostitution, il désire des femmes continuellement offertes. Dans la réalité au contraire, si une femme s'offre à lui avec insistance, si elle manifeste crûment son désir de coucher avec lui, l'intérêt de l'homme ne tarde pas à tomber : il se retire du jeu et se sent impuissant. Si une femme prend l'initiative, si elle se montre avide et provocante, si elle se conduit, en somme, comme l'homme l'imagine dans ses fantasmes, c'est lui qui se referme et qui a peur. Habitué qu'il est à demander — lui qui a construit son imaginaire sur la demande —, il ne sait pas dire non lorsque les rôles s'inversent.

Aussi est-ce son corps qui se refuse : il n'a pas d'érection ou il ne peut pas éjaculer. C'est pourquoi les femmes peuvent prétendre qu'en réalité les hommes ont peur de la sexualité féminine et qu'ils ont un besoin pathétique et constant d'être rassurés quant à leur virilité.

Du fait de sa sexualité discontinue, de sa tendance à identifier l'érotisme avec l'orgasme, sinon avec la pénétration, l'homme ne peut se faire à un érotisme diffus, amoureux, de contact, d'odeurs, où les orgasmes se succèdent et où l'étreinte érotique semble sans limites dans le temps. Il rêve de faire l'amour et non pas de demeurer en permanence dans un état orgasmique. En réalité, il peut rester des jours entiers enlacé avec celle qu'il aime et faire l'amour toute une nuit, mais ces jours et ces nuits constituent pour lui autant de commencements. Chaque fois est une nouvelle rencontre : il la déshabille pour la première fois, il la voit nue pour la première fois, il est émerveillé par le miracle de la séduction pour la première fois. La discontinuité masculine vit de cette illusion du commencement, de la surprise, de la différence, de la découverte. C'est pourquoi il a horreur de ce qu'il repère comme répétition, habitude ou devoir. La demande sexuelle féminine l'effraie et bouleverse son propre érotisme, car elle prend à ses yeux les traits de la quotidienneté, de la répétition et du devoir.

Nous avons vu que la séduction féminine est la création toujours renouvelée du charme et de la nouveauté. C'est précisément ce qui éveille le désir de l'homme. Si la femme réclame la répétition et la continuité, l'homme ressent un mouvement souterrain de désintérêt et de refus qui ne tarde pas à se transformer en impuissance. De même que la frigidité féminine apparaît quand la séduction masculine fait défaut, l'impuissance masculine est le symptôme du manque de séduction de la part de la femme.

9 1. L'homme peut ne retenir d'une relation érotique que quelques moments érotiques. Pour cela, il annule l'histoire de la relation, met entre parenthèses les émotions dans leur complexité ; il isole la part érotique, l'élabore à nouveau et en fait une aventure tout à son goût et dans laquelle il puisse prendre sa vraie place fantasmatiquement. Tout se passe comme si on coupait les scènes érotiques d'un film d'amour pour les monter hors contexte. Isoler l'érotisme permet de mettre en évidence et de ne retenir que la part la plus belle, la plus agréable, la plus gratifiante de l'expérience. L'homme tend à oublier les étapes émotionnelles les plus importantes du développement de la relation pour ne se souvenir, avec la plus grande netteté, que de certains moments, de certains détails érotiques, comme s'ils étaient le symbole, le concentré de la relation elle-même. Le phénomène est le même que celui des « souvenirs-écrans » découverts par Freud. Néanmoins, à la différence de ceux-ci, le souvenir érotique n'est pas une élaboration imaginaire après coup ; il est en tout point réel et également surdéterminé symboliquement, en même temps qu'il possède une très puissante force d'évocation. Presque toujours, les souvenirs érotiques masculins sont visuels et, souvent, ils se rapportent au commencement de la relation érotique, au moment où la femme s'offre, à l'instant extraordinaire de la « métamorphose ». Au contraire, le souvenir de la femme ne se limite pas à l'acte sexuel, ni ne s'accroche à un détail visuel ; il évoque plutôt une émotion composite, un événement.

Dans le film de Fellini, *La Cité des femmes*, M. Cazzoni possède une galerie de portraits de femmes dans laquelle sont conservés les cris, les râles, les soupirs, les phrases murmurées au moment de l'orgasme. C'est une galerie de trophées où la femme est obligée de se reconnaître même si elle ne le veut pas. Il force une de ses anciennes maîtresses à admettre que c'est bien elle qui criait : « Mon amour, donne-le-moi, donne-le-moi ! », même si elle veut aujourd'hui oublier cette aventure qu'elle éprouve comme une faiblesse, une reddition. Ce musée personnel est fait pour rappeler à la femme — par le biais des mots dits au moment de l'orgasme — son histoire amoureuse dans sa totalité, son histoire passée, qu'elle veut oublier ou qu'elle a oubliée. De son côté, elle voudrait reprendre le fragment d'enregistrement comme on reprend les photos et les lettres lorsque l'amour est mort. M. Cazzoni veut, au contraire, ne se souvenir que de cela et c'est lui qui impose sa loi. L'imaginaire masculin devient un véritable cauchemar dans la cité des féministes.

Nous avons dit plus haut que la femme la plus érotique pour l'homme est celle qui ne pose aucun problème, qui ne le met pas devant ses responsabilités : une oie, qui ne maîtrise même pas son pouvoir de séduction. Nous savons à présent que l'homme, malgré son fantasme, connaît le poids émotionnel du réel. Tout comme il connaît l'histoire de sa vie entière, même s'il veut n'en retenir qu'une partie. Il sait que l'obstacle existe, et la résistance, et l'amour. Mais, dans l'élaboration fantasmatique, il traite ces éléments comme autant de puissances dominées sur lesquelles a triomphé la liberté souveraine du vainqueur. C'est le sac après la conquête d'une ville : le guerrier victorieux profane toute chose ; il pénètre partout sans rencontrer de résistance, ni interne ni externe.

2. Sade et le sadisme ont-ils à voir avec une telle expérience ? Bataille [1] a accordé la plus grande importance au marquis de Sade en définissant l'érotisme comme la présence de la vie dans la mort ou de la mort dans la vie. Pour Bataille, il existe deux forces dans la nature. L'une tend à l'individualisation, et l'individu lutte pour survivre ; l'autre tend à la fusion et donc à la destruction de l'indi-

1. Georges Bataille, *L'Érotisme, op. cit.*

vidu, à sa mort. Cette seconde force est la violence et toutes les deux sont à l'œuvre dans l'érotisme. L'individu veut rester lui-même et, en même temps, se fondre en l'autre. Mais, au fond, la fusion est violence, destruction et mort. Sade n'a rien fait d'autre — selon Bataille — que de porter à l'extrême ces pôles dialectiques de l'érotisme. C'est pourquoi l'érotisme est transgression, violence, profanation, volonté d'annulation de soi-même et de l'autre. Quoique ayant eu une fortune certaine, cette thèse de Bataille est insoutenable, non pas parce qu'elle est effrayante ou parce qu'elle conçoit la sexualité comme un péché, mais parce qu'elle lie ensemble des choses hétérogènes. Par exemple, l'excitation collective de la foule, de l'orgie, de l'orgasme, la transe hypnotique et l'extase amoureuse. C'est trop. La fusion *amoureuse* de l'amour naissant, par exemple, n'est pas l'annulation des individus dans l'instinct. C'est plutôt l'apparition d'un élément totalement nouveau par lequel les individus sont transfigurés. Ils sont des mutants qui viennent au monde et qui cherchent à s'y réaliser. Le couple amoureux est une formation sociale dotée d'une énergie colossale, et qui juge son passé de façon critique tout en projetant son avenir. Cette formation engendre des valeurs et se propose des buts. Elle affermit la volonté de chacun, bien loin de l'affaiblir. L'état naissant n'a rien à voir avec la dissolution de la mort. Il est une renaissance, l'émergence d'une nouvelle forme de vie chargée d'espoir et de désir.

L'ivresse extatique de l'*orgie* est tout à fait différente. Pendant l'excitation collective, les individus ne se reconnaissent plus, ils ont abdiqué leur individualité et leur unicité, et il se produit le contraire de ce qui survient dans l'amour. En outre, quand l'orgie est finie, chacun retourne à son état d'individu isolé. Dans l'excitation collective de la *foule*, l'annulation des individus est plus grande encore. L'orgie les conduit à se rechercher, à se rencontrer, à se donner du plaisir. La foule ne fait que les rassembler, hurlants. Leur esprit est altéré ; ils ont perdu leur capacité de jugement et, en réalité, ils sont incapables de penser. Ils se laissent entraîner par des émotions et des slogans. Ils ont régressé et marchent du même pas : ils sont devenus une masse. Comment pourrait-on confondre cet état d'imbécillité avec la lucide tension de l'amour ?

La *transe hypnotique* [1] est encore différente. Les caractéristiques de la foule s'y trouvent exaltées. Dans un espace défini et pour un temps déterminé, les individus perdent leur individualité et se sentent possédés par une force perçue comme profondément ancrée en eux et transcendante à la fois, une force divine. Le groupe n'a pas la stupidité de la foule. L'expérience extatique a un début et une fin et chacun, après la cérémonie, retrouve sa personnalité enrichie et renforcée.

3. Sans la constitution d'un ensemble, d'un collectif, et donc sans devoir ni responsabilité, sans les liens de l'amour, l'érotisme se dissout tout entier dans l'acte, car il est pur plaisir. Inutile comme le jeu, il ne mène à rien. Celui qui n'est pas prêt à le considérer comme une fin en soi peu atteindre à la folie, dans son incapacité à lui donner un but et à le justifier. L'érotisme est un jeu qui consiste à faire des ronds dans l'eau ; il n'est ni profond ni sublime. Il n'est pas héroïque. Il n'est pas la conséquence de faits extérieurs et ne les domine pas. Il se juxtapose simplement à eux. Il peut être un sourire ou un rictus. Son immoralité vient de ce qu'il se heurte aux devoirs sociaux, à la responsabilité que requiert le travail. Bataille a raison sur un point : lorsqu'il dit que cette forme d'érotisme égoïste viole et profane la beauté. La malveillance n'est pas ce qui l'anime, mais l'indifférence, car seule l'intéresse la recherche du plaisir. Cet érotisme est donc voué à s'affronter violemment à l'autre source de l'érotisme que nous avons décrite comme l'élément féminin le plus typique : celui qui émane de l'amour, qui tend à la continuité, qui veut durer toujours, qui développe un projet de vie.

L'érotisme a donc au moins deux racines : l'une est plus profondément ancrée chez la femme, l'autre chez l'homme. La première tend à produire une communauté de vie, une unité dans l'amour ; la seconde au contraire n'a pas de

1. Georges Lapassade, *Essai sur la trame*, Paris, Éd. Jean-Pierre Delarge, 1976.

projet et se contente de fragments. Il serait injuste de les classer suivant un ordre hiérarchique, que ce soit pour l'époque présente ou dans une perspective d'avenir. Nul ne peut dire si l'une prévaudra sur l'autre. Il est très important au contraire de les distinguer logiquement.

L'érotisme dont parle Bataille est de la veine masculine telle que nous l'avons définie. Sade pousse à l'extrême la même tendance au morcellement, à l'irresponsabilité typique de l'érotisme masculin ; il exacerbe même cette tendance jusqu'à la folie, utilisant des images de cruauté, de torture, de mort, de profanation et d'écartèlement comme autant de symboles d'un processus émotionnel et mental de séparation. On a l'impression, à lire Sade, que ses victimes ne souffrent pas ; il faut en outre garder à l'esprit que l'agressivité ne produit du plaisir que lorsqu'elle s'exerce contre un objet haï. Si nous faisons souffrir quelqu'un que nous aimons, nous souffrons à notre tour. Le principe de plaisir ne fonctionne que si l'affect d'amour ou de haine est dirigé sur le bon objet ; il ne doit pas manquer sa cible [1]. Sade n'est pas un guerrier exultant sur le corps de son ennemi vaincu. Ses livres ne comportent ni ennemis ni sentiments de haine. La violence y est gratuite, physique et morale, complaisante, et elle ne provoque pas de souffrance. Ce qui signifie que l'acte est purement symbolique ; ce n'est pas le corps qui est déchiré et violé mais l'amour comme relation structurée et, en particulier, la forme spécifique de l'érotisme féminin.

4. Presque tout le monde a vu dans l'*Histoire d'O*, de Pauline Réage [2], l'œuvre d'un homme, car il s'agit d'un fantasme (ou d'un mythe) typiquement masculin, condensé historique d'une société qui a creusé un abîme entre les hommes et les femmes. Jusqu'à une époque récente, les deux sexes sont en effet restés séparés. Chacun d'eux avait ses devoirs, ses problèmes, ses drames et ses rêves.

---

1. On trouvera la description de ce modèle théorique dans *Movimento e instituzione* de Francesco Alberoni, Bologne, Il Mulino, 1981, chap. IV, pp. 123 à 145.
2. Pauline Réage, *Histoire d'O*, Paris, Pauvert, 1972.

Les hommes désiraient des femmes qui, elles, étaient sans désir sexuel ; ils imaginaient des femmes qui n'avaient pas d'érotisme propre, des femmes psychiquement asexuées, bridées par la pudeur, fragiles et passives. L'homme était seul habilité à avoir des désirs et le sexe était, pour lui, une obsession. La femme se devait de refuser, toujours. Pour réaliser son désir, l'homme devait forcer la femme à commettre un acte qu'en son for intérieur elle ne pouvait même pas imaginer.

Deux chemins étaient possibles. Le premier consistait à séduire : c'est-à-dire à plier la volonté rétive de la femme pour lui faire dire « oui » et lui faire accepter son désir à lui. L'amour a toujours été le plus grand pouvoir de séduction, or la femme aime d'un amour tout spirituel et, par amour, elle est toujours prête à céder. Tout comme O, qui accepte de se rendre à Roissy, de se dévêtir, de se mettre à quatre pattes, de se laisser ouvrir les jambes et posséder, à tout moment, et par tous. La deuxième voie était la violence, le viol. Dans *Histoire d'O*, les deux contraintes sont présentes et l'on passe sans arrêt de l'une à l'autre. Les hommes sont des nobles, des aristocrates, des guerriers, et les femmes des proies de guerre dont la volonté a été brisée, et qui sont devenues de purs objets érotiques.

Tant que la violence, psychique et physique, n'a pas eu lieu, la femme n'est pas un objet érotique. Elle peut être une mère, une sœur, une nourrice ou une fiancée ; elle est vêtue, austère, pudique et chaste. Le déchaînement érotique survient avec la profanation de ces mêmes images, avec leur effacement, avec le surgissement de l'animalité. L'érotisme n'apparaît que dans la destruction des rôles et des liens sociaux dont la femme est porteuse et dont elle est le symbole. La violence du sadisme n'est donc pas l'expression d'une révolte contre les personnes ou contre les corps mais contre les symboles et les rôles. C'est la raison pour laquelle, après avoir été fouettées, enchaînées et maltraitées, les femmes sadiennes sont toujours belles, fraîches, intactes, avec un teint de rose. L'érotisme sadique ne concerne pas les corps. Les corps y sont autant de symboles des institutions du mariage et de la famille, de la continuité des liens amoureux tels que les veut l'érotisme féminin et que l'érotisme masculin ravage.

Le succès d'*Histoire d'O* montre que l'amour éprouve encore le besoin de se rebeller pour s'exprimer, et que nous appartenons donc encore à une époque barbare. Ce serait néanmoins une erreur de penser que la fin de cette nécessité est proche. Derrière et au-delà des symboles institutionnels et désexualisés, l'affrontement des deux érotismes — masculin et féminin — continue ; l'opposition entre l'érotisme fondé sur le fragment et celui fondé sur la continuité reste intacte. La composante sadique de l'érotisme naît de la violence de la lutte interne qui l'agite, et du rapport entre ses deux pôles.

10 1. Pourquoi le viol est-il un traumatisme si grave ? Parce qu'il est le lieu où s'affrontent le plus durement la sexualité masculine comme désir impersonnel, discontinu, irresponsable, et le désir féminin. Dans ses fantasmes, l'homme imagine que s'il était possédé par dix femmes et cloué à terre, obligé d'en passer par leur volonté, il n'en serait pas affecté. Ce ne serait, bien sûr, pas le cas dans la réalité mais il en est ainsi en imagination. À l'opposé de ce qu'il est pour la femme, le viol est un fantasme érotique positif pour l'homme. Il a également le plus grand mal à comprendre le traumatisme que représente le viol pour les prostituées. Celles-ci se sentent aviilies par le viol qu'elles ressentent comme une atteinte grave. Être possédée contre sa volonté est, pour toute femme, intolérable. La prostituée peut faire n'importe quoi avec n'importe qui, à condition de l'avoir décidé. Elle peut le faire par nécessité économique ou par goût, mais l'abandon de son corps est son fait, et son acte est motivé par la perspective d'un profit. C'est à la lettre « la bourse ou la vie ». Se donner sexuellement équivaut à donner tout ce qu'on a, un bien aussi précieux que l'argent, toute sa richesse. On ne peut parler de perte sur le plan physique, alors où est la perte ? De quoi une femme violée est-elle privée ? De sa liberté de décider et de choisir. Et c'est parce qu'elle a refusé de se donner qu'on l'a obligée à se donner.

L'homme se plaît à s'imaginer dans un rôle passif. Dans ses fantasmes il est toujours prêt à s'abandonner. La femme, au contraire, a absolument besoin de pouvoir choisir entre le oui et le non. Sa force réside dans la possibilité de dire non, et son droit à dire non est constitutif de son identité sociale. Par l'acte de se livrer (ou de ne pas se livrer) elle décide pour elle-même ; c'est son pouvoir d'autodétermination qui est en jeu ; et c'est la preuve qu'elle est une personne.

Le vagin est fermé, invisible ; il doit s'ouvrir et c'est un *acte volontaire* qui le fait s'ouvrir. Le pénis, lui, ne requiert aucun acte volontaire. L'érection est involontaire. Se livrer équivaut à vouloir mais, pour un homme, avoir une érection, désirer, ne signifie pas vouloir. On dit que la femme « se donne ». Mais, physiquement, c'est le vagin qui prend [1]. On peut dire que la femme donne son vagin et « se donner » marque alors la liberté de donner ou de ne pas donner comme acte volontaire, de même qu'on donne de l'argent, un baiser, un objet de valeur qui vous appartient. On peut donner dans un processus d'échange, pour obtenir quelque chose, ou faire un don, pur de toute contrepartie.

Dans le viol, la femme est précisément privée de la liberté de donner ou de ne pas donner : elle est prise. Seule la femme peut dire « prends-moi ». Si elle ne le dit pas, si elle ne s'ouvre pas, elle ne peut qu'être *forcée*. Le viol est une *affection de la volonté*. Pour l'homme, une telle violation de la volonté n'intervient pas dans le champ sexuel. On peut, bien sûr, contraindre un homme à faire quelque chose de dégradant sur le plan sexuel, par exemple le forcer à la sodomisation, mais il n'éprouvera pas autre chose que de la répugnance, de la honte, de la douleur et de l'humiliation. L'érection est involontaire. Il est impossible de forcer un homme à avoir une érection ou un rapport sexuel actif avec un homme ou une femme qui ne lui plairait pas. Hors du champ érotique, l'équivalent du viol pour un homme, dans le cas par exemple de la foi ou de la croyance en une idéologie, c'est d'obliger un chrétien à cracher sur la croix, c'est-à-dire à renier ou à mépriser ce qui revêt, à ses yeux, la plus haute valeur ou ce qui fonde peut-être, pour lui, toute valeur ; l'obliger à vouloir ce que la volonté ne devrait jamais pouvoir

1. Elisabeth Leslie Leonelli, *Al di là delle labra*, Milan, Rizzoli, 1984.

vouloir, sous peine de se perdre soi-même, de se damner. Il n'y a rien de tel dans l'acte sexuel pour l'homme.

L'équivalence sexuelle ne joue que si l'on considère la relation et non l'acte. L'homme aussi peut éprouver le viol de sa volonté s'il est trop fortement lié, retenu prisonnier, comme un condamné ou un enfant. Pour l'homme, la liberté du désir est l'équivalent, pour la femme, de l'acte volontaire de se donner à celui qu'elle a choisi. La mise en jeu de la volonté est la même dans les deux cas. C'est le point de départ qui est différent. L'homme doit être libre de demander et la femme de choisir.

2. Une autre raison s'ajoute à cela. L'homme est physiquement plus fort que la femme. Ses muscles sont plus puissants, sa charpente osseuse plus robuste ; il est plus grand ; il a été un chasseur et un guerrier pendant des siècles ; il est donc plus agressif. Il aime la compétition, la lutte, les sports violents. La femme est naturellement attirée par le corps de l'homme et par sa force mais, en même temps, elle en a peur. Si un homme la saisit brutalement, elle se sent à sa merci. Les mains de l'homme sont des serres qui la blessent et auxquelles elle ne peut se soustraire. Leur emprise lui coupe le souffle. Sa violence réveille une terreur ancienne, primitive, profondément enracinée dans l'âme féminine, et qui déchaîne une peur biologique susceptible même d'entraîner la mort. Une trace de cette peur subsiste. C'est pourquoi la gentillesse est si importante pour la femme. La gentillesse du geste manifeste celle de l'âme ; elle est le garant qu'il n'y a rien à craindre de l'homme, que sa force et sa violence ne se retourneront pas contre la femme. C'est pourquoi elle a un si grand besoin de l'amour. Car seul l'amour, surtout celui fait de tendresse, peut éloigner le spectre de la violence. Le corps de l'homme ne cache plus le danger et la femme peut même se blottir contre lui, à l'abri. La femme désire l'étreinte de l'homme à condition que cette étreinte soit accueillante, protectrice et amoureuse.

3. La recherche du contact avec quelqu'un entraîne une rupture, un bouleversement. « Il faut justifier et, si possible, effacer l'illégalisme. Je suis le démarcheur de moi-

même et, comme un représentant qui doit éviter qu'on lui claque la porte au nez avant qu'il ait eu le temps de proposer sa marchandise, il me faut déployer des trésors d'astuces pour métamorphoser instantanément la grimace de l'autre en sourire, et son recul en curiosité [1] », écrivent Bruckner et Finkielkraut. Cela vaut pour le cas où nous agissons à partir de notre propre désir, lorsque nous voulons satisfaire un besoin. Si, au contraire, nous partons du besoin de l'autre, si, par exemple, nous voulons lui signaler un danger qui le menace, nous n'avons pas besoin de nous excuser auprès de lui. De même, si nous sommes vivement frappés par quelque fait ou phénomène ; d'instinct nous savons qu'il sera intéressé à son tour, et nous lui faisons part de ce qui nous a surpris. Supposons que nous voyions tomber une météorite, ou que nous apercevions un disque lumineux éblouissant dans le ciel. Nous ne commençons pas par nous excuser auprès de nos voisins, nous les interpellons pour le leur montrer. L'excuse est utile au contraire si nous cherchons à atteindre un but précis, à satisfaire un besoin. Dans ce cas, nous devons amener (séduire, *sub-ducere*) l'autre à accepter ce besoin, à faire ce qu'il ne désire pas nécessairement faire. D'où l'obligation de s'excuser. Je m'excuse car j'introduis mon désir et il ne peut prétendre à rien... si je ne parviens pas à susciter le désir de l'autre. Après l'excuse, celui qui a commencé à établir le contact doit immédiatement dire quelque chose qui rende la conversation désirable, et ce qui suivra intéressant : quelque chose qui touche ou éveille immédiatement l'intérêt de l'autre, attise sa curiosité, son propre désir, qui le divertisse. Si j'échoue, le rapport ne peut continuer et je ne suis qu'un importun.

La règle vaut pour toute relation, même si l'érotisme n'est pas un jeu. Mais lorsqu'un homme aborde une femme, les yeux savent ce que veut l'homme. Son désir sexuel s'impose entre eux. Dans tous les autres cas, et après les excuses d'usage, n'importe quel besoin peut être énoncé. Nous pouvons ajouter à notre demande « s'il vous

---

1. Pascal Bruckner et Alain Finkielkraut, *Le Nouveau Désordre amoureux, op. cit.*

plaît », mais si un homme demande à une femme « Voulez-vous faire l'amour avec moi, s'il vous plaît ? », il essuiera un refus catégorique. Pour se donner, la femme a besoin d'être excitée, attirée. Elle peut également agir par amitié pour calmer l'ardeur de son mari ou de son fiancé. Elle peut enfin agir pour de l'argent. Mais l'acte de se donner est un acte volontaire et il a besoin à ses yeux d'une justification. Le besoin ou le désir d'un homme n'en est pas une et un homme qui poserait la question de son désir dans les termes ci-dessus ne provoquerait pas autre chose que du dégoût. La femme saurait qu'il peut poser indifféremment la même question à n'importe qui et qu'il la considère comme un pur moyen de parvenir à la détumescence.

Toute femme éprouverait de la répugnance pour un tel rôle. L'homme, lui, en serait fier au contraire. Il rêve d'une femme qui lui dise : « S'il te plaît, fais l'amour avec moi, j'en ai une envie folle. Voilà un mois que ça ne m'est pas arrivé. » Il en serait heureux même si elle ne s'adressait pas à lui en tant que personne et individu unique, mais comme à quelqu'un susceptible de lui donner du plaisir et de satisfaire son désir. Si, en revanche, dans la réalité, il ne s'adresse pas à la femme en tant qu'individu, avec amour et admiration, s'il ne la conduit pas à se sentir excitée par son mystère ou son charme, elle n'éprouvera que du dégoût face à un désir aussi crûment énoncé. D'où l'exhibitionnisme masculin. L'homme montre son sexe en érection et la femme pousse des hurlements. Ses cris n'expriment pas seulement la répulsion mais aussi la peur. La femme craint la violence et, si le besoin de l'homme se fait insistant, le dégoût se change en peur. Le besoin justifie en effet la violence : « J'en ai besoin donc tu dois te donner ! J'en ai besoin donc je te force ! » Depuis des siècles, la femme a appris à craindre les besoins de l'homme. C'est pourquoi elle l'oblige à dominer son désir et à se préoccuper de ce qu'elle aime, elle. S'il veut éveiller l'intérêt de la femme, l'homme doit cacher son désir ; il ne peut le manifester car la femme le lui interdit. Tous les hommes la désirent et elle s'est préparée dans le seul but de plaire : tout l'affirme en elle, mais elle s'attend néanmoins à voir l'autre dissimuler ses désirs sous un comportement agréable et capable d'éveiller le désir. Néanmoins, elle sait en secret qu'il la désire. Tous les hommes, de leur côté, veulent se rendre agréables, apparaître comme des êtres incomparables, uniques, doués de qualités personnelles fascinantes, attirants par leur caractère singulier, différent. La femme, elle, a déjà fait tout ce qu'il fallait : elle s'est rendue intéressante et attirante grâce à son maquillage, grâce au soin qu'elle a pris d'elle-même, de sa toilette, de la position de ses jambes, de son regard ; elle est en scène ; elle a en quelque sorte convoqué le désir de l'homme. Celui qui va l'aborder aura le devoir de lui plaire à ce moment précis ; ce sera son tour de lui donner une représentation appropriée.

C'est un rapport de ce type qui s'instaure entre une femme et un personnage célèbre, une star du monde du spectacle, un homme politique ou un chanteur de renom. Dans ce cas, c'est lui qui est sur la scène, c'est lui qui est désirable. Par conséquent, c'est son interlocutrice qui a la charge de paraître intéressante et d'éveiller son intérêt, de devenir à ses yeux une femme différente des autres.

4. L'érotisme féminin a besoin d'étapes en douceur, par paliers presque insensibles. L'homme veut tout, et tout de suite. La femme veut une progression. Tel qu'il se présente spontanément, le désir de l'homme est toujours invasion, intrusion brutale et violente. Après dix ou vingt ans, une femme amoureuse continue à réclamer, de la part de son mari, les attentions, les soins et la douceur qu'elle désirait au premier jour. Le besoin de tendresse et d'actes progressifs, le rituel d'admission, ne peuvent s'expliquer seulement par la peur. Ils proviennent d'une exigence plus profonde, en rapport avec l'érotisme féminin, avec sa nature fondée sur la continuité. Le rituel d'admission, les caresses, l'étreinte à la fois tendre et puissante, sont autant de façons de vaincre la discontinuité. Les règles que la femme a imposées à l'homme pour se laisser courtiser requièrent qu'il se cache, qu'il masque son désir, qu'il s'excuse de faire intrusion, qu'il soit attentif et drôle. L'homme qui courtise une femme lui donne la preuve qu'il n'est pas grossier mais, au contraire, raffiné et disponible affectivement. Il prouve qu'il est disposé à accepter le libre

arbitre de la femme, à en respecter la volonté, à employer des moyens qui la séduiront sans la violer. La femme veut être séduite suivant son propre rythme et de façon harmonieuse. Elle veut être toute enveloppée d'émotions. Telle est la marque du grand séducteur. Il s'installe au cœur de l'âme féminine, il y adhère, il va jusqu'à se fondre en elle et disparaître.

Le grand séducteur, celui qui « charme » les femmes et libère leur érotisme, leur parle comme une femme. Je dis « parle », car la clé réside bel et bien dans les mots et dans la façon dont ils sont dits. La femme craint la violence de l'homme. Le grand séducteur peut avoir l'allure puissante et virile mais sa voix doit être rassurante et persuasive. Il ne dit que ce qu'une femme pourrait dire. Il parle du corps de la femme avec la délicatesse d'une femme [1]. Il évoque des sensation comme seule une femme pourrait le faire. Le grand séducteur a de la patience, il laisse à la femme le temps de se préparer, de rêver, d'être charmée, de s'exciter. Il sait se retirer, faire un pas en arrière, différer son besoin. Il fait à chaque instant la promesse que la femme attend : « Je ne te demande pas de changer, je ne te fais pas violence, je ne demande rien pour moi. »

Il est rassurant comme le sont les parents, heureux et bouillant d'impatience comme une amie adolescente, complice comme un miroir. Le grand séducteur permet en effet à la femme de se sentir comme elle se sent devant son miroir, lorsqu'elle s'admire, lorsqu'elle se découvre, lorsqu'elle rêve. Il la fait tomber en admiration devant sa propre beauté et devant son propre charme. Il fait parler ses fantasmes les plus secrets et il l'aide à en créer de nouveaux. Le séducteur connaît les fantasmes féminins et les a intériorisés (la courtisane a fait de même avec les fan-

1. L'explication la plus convaincante est celle de L.B. Rubin. Le premier objet d'amour est la mère pour la femme qui doit dépasser le sentiment d'étrangeté que lui procure l'homme. La négociation intérieure doit toujours être triangulaire, ajoute-t-elle encore : la femme, une autre femme et l'homme. Le séducteur se comporte donc comme une femme et forme un pont entre féminité et masculinité. Cf. Lilian B. Rubin, *Des étrangers intimes, op. cit.*

tasmes masculins). Il la touche comme la toucherait une amie. Il la caresse et l'excite avec naturel. Sa voix est persuasive, hypnotique et régulière. Il lui demande de se laisser aller et d'écouter, de s'ouvrir à ses compliments, à ses caresses et à ses paroles murmurées. Il lui suggère ce qu'elle-même aimerait penser pour l'exciter sexuellement. Il lui fait désirer des désirs impudiques comme s'ils naissaient en elle, aussi ne se révolte-t-elle pas. Lorsqu'elle se donne, elle ne sait pas pourquoi tant les choses se sont passées naturellement.

L'homme sans expérience se montre, au contraire, timide, maladroit et malheureux. La femme le ressent comme différent, son désir pèse comme une menace et elle en a peur. Elle a peur du timide car il est porteur d'un besoin sans paroles, d'un besoin explosif, incapable de devenir le besoin de l'autre. Le besoin du timide est nu et violent. La femme perçoit aussi la violence qu'il se fait à lui-même, qu'il fait à son propre désir, la violence de la répression. Elle perçoit donc une double violence : celle du désir et celle de sa répression. Le bégaiement du timide la lui révèle. Le grand séducteur se situe à l'opposé. Il fait sien le besoin de la femme, il s'identifie à elle. Sa voix hypnotique fait parler son désir et ses fantasmes à elle, dissout ses peurs et la conduit à réaliser ce qu'il lui a lui-même permis d'imaginer.

L'érotisme est un fantasme d'identification avec les parties érotiques du corps. Il a besoin de les énumérer, de les illustrer, de dévoiler ce qui est caché. La pornographie est obscène car elle le fait mal et au mauvais moment, comme un grossier personnage ou comme un maladroit. Le compliment érotique occasionnel, lui aussi, est obscène. Mais, ce qui est ici jugé comme une obscénité est là un compliment. La confiance érotique — qui s'établit très vite, comme sous hypnose, comme une langue commune — permet de transformer l'obscénité en invite. L'obscénité est une invite refusée. Si elle est acceptée, le même discours permet de se représenter l'autre et soi-même de la façon la plus excitante. L'érotisme est de la pornographie à usage personnel. C'est un texte dans lequel nous sommes nous-mêmes les personnages et où nous nous reconnaissons..

Le grand séducteur mérite ce titre seulement s'il sait mener le jeu à son terme. S'il veut abandonner la femme, il doit le faire en laissant un bon souvenir de lui. Mais bien peu sont ceux qui se montrent à la hauteur. Une fois leur désir satisfait, la plupart des hommes détruisent la magie, et la femme se réveille seule. Elle se met alors en colère contre elle-même, car elle s'est laissée aller ; elle s'est donnée à l'homme qui ne la méritait pas. Elle ne peut pardonner qu'à celui qui ne se conduit pas comme un voleur, sinon elle se sent réellement volée. Pour conclure, disons que si l'homme éprouve un sentiment de liberté et de succès, la femme fait le plus souvent l'expérience de la perte et de la déception ; elle se sent trompée, privée de quelque chose. Elle éprouve donc de la rancœur envers l'homme et envers elle-même. Les hommes, de leur côté ne comprennent pas, bien souvent, pourquoi les femmes se sentent ainsi attirées par les voyous, et pourquoi elles font preuve de si peu de tolérance avec eux alors qu'elles montrent tant d'indulgence vis-à-vis des séducteurs.

11 1. Le rapport sexuel reste pour l'homme un acte important dont il a besoin. Aucune forme d'érotisme cutané, musculaire ou cénesthésique, aucune forme d'intimité amoureuse, aucun sentiment de tendresse de type maternel ne saurait le remplacer et en atténuer l'urgence. Pour l'homme, renoncer totalement au sexe est aussi impensable que de renoncer à boire ou à manger. Les difficultés des ascètes et des anachorètes chrétiens ne venaient ni de la faim ni de la soif mais bien de leurs fantasmes érotiques obsédants. La chasteté, même temporaire, est très pénible pour l'homme, c'est pourquoi elle a été imposée par le moyen barbare de la castration. La femme n'a pas les mêmes besoins. Si elle ne rencontre pas d'homme qui lui plaise, elle préfère se passer de rapports sexuels, et cela pendant des mois, voire même des années. Comme l'a noté Kinsey[1], les femmes se marient parce qu'elles veulent une longue et stable relation affective avec une seule personne, une maison, des enfants, le bien-être matériel et la sécurité. Les hommes aussi veulent tout cela mais bien peu se marieraient s'ils n'étaient pas sûrs de pouvoir, par ce biais, avoir des rapports sexuels. Que ce soit dans le mariage, dans la vie commune ou dans la vie tout court, le sexe, le rapport sexuel, est une nécessité quotidienne. L'expérience sexuelle reste importante pour l'homme, même s'il s'agit d'un rapport occasionnel, même avec une prostituée. Nous avons vu que les prostituées satisfont certains des fantasmes érotiques masculins ; il ne faut donc pas s'étonner de voir une expé-

---

1. C.A. Kinsey, *Sexual Behavior in the Human Male*.

rience avec elles prendre un sens à leurs yeux. Presque toutes les recherches montrent que même dans les pays où a eu lieu la révolution sexuelle, les hommes mariés continuent à fréquenter les prostituées. Cette habitude est le plus souvent justifiée par l'impossibilité, pour l'épouse ou la maîtresse, de satisfaire l'homme totalement. En réalité, la rencontre érotique pure, hors de toutes responsabilités et conséquences, avec une femme inconnue et différente, garde une signification très forte dans l'imaginaire masculin. En se donnant à lui, la femme procure à l'homme une émotion puissante. Mais il est faux de prétendre que l'orgueil qu'il peut tirer du fait de l'avoir séduite et humiliée en la payant est un sentiment dominant chez lui. Cette composante existe, bien sûr, mais elle n'a pas l'importance de l'émotion érotique dont je veux parler ici. De telles expériences, l'homme oubliera la phase durant laquelle il a courtisé la femme, il oubliera l'argent, il oubliera l'histoire, pour ne se souvenir que de l'acte érotique lui-même. La capacité de la mémoire érotique de l'homme est inouïe. Elle est comparable à celle que les femmes gardent de leurs relations sentimentales. Des dizaines d'années peuvent passer, le souvenir érotique de l'homme revient avec la même netteté qu'au premier jour. Tout se passe comme si l'expérience se reproduisait. Les hommes peuvent se masturber en évoquant des fragments d'expériences érotiques de leur passé, et en leur faisant subir une nouvelle élaboration.

Un certain féminisme a critiqué ce comportement, perçu comme négatif et agressif [1]. Mais ce type de fantasmes n'a au contraire absolument rien d'agressif. C'est la femme qui les vit sur ce mode : elle a l'impression qu'ils la mutilent en mettant une part d'elle-même entre parenthèses. Ils se réalisent indépendamment de sa volonté, et surtout, ils isolent un fragment temporel dans la continuité. Ils font revivre un moment discontinu, en le soustrayant à la trame continue d'une aventure. L'homme, au contraire, juge le fantasme gentil, agréable et heureux.

1. Susan Griffin, *Pornography and Silence*, New York, Harper, Colophon Books, 1982.

Si elle est gaie et émouvante, si elle s'accompagne de la révélation de la beauté féminine, la rencontre amoureuse produit un sentiment de reconnaissance et de sympathie. C'est de ce détail que l'homme se souviendra ; c'est ce détail qui se réactivera dans son imagination : l'intimité, la fusion, l'alliance, le moment où il a vu en elle la source de sa joie, la beauté. Non pas la beauté d'un vêtement mais la beauté du corps qui le portait, la beauté d'un drapé, le parfum, le geste de l'invite, l'étreinte, le frisson, le sourire, la main qui cherche. Tout ce que la femme a mis dans sa séduction se retrouvera intact dans le souvenir de l'homme. Si elle n'est pas parvenue à produire l'émotion continue de l'amour, elle aura néanmoins réussi à produire quelque chose d'indélébile dans le discontinu. L'imagination visuelle réactive le moindre détail de la rencontre dans toute sa splendeur, et l'homme la revit encore, des années après, jusqu'à l'orgasme.

Mais, pour surgir, ces images ont besoin d'un lien, même ténu, avec la réalité. L'imagination est toujours, en même temps, une complicité. Si la femme a repoussé l'homme, il en reste troublé : le refus peut faire retour avec le fantasme et l'interrompre. La femme le sait et, si elle veut blesser l'homme, elle imprime son refus dans son esprit, en lui opposant un non irrémédiable.

2. La fin de la passion, chez un homme, s'exprime comme de l'indifférence pure et simple. Chez une femme, elle prend les couleurs du refus. Une femme qui est fatiguée d'un homme ne veut plus le voir chez elle ; elle ne supporte plus qu'il lui adresse la parole. Un homme qui s'est lassé d'une femme se borne à l'ignorer. Si elle n'intervient pas dans son existence, il peut volontiers conserver des rapports amicaux avec elle. Si, en revanche, la femme tombe amoureuse d'un autre homme, elle ne peut plus supporter le premier. Elle le chasse et, si elle le garde, c'est pour le faire souffrir, pour le torturer car, à ses yeux, il est coupable de l'avoir déçue. La femme blâme l'homme qu'elle n'aime plus et cherche à en annuler la présence. Elle veut détruire toutes les traces du passé car c'est la continuité de la relation qui compte pour elle. Si, au contraire, comme cela arrive à l'homme, ce sont les moments

de plaisir qui sont importants, elle gardera leur souvenir. L'homme sait qu'un jour ou l'autre, le désir peut renaître en lui, c'est pourquoi la femme est jalouse des anciennes maîtresses ou des ex-femmes de celui qu'elle aime. Ne serait-ce qu'en pensée, il les désire peut-être encore. Les femmes sont dans l'erreur, qui croient qu'un homme se souvient de la relation amoureuse ou du frisson de l'amour. Sur ce point, l'homme est semblable à la femme. S'il se souvient des émotions amoureuses, cela signifie qu'il est encore amoureux. Celui qui a cessé d'être amoureux ne se rappelle pas l'expérience amoureuse et ne saurait la faire revivre. La mémoire masculine est la mémoire de la rencontre érotique et de tout ce qui, alors, était lié à l'érotisme. Tout le reste est annulé, et en particulier les sentiments.

C'est parce qu'il a la mémoire du fragment et du discontinu, détaché du temps, que l'homme accepte son passé érotique et garde de bons rapports avec les femmes de sa vie. Dans son film *Huit et demi*, Fellini imagine que toutes les femmes qui l'ont attiré sur le plan érotique ou qu'il a aimées se rassemblent pour une grande fête : de son ex-femme à la prostituée qu'il avait vue, enfant, danser sur la plage, d'une rencontre d'un soir à celle avec qui il a passé sa vie. Une femme pourrait difficilement avoir un tel rêve. Cette capacité est liée au discontinu. L'homme a tendance à oublier tout ce qui a été souffrance, conflit, abus de pouvoir, dans une relation amoureuse. Il ne conserve que des souvenirs érotiques.

Lorsqu'elle n'aime plus, la femme hait ce morcellement de sa personne. Elle a horreur de s'entendre rappeler comment elle faisait l'amour, comment elle criait de plaisir, comment elle se jetait sur le sexe de son amant, car, à présent, elle ne l'aime plus, il ne l'intéresse plus ; elle ne coucherait avec lui pour rien au monde. Elle ne veut pas s'en souvenir et ne s'en souvient pas.

Nous sommes devant un paradoxe. L'homme se détache plus facilement et ne désire pas prolonger l'acte érotique ; il lui arrive de se lasser, de vouloir fuir. Mais, en même temps, il garde un souvenir indélébile de telle aventure qui semblait superficielle. Il pourra la revivre mille fois avec la même intensité. La femme, qui avait eu le sentiment d'être négligée comme un vulgaire objet, ignore qu'elle restera dans la mémoire de l'homme avec les moindres détails, et que, sa vie durant, il l'évoquera avec plaisir car lui reviendra la splendeur de l'instant érotique vécu avec elle. Il n'évoquera ni ses projets ni ses sentiments, ni ses passions ni ses angoisses, mais son érotisme. Son érotisme qui comporte aussi ses hésitations, ses élans, ses frémissements, sa naïveté, sa douceur, sa pudeur et son impudeur. Tout cela fait aussi partie d'elle-même, authentique et singulière.

À l'inverse, la femme désire la continuité. Elle supporte mal le détachement. Elle voudrait que la rencontre soit infinie, éternelle. Pour atteindre ce but, elle réclame une vie commune qu'elle imagine tout occupée d'érotisme amoureux. Mais elle est déçue quand cette vie à deux se transforme en vie quotidienne. L'irritation et la colère l'envahissent alors, et elle s'évade en imagination. En même temps, elle se venge par des gestes quotidiens qui irritent l'homme et l'exaspèrent. Connaissant ses goûts et ses désirs, elle sait toujours où frapper, et elle frappe sans trêve. Elle porte le même soin au rituel de la haine que celui qu'elle portait au rituel de l'amour.

Lorsqu'elle réussit à rompre le rapport, la rupture est totale. De la même façon qu'elle voulait la continuité absolue, elle veut à présent la discontinuité absolue. Avant existait l'éternité du positif, à présent, l'heure est à l'éternité négative. Ce qui constituait autrefois l'objet du désir est purement et simplement balayé de son existence et de sa mémoire. La femme est dès lors incapable d'évoquer, comme le fait l'homme, les rencontres érotiques dans leur splendeur. Si cela lui arrive, c'est qu'elle est encore attirée par l'homme, ou parce qu'elle lutte encore pour s'en détacher. Son souvenir peut apparaître sous la forme d'un désir torturant de recommencer, mais aussi sous la forme du refus, du dégoût, de la vengeance. La femme désire un temps érotique continu. Si elle vient à l'interrompre, elle provoque une discontinuité radicale. Si elle ne peut plus réaliser le temps érotique continu, elle y renonce et se jette dans une discontinuité qui n'a plus rien d'érotique. Et si elle entame une nouvelle relation érotique, celle-ci sera caractérisée par une reprise dans le temps et marquera le début d'une ère nouvelle.

Le phénomène est identique en ce qui concerne l'homme qui tombe amoureux. Pour lui aussi, le passé perd soudain de sa valeur et son érotisme tend alors à la continuité. Pour la femme, la rupture avec le passé survient même si elle ne tombe pas amoureuse d'un autre homme. Son érotisme requiert toujours une unité temporelle. Paradoxalement, cette unité ne peut se réaliser qu'au prix de la discontinuité la plus radicale. C'est la femme, surtout, qui a imposé le schéma temporel de la vie érotique, tel qu'il est continuité : une succession de relations monogamiques entrecoupées de phases mixtes de recherches. Ce découpage est le produit de son émancipation. Ce modèle a été anticipé aux États-Unis par le cinéma hollywoodien. Depuis des dizaines d'années, la vie des stars d'Hollywood se caractérise suivant une scansion mariage-divorce-remariage-redivorce, etc. Le *star-system* l'a adopté pour rendre acceptable, auprès du public — surtout le public féminin — l'anarchie érotique qui règne dans le monde du spectacle. Ce sont les couleurs classiques dont se pare ce qui serait, sans cela, pure promiscuité. Le même schéma s'est avéré des plus précieux pour maîtriser la tendance à la promiscuité qui s'est développée dans les années soixante, avec la liberté sexuelle et l'émancipation féminine. Et c'est encore le même modèle qui s'impose après le féminisme.

12 1. L'érotisme véritable n'est possible que lorsque chacun des deux sexes cherche à comprendre l'autre, parvient à se mettre à sa place, à faire sien ses fantasmes. C'est pourquoi, en Occident, il n'en est encore qu'à ses débuts. Hormis quelques exceptions, jusqu'aux années soixante, les deux sexes jouaient chacun un rôle précis et rigide. Le changement est d'abord intervenu sur le plan matériel quand, avec le développement économique, l'instruction de la femme s'est accrue, la natalité a diminué, les appareils ménagers sont apparus. La révolte a d'abord éclaté parmi les adolescents qui ont aboli la division traditionnelle des rôles, la séparation — sur le plan physique également — entre garçons et filles. Ils se sont réunis en larges mouvements et ont fait de grandes fêtes collectives ; ils ont découvert des idoles et des mythes communs. Puis la transformation s'est poursuivie et le féminisme est apparu, remettant radicalement en question le carcan des rôles féminin et masculin. C'est à partir de là que les deux sexes ont commencé à s'étudier et à se connaître. Au début, chacun a tenté d'imposer son modèle à l'autre. Les féministes ont, par exemple, invité l'homme à devenir comme la femme tandis qu'elles-mêmes adoptaient des modèles masculins. Je ne retiendrai de cette longue et passionnante histoire que quelques moments littéraires.

Un des thèmes récurrents de la littérature féminine évoque le désir, de la part des femmes, de pouvoir réagir érotiquement, comme les hommes, en distinguant amour et sexualité. Dans un très beau livre d'Anaïs Nin, *Une espionne dans la maison de l'amour*, une femme raconte qu'elle se sent libre pour la première fois, sans amour, en faisant l'amour avec un inconnu. Elle évoque alors quelque chose qu'elle a déjà entendu dans la bouche des hommes : leur désir de s'en aller « après », leur désir de quitter ce corps auquel ils ont fait don d'eux-mêmes, dans un moment de fusion qui appartient désormais au passé, leur désir enfin d'effacer toute trace d'abandon amoureux. C'est précisément au moment où Anaïs Nin affirme qu'elle a atteint la liberté du plaisir sans amour qu'elle nous offre une description exclusivement, profondément, radicalement féminine. Le détachement de l'homme — nous l'avons vu — est joyeux, léger. La femme qui a eu un rapport sexuel sans amour se sent, au contraire, comme volée, trompée et frustrée ; elle veut reprendre ce qu'elle a donné ; elle éprouve le désir de défaire ce qui a été uni improprement, sur un mode offensant.

Dans ses deux livres, *Le Complexe d'Icare*[1] et *La Planche de salut*[1], Erica Jong n'a cessé, elle aussi, de rêver de jouir comme un homme. Dans *Les Parachutes d'Icare*[2], sa recherche devient une obsession. Isadora, l'héroïne du roman, quittée par son jeune époux, se jette dans une série d'aventures sexuelles, comme il convient, en 1984, à une femme divorcée vivant à New York. Mais, bien qu'elle se prétende passionnée par cette existence, on a surtout l'impression qu'elle n'éprouve que de la colère et de la rage : « Ces corps lui sont étrangers ; étrangers ces pénis. Elle ne supporte jamais de passer la nuit entière avec eux. Vers trois heures du matin, elle n'a plus qu'une idée : qu'ils soient magnifiquement escamotés sur une autre planète. Elle ne permet donc à aucun d'entre eux de rester avec elle jusqu'au jour, sans exception. Elle en a même forcé à filer par la petite allée réservée aux besoins des chiens, sur le coup de trois heures du matin[3]. » « Et quelle science des fuseaux magiques Isadora acquit-elle

---

1. Erica Jong, *Le Complexe d'Icare* et *La Planche du salut*, Paris, J'ai lu.
2. Erica Jong, *Les Parachutes d'Icare, op. cit.*
3. *Ibidem*, p. 131.

durant cette période de sa vie ? Elle apprit que très peu apportent la magie ou même l'oubli, sauf pour le plus bref des instants. Que non seulement le prince ne se montrera pas, de toute façon il n'a pas grand-chose à montrer. Que les pénis diffèrent beaucoup d'un homme à l'autre : certains s'incurvent de façon charmante ; d'autres ont l'inclinaison réservée... Il en est de roses, de rouges, de jaunes, de bruns, de noirs. Il en est de veinés comme des cartes lunaires ; d'autres sont lisses comme de petits cochons de frangipane rose ; certains pleurent avant d'exploser ; certains autres refusent toute explosion. Pourtant, en dépit d'une telle diversité, une constante demeure : on ne peut aimer l'instrument si l'on n'a pas de penchant pour son propriétaire [1]. »

Le livre d'Erica Jong n'est qu'une révoltante orgie sans fin avec une série d'hommes dégoûtants. On n'y trouve pas le moindre instant d'érotisme vrai. L'ensemble est un cri de rage dans une quête de l'homme idéal, jeune et beau, et dans le désir d'aimer et d'être passionnément aimée en retour. Elle croit trouver l'amour à la fin mais c'est encore une erreur. L'amour, dans les livres d'Erica Jong, n'existe pas.

Dans *Une espionne dans la maison de l'amour*, Anaïs Nin se met en jeu dans l'amour. Elle s'identifie à tout nouvel amant. Le premier, un très bel Allemand, fait revivre le charme de Wagner et de Siegfried. John, le guerrier, redonne du prix à la guerre et à la mort, Mambo aux îles des Tropiques et à la musique afro-américaine. D'une incarnation à l'autre, l'héroïne vit mille vies. Mais, après d'innombrables identifications érotiques, elle s'aperçoit qu'elle est en train de s'abolir et de se perdre. Elle le comprend en regardant les tableaux de Jai qui lui donnent la vision éclatée de son personnage, morcelé comme dans un puzzle, et dont les morceaux sont impossibles à réunir. En cherchant à être comme un homme, à conquérir la liberté de l'homme, elle s'est engagée dans une fuite en avant qui a entraîné la dissolution de son moi. Anaïs Nin s'identifie

---

1. Erica Jong, *Les Parachutes d'Icare*, *op. cit.*, p. 172.

totalement chaque fois, elle met chaque fois en jeu une part essentielle d'elle-même. C'est là une démarche féminine et non masculine et, ce faisant, elle comprend l'homme, véritablement ; elle l'a observé précisément dans le but d'écrire ses récits pornographiques. Elle a été l'amie intime d'Henry Miller et de Lawrence Durrell, et a été proche des plus grands écrivains de son époque.

2. La seule qui soit véritablement parvenue à décrire un érotisme à la fois masculin et féminin est Emmanuelle Arsan. Dans les passages les plus heureux de ses livres, quelques dizaines de pages, pas davantage, elle parvient à accomplir — du côté féminin — le chef-d'œuvre que D.H. Lawrence [1] a, lui, réalisé du côté masculin : sentir le monde avec la sensibilité de l'autre sexe et, en même temps, le rendre compréhensible à ceux de son propre sexe.

Dans *Emmanuelle* [2], l'auteur nous offre une série d'émotions érotiques typiquement féminines. Dès le début, en entrant dans sa luxueuse cabine de première classe, la femme éprouve « une douceur presque physique à la pensée de l'excès d'égards dont elle est l'objet ». Lorsque son compagnon de voyage entre à son tour, elle l'évalue dans les moindres détails ; elle apprécie son élégance et la bonne odeur de cuir de sa serviette. Comme dans un roman sentimental classique, Emmanuelle éprouve ensuite un pincement de jalousie lorsqu'elle voit une hôtesse se serrer contre un voyageur. Tout, en elle, est séduction. « Les genoux d'Emmanuelle sont nus sous la lumière dorée qui tombe des diffuseurs. Sa jupe les a découverts et les yeux de l'homme ne les quittent plus... Elle a conscience qu'ils sont levés vers ce regard pour qu'il y prenne son plaisir... Elle connaît le trouble qu'ils font naître... Bientôt, ses paupières se ferment et Emmanuelle se voit, non plus partiellement nue mais tout entière, livrée à cette contemplation narcissique, devant laquelle elle sait qu'elle sera, une fois

1. David Herbert Lawrence, *Amants et Fils*, Paris, Gallimard, 1981 ; *Femmes amoureuses*, Paris, Gallimard, 1970 ; *L'Amant de lady Chatterley*, Paris, Albin Michel, 1967.
2. Emmanuelle Arsan, *Emmanuelle*, Paris, Éric Losfeld, Le Terrain vague, 1967.

de plus, sans défense [1]. » Emmanuelle se donne à son voisin sans qu'il ait eu besoin de la courtiser, sans un mot. Jamais un sentiment, jamais une intention ne va plus loin que la seule immédiateté du plaisir du moment. Pourtant, cette rencontre fortuite est source d'un plaisir ineffable et les expériences, jusque dans les plus petits détails, sont celles d'une femme. Elle aime sentir dans sa main le pénis de l'homme : « Les doigts serrés d'Emmanuelle montaient et descendaient, moins timides à mesure que la caresse se prolongeait, ne se bornant plus à un élémentaire va-et-vient, mais s'entrouvrant, soudain experts, pour glisser le long de la grosse veine gonflée, sur la cambrure de la verge... Le gland, doublant de taille, s'embrasait, semblant à chaque instant plus près d'éclater [2]. » Le rythme de l'homme devient son propre rythme et le plaisir de l'homme son propre plaisir : « Emmanuelle reçut, avec une étrange exaltation, le long de ses bras, sur son ventre nu, sa gorge, son visage, sur sa bouche, dans ses cheveux, les longs jets blancs et odorants que dégorgeait enfin le membre satisfait [3]. » Et : « Pendant tout le temps qu'il se vidait en elle, l'homme se maintint très loin au fond de son vagin, abuté, de ce fait, au col de sa matrice, et même au milieu de son spasme, Emmanuelle gardait assez d'imagination pour jouir du tableau qu'elle se faisait du méat dégorgeant des coulées crémeuses — qu'aspirait, active et gourmande comme une bouche, l'ouverture oblongue de son utérus [4]. » Fantasmes indubitablement féminins, mais élaborés à partir du corps, du sexe masculin, et scandés par son rythme.

L'érotisme d'Emmanuelle est mixte : l'homme dans l'avion, Marie-Anne, son mari. Chaque fois, elle est prête à donner et à recevoir du plaisir, sans condition, totalement. Elle est fascinée par la beauté des hommes, des femmes, des enfants. Elle sait voir partout la beauté des corps, des gestes et des regards, ce qui n'est pas sans rappeler l'érotisme masculin qui rêve, lui, de femmes à

1. Emmanuelle Arsan, *Emmanuelle, op. cit.*, p. 21.
2. *Ibidem*, p. 27.
3. *Ibidem*, p. 27.
4. *Ibidem*, p. 35.

la beauté parfaite. Son indifférence érotique à la position sociale, au rang, au prestige et à la célébrité des hommes qu'elle rencontre est aussi tout à fait caractéristique de l'érotisme masculin.

Dans le monde d'Emmanuelle, il n'y a jamais la plus petite hésitation pour commencer. Personne n'a peur, personne n'est timide, personne n'a honte, personne ne se défend du contact avec l'autre. L'échange est presque immédiat : c'est généralement un trait masculin. Emmanuelle a en outre une sensibilité homosexuelle. Elle est amoureuse de Marie-Anne tout comme elle est amoureuse de son mari. Et lorsque survient la très belle Bee, elle en tombe amoureuse aussitôt : « Elle avait l'impression d'être venue jusqu'à cette contrée du bout du monde rien que pour la trouver. Du premier coup, elle l'avait reconnue comme celle qu'elle attendait depuis toujours. Elle l'aurait suivie jusqu'où il lui aurait plu de la mener... Pour la première fois depuis qu'elle était toute petite, de vraies larmes, de longues larmes, coulent sur le visage d'Emmanuelle [1]... »

Son univers accorde un espace à la fois aux amours profondes, durables, pour un mari et pour ceux qu'elle appelle ses maris, et aux amours superficielles, aux amants et aux amis, à ses enfants, aux enfants en général [2]. Nul ne tend à l'exclusive sexuelle, et pas davantage à la domination. Le sentiment de culpabilité n'existe pas, pas plus que les ennemis. L'érotisme touche tout le monde, jeunes et vieux, hommes et femmes, adultes et enfants. Il n'y a ni dégoût, ni refus, ni lassitude. Il n'y a jamais trop de proximité ou pas assez de distance. Dans l'ensemble, Emmanuelle Arsan nous propose une rêverie bisexuelle dans laquelle l'érotisme se mêle à toutes les formes d'amour et où la promiscuité n'empêche pas les sentiments profonds : elle nous propose une utopie.

1. Emmanuelle Arsan, *Emmanuelle, op. cit.*, p. 14.
2. Emmanuelle Arsan, *Les Enfants d'Emmanuelle*, Paris, UGE, 1976.

Promiscuité

13 1. Le thème de la promiscuité est souvent apparu dans l'histoire : promiscuité originaire, antérieure à toute organisation sociale et familiale, ou promiscuité utopique comme dépassement de l'exclusive et de la possession d'une seule personne. Dans les années soixante, la même promiscuité a servi d'idéal plus ou moins avoué à la révolution sexuelle. Un des fantasmes favoris des hommes consiste à désirer faire l'amour avec plusieurs femmes sans complications sentimentales. L'opinion la plus couramment répandue voit la promiscuité comme un excès, un débordement, un développement outré de ce désir masculin. En réalité, la promiscuité est toujours produite par un collectif ; elle est la manifestation d'une priorité de la communauté sur l'individu et le couple.

Cette priorité apparaît nettement dans l'*orgie* où les liens d'amour et d'exclusivité entre les personnes sont momentanément abolis. Tout le monde est à la disposition de tout le monde. La possibilité d'exprimer une préférence érotique ou un refus n'existe plus. Si chacun peut obtenir l'accord de tous les autres, la possibilité d'exprimer une préférence érotique ou un refus n'a plus de raison d'être.

Si chacun peut obtenir l'accord de tous les autres, il doit en retour le donner à tous. Ainsi se trouve réalisé le communisme érotique : « Chacun donne selon ses possibilités et reçoit selon ses besoins. » L'orgie n'est possible que lorsque sont momentanément effacées toutes nos idiosyncrasies, nos préférences, nos affects, nos jalousies et nos dégoûts.

L'univers érotique comporte aussi ses zones négatives : la répulsion en fait partie. Ce mouvement de rejet que l'on éprouve vis-à-vis d'une personne croisée par hasard dans la rue, ou vis-à-vis de quelqu'un de notre connaissance. La fin de l'attirance érotique se manifeste aussi comme répulsion, elle est aussi immédiate que l'attirance et grandit de la même façon. On ne peut, en aucun cas, comparer son mécanisme à celui de l'amitié-intimité, mais on ne saurait écrire un livre sur l'érotisme sans parler de la répulsion. Et c'est elle, précisément, qui se trouve gommée dans l'orgie. La situation orgiaque n'est pas un état originaire qui se trouverait ensuite rompu par le processus d'individualisation et de choix. C'est une institution en soi, une forme de société spécifique qui réalise, à terme, le communisme érotique.

L'orgie est étroitement liée à la *fête*[1], autre institution dans laquelle les règles de la vie quotidienne n'ont plus cours et qui réalise un état d'excitation collective. La fête a toutefois un début et une fin prévus, et un rituel d'entrée et de sortie. L'orgie trouve communément sa place dans la fête. Dans les grandes fêtes rituelles du passé — qui persistent de nos jours dans le carnaval de Rio ou dans l'Oktober Fest de Munich — comme dans les fêtes privées, l'orgie est prévue et limitée dans le temps.

Il est facile de repérer, dans l'histoire, les mouvements politiques ou religieux qui ont accordé à l'état orgiaque une signification particulière. Dans les mouvements et le culte dionysiaques[2], l'orgie signifiait la fusion des

---

1. C'est au groupe sociologique français de Roger Bastide que revient le mérite d'avoir éclairci ce point précis, dans *Le Rêve, la transe et la folie*, Paris, Flammarion, 1972. Cf. aussi Georges Bataille, *L'Érotisme, op. cit.* Georges Lapassade, *Essai sur la transe, op. cit.* Dans *L'Ombre de Dionysos*, Paris, Méridien Anthropos, 1985, Michel Maffesoli a cherché à situer dans l'état d'excitation orgiaque-dionysiaque l'origine de la créativité au plan social. L'erreur des auteurs mentionnés ci-dessus a consisté à confondre un état d'exaltation et de fusion éphémère avec l'état naissant dont il sera question au chapitre 22 de ce livre.
2. Cf. J. Jeanmaire, *Dionysos, Histoire du culte de Bacchus*, Paris, Payot, 1951. Suivant notre interprétation, le mouvement dionysiaque a été un véritable culte religieux auquel participaient les femmes et qui a accordé une certaine importance à l'orgie sacrée ; il a également recueilli des phénomènes religio-culturels plus anciens qui expliquent pour leur part le caractère violent du sacrifice.

croyants avec leur dieu. Des situations de promiscuité enthousiaste et orgiaque sont apparues dans de nombreux autres mouvements [1]. Ce qui s'explique probablement par le fait que tous les mouvements, dans leur phase initiale, à l'*état naissant*, connaissent une forte propension à la fusion, à la fraternisation, au communisme. Cette phase voit souvent la mise en commun des besoins matériels et certains mouvements étendent l'impératif de collectivisation à la sexualité. L'orgie est le moment rituel qui vient symboliser cette mise en commun des corps, cette annulation de l'individu, en même temps que de ses limites et de son égoïsme. À leurs débuts donc, presque tous les mouvements connaissent une tendance à la promiscuité, même sur un mode négatif : c'est ainsi qu'il peut être interdit, dans un groupe, d'avoir des rapports érotiques privés, de se soustraire à la communauté en formant un couple.

2. Le thème de l'amour libre était largement à l'honneur dans les cercles anarchistes européens du XIXe siècle. C'est Fourier qui, dans son système de l'Harmonie, place au premier plan l'amour libre et sans entraves [2]. L'harmonie de Fourier est une hypostase de l'état naissant, le fantasme de perpétuer, sous forme d'institution, l'amour extraordinaire de la phase initiale. Il veut des communautés enthousiastes dans lesquelles sentiments et perceptions soient exaltés, sans que se perde jamais leur vigueur malgré l'usure du temps qui passe. La pratique de l'amour collectif était encouragée en Harmonie, car Fourier jugeait que la relation à deux était égoïste. Quoique non interdit, le mariage devenait une institution secondaire. Les enfants devaient être élevés par la communauté. Deux, trois ou quatre couples pouvaient se lier

---

1. Cf. les nombreux exemples cités par Norman Cohn, *Les Fanatiques de l'Apocalypse : millénaristes révolutionnaires et anarchistes mystiques au Moyen Âge*, Paris, Payot, 1983. Cf. aussi Ronald A. Knox, « Enthusiasm », in *The History of Religion*, New York, Oxford University Press, 1950. En ce qui concerne les phénomènes de promiscuité orgiaque chez les frankistes, cf. aussi Gershom Scholem, *Sabbataî Tsevi, le Messie mystique*, Paris, Verdier, 1983.
2. Cf. Charles Fourier, *Vers la liberté en amour*, Paris, Gallimard, 1975.

pour former un quatuor, sextuor ou octuor érotique, ce que Fourier lui-même appelait des orchestres passionnels. Le rassemblement d'hommes et de femmes devait produire l'orgie, véritable forme de communion, de fusion amoureuse. Fourier voulait que tous puissent bénéficier de la richesse amoureuse. Les beaux devaient donner leur amour aux laids, les jeunes aux vieux. Tous devaient être éduqués à développer leur érotisme dès l'enfance. Harmonie voulait être une société de la volupté sans limite et pour tous.

Les mouvements qui ont cherché à réaliser le communisme érotique ont été nombreux, surtout aux États-Unis. En 1826, Frances Wright fonda Nashoba : une communauté agricole près de Memphis. Vers 1840, des fouriéristes arrivèrent aux USA pour former une dizaine de communautés érotiques. L'expérience la plus solide fut celle engagée par John Humphrey Noyes à Oneida, près de New York, en 1849, et qui dura trente ans.

Une deuxième vague de mouvements utopiques s'est manifestée au XXᵉ siècle, dans les années soixante, participant à un processus plus général de libération sexuelle. Guy Talese l'a analysée dans sa description de la naissance de *Playboy*, de la pornographie *hard core* et des nombreuses communautés utopiques qui pratiquaient la promiscuité comme, par exemple, celle fondée par Victor Branco en Californie, la communauté agricole de Lama au Nouveau-Mexique, le collectif hippy d'Oz ou celui de Twin Oaks, le collectif anarchiste de Red Clover et le groupe reichien de Bryn Athin. À la même époque, de nombreuses communautés ont vu le jour en Europe ou la promiscuité érotique était diversement interprétée.

Talese a laissé une documentation détaillée de l'idéologie et de la pratique du collectif de Sandstone, fondé par John Williamson [1]. Formé à l'origine de couples d'amis qui vivaient dans la promiscuité sexuelle, le collectif s'est développé en tant que communauté thérapeutique et utopique, grâce à la venue d'intellectuels et de sexologues comme Alex Comfort. Chaque soir, à Sand-

---

1. Guy Talese, *La Femme du voisin*, Paris, Pocket, 1982, pp. 400 et suiv.

stone, une orgie avait lieu, dotée d'une fonction libératrice. « Au bas de l'escalier à tapis rouge, ils entraient dans la demi-obscurité d'une très grande pièce où ils pouvaient voir, étendus sur des grands coussins qui jonchaient le sol et baignaient dans la lueur orange de la cheminée, des visages et des membres emmêlés, des seins enserrés par des doigts crispés, des fesses qui remuaient, des dos brillants de sueur, des épaules, des tétins, des nombrils, de longs cheveux blonds épars sur des oreillers, des bras forts et bronzés agrippants des hanches blanches et lisses, la tête d'une femme penchée sur un pénis rigide. Et sur tout cela, les soupirs, les cris d'extase, les claquements et les succions des chairs copulantes, les rires, les murmures, la musique de la stéréo, les crépitements du bois embrasé[1]. » Qui allait à Sandstone ? Des couples désireux de sortir de la banalité de la chambre conjugale, des femmes divorcées et qui n'étaient pas encore prêtes pour un nouveau mariage, des femmes à l'énergie érotique débordante mais qui auraient eu peur d'aborder un homme en pleine rue, des féministes, comme Sally Binford, et des sexologues comme Alex Comfort.

3. La promiscuité orgiaque ne doit pas être considérée comme une manifestation des fantasmes érotiques masculins, ou comme la tentative de parvenir sans peine à des rapports sexuels fréquents et sans amour. La tendance des mouvements à vivre une phase d'*état naissant* n'a rien à voir avec la masculinité et la féminité ; pas plus que les phénomènes collectifs plus superficiels, tels que la transe ou la tendance à la fusion dans un groupe : il faut y voir, au contraire, une propriété du système nerveux central de l'être humain en général. L'orgie est une forme d'érotisme très particulière, commune aux deux sexes, et qui ne se réalise que lorsque le groupe parvient à annuler la séparation entre les individus.

Il est très important de distinguer l'*état naissant* des mouvements de phénomènes plus superficiels tels que la *foule*, la *fête* ou la *transe*. En général, les sociologues et

1. Guy Talese, *La Femme du voisin, op. cit.*, p. 303.

les psychologues les confondent [1] car, sur le terrain historique, ils apparaissent mêlés. L'*état naissant* est la conséquence d'une profonde mutation intérieure des individus. Ceux-ci subissent une conversion et se rassemblent dans un groupe où la solidarité est très forte. Ses membres connaissent une expérience commune de fraternité et d'égalité. On peut dire qu'ils s'aiment véritablement. C'est pourquoi — dans certains cas — ils n'accordent qu'une faible importance aux liens privilégiés entre amis ou entre amants. Ils ne méprisent pas ces liens, au contraire, l'état naissant est souvent très respectueux des affects et des préférences des membres d'une communauté, mais il a tendance à favoriser les buts collectifs. L'état naissant est en quête d'événements extraordinaires, c'est pourquoi les passions individuelles sont absorbées dans les passions collectives. Deux amoureux entraînés dans un groupe à sa phase d'état naissant y entrent comme une unité ; ils agissent comme individu unique. Au contraire, celui qui y entre seul est très vite dominé par l'éros diffus dans le groupe et par l'enthousiasme qui y règne. Cette expérience de solidarité, de fraternité, d'amour, ne se traduit pas en elle-même par des actes érotiques, mais peut se produire sous la pression idéologique. Comme dans de nombreuses communautés issues de Mai 68 [2], dans les communautés utopiques fouriéristes ou anarchistes, l'élaboration idéologique de l'état naissant prend un sens panérotique. Le communisme, toujours présent, est poussé jusqu'au communisme érotique, jusqu'à la fusion érotico-physique. La *foule*, la *fête*, l'*orgie* et la *transe* sont plus superficielles que l'état naissant [3]. Aucun changement intérieur,

au contraire, une propriété du système nerveux central de l'être humain en général. L'orgie est une forme d'érotisme

1. J'ai déjà parlé de cette confusion propre aux sociologues français comme Roger Bastide, Georges Bataille, Georges Lapassade et Michel Maffesoli. Ils perçoivent la différence entre les phases initiales des mouvements, le bouleversement de l'esprit et du corps et le culte ritualisé, mais ils n'identifient pas le processus particulier qu'est l'état naissant.

2. Cf. Donata et Grazia Francescato, *Famiglia aperta : la comune*, Milan, Feltrinelli, 1974.

3. Les auteurs français ont beaucoup écrit sur la foule et sur sa psychologie, mettant en évidence ses comportements fanatiques et irrationnels, de Gustave Le Bon, *La Psychologie des foules*, 1895, au récent livre de

(suite de la note, p. 119)

aucun choix définitif n'est nécessaire pour les déchaîner. Un groupe accueillant suffit, ou une ambiance appropriée, ou une certaine atmosphère sociale, ou encore, simplement, l'exemple. Inséré dans un groupe de façon adéquate, n'importe quel individu peut être gagné par l'excitation érotique collective. Le phénomène de contagion qu'on observe dans la foule, au cours d'une manifestation ou d'un match par exemple, est analogue. De nombreux phénomènes décrits par Talese sont de cet ordre. Les individus entrent dans une organisation pour les motifs les plus disparates et se laissent gagner par l'ivresse érotique collective. Le plus souvent, l'orgie constitue une expérience à part ; elle se juxtapose aux autres expériences érotiques d'un individu sans pour autant les remplacer. Il y a une différence sociologique très précise entre l'état naissant, la foule, la fête, l'orgie et la transe. Seul le premier fonde le mouvement, le met en marche, crée l'énergie qui servira à constituer une communauté utopique. Mais il est provisoire : il ne garde pas ses propriétés éternellement. Ils s'institutionnalise, il définit des règles, des rituels. C'est ainsi que se trouvent favorisés les états d'excitation collective artificiels, les fêtes, les rituels, les danses et les états de transe. Ceux-ci servent à attirer un public nouveau et à donner aux anciens fidèles l'impression que l'état naissant est préservé, le sentiment que le temps béni des origines est encore présent et agissant. La poussée révolutionnaire et utopique de l'état naissant s'éteint peu à peu, seule demeure la pratique de la rencontre érotique, dénuée de toute énergie créatrice, réduite à un pur spectacle, voire même à de la prostitution.

(suite de la note 3, p. 118)
Serge Moscovici, *L'Âge des foules*, Paris, Fayard, 1984, qui répète, *grosso modo*, les observations de Le Bon. Dans cette même veine, Angela Macchi Faina a publié une recherche, *L'Abbraccio della folla*, Bologne, Il Mulino, 1984, sans comprendre toutefois le problème posé par Bastide, Bataille, Lapassade et Maffesoli, et en ignorant délibérément l'aspect créateur des mouvements.

14 1. Les femmes participent également à ces processus collectifs et elles le font, en général, avec une charge érotique plus forte que les hommes. Nous avons vu que l'érotisme féminin est de type continu et qu'il tend à éviter les différenciations qualitatives. Peu importe que le mouvement soit politique, religieux ou culturel. Pour la femme, participer signifie également sentir, entrer en contact, aimer, vivre érotiquement. C'est pourquoi il se trouve encore aujourd'hui, dans les mouvements, des chefs charismatiques — hommes politiques, chefs mystiques, gourous, intellectuels — entourés d'un harem potentiel de femmes fascinées et disponibles. Il arrive même que le chef et ses compagnons directs monopolisent les faveurs de toutes les femmes de la communauté. Le phénomène a peu varié au cours des siècles ; il existait déjà en Bohême [1], dans le mouvement du libre esprit, parmi les frankistes, dans la communauté d'Oneida ; il a existé aussi dans l'entreprise de *Playboy* de Hugh Hefner, dans la secte de Ron Hubbard, comme dans celle de Bagwan Shree Rajneesh [2].

Nous avons vu, au troisième chapitre, qu'il existe deux types d'érotisme féminin, l'un individuel, l'autre collectif. Le premier fait que la femme recherche l'amour d'un seul homme ; il rend la femme monogame et, en général, possessive et jalouse. L'autre la fait s'abandonner au groupe qui l'attire en son centre et donc vers une union mystique et physique avec son chef : elle est prête à faire partie du harem, à partager l'amour du chef avec d'autres femmes si elle peut se rapprocher de lui jusqu'à le toucher.

---

1. Sylvia L. Thrupp, *Millenial Dream in Action*, New York, Shoken Books, 1970.
2. Gershom Scholem, *Le Messianisme juif, op. cit.*

La situation collective n'empêche pas l'homme de continuer à désirer plusieurs femmes, et la femme un seul homme. Même si elle accepte les autres femmes du chef, elle aura tendance à s'en rapprocher le plus possible, jusqu'à exclure toutes ses rivales pour demeurer la seule. Une compétition féroce règne entre les femmes du harem qui se disputent les faveurs de l'époux. Il en allait de même à la cour du roi.

2. La double particularité de l'érotisme féminin a de quoi déconcerter. Parlant de l'exclusivité comme caractéristique féminine, Simone de Beauvoir note que : « L'homme amoureux est autoritaire, mais quand il a obtenu ce qu'il voulait, il est satisfait ; tandis qu'il n'y a pas de limites au dévouement exigeant de la femme... L'absence de l'amant est toujours pour la femme une torture... dès qu'il fixe ses yeux sur autre chose qu'elle, il la frustre ; tout ce qu'il voit, il le lui vole... Sa tyrannie est insatiable... C'est une geôlière... Elle se sent à chaque instant en danger. Il n'y a pas une grande distance entre la trahison de l'absence et l'infidélité. Dès qu'elle se sent mal aimée, elle devient jalouse... Aussi s'irrite-t-elle si les yeux de son amant se tournent un instant vers une étrangère... La jalousie est pour la femme une torture affolante parce qu'elle est une radicale contestation de l'amour ; il faut, si la trahison est certaine, ou bien renoncer à faire de l'amour une religion, ou renoncer à cet amour [1]... »

C'est la femme qui tend à poser les choses en termes de tout ou rien. La tradition américaine voulait que la moindre infidélité aboutisse au divorce. Dans un de ses livres, Jackie Collins [2] montre comment son héroïne — une femme très belle et indépendante — découvre son mari en train de faire l'amour avec une autre femme. Elle est surtout indignée que son mari lui ait menti. Le mensonge signifie que, en dépit de ses promesses, il est resté et restera un « coureur ». Elle décide donc de divorcer et de chercher

---

1. Simone de Beauvoir, *Le Deuxième Sexe, op. cit.*, pp. 397-408.
2. Jackie Collins, *The World is Full of Divorced Women*, New York, Warner Books, 1981.

un autre homme. Elle tombe sur un acteur connu et s'installe avec lui à Los Angeles. Mais il ne vaut guère mieux que l'ex-mari de notre héroïne, qui le quitte à son tour avant de se sentir attirée par un écrivain célèbre et plein de charme. Par malheur, il n'aime que les jeunes filles, et même les très jeunes filles. Elle cesse donc de croire à l'amour et se voue au féminisme militant. De nombreux livres de femmes écrivains contemporaines mettent en scène des hommes et des femmes incapables de s'aimer, car les femmes sont à la recherche d'un idéal qu'aucun homme ne peut satisfaire. C'est aussi le thème des films de Margaret von Trotta et de Fassbinder. Les hommes ne sont pas à la hauteur des valeurs féminines. La femme est capable d'un amour très noble, élevé, total, mais ce n'est pas le cas de l'homme. Elle est donc obligée de quitter, l'un après l'autre, tous les hommes qui lui plaisent, car ils ne savent pas l'aimer sur le mode qui lui est nécessaire.

Pourquoi la femme est-elle si possessive dans le couple ? Pourquoi, lorsqu'elle découvre que son amant ou son mari fait l'amour avec une autre, veut-elle immédiatement divorcer ? Pourquoi est-elle incapable de partager avec sa rivale une paisible bigamie ? Pourquoi, enfin, la même femme jalouse accepte-t-elle de faire partie du harem d'un chef en abandonnant toute jalousie ?

Pour trouver une explication à ce paradoxe, il faut garder à l'esprit que la satisfaction affective et érotique peut être réalisée tant au niveau du couple que du collectif. Couple et communauté sont deux ensembles qui se suffisent à eux-mêmes. Le couple n'est complet que si ses deux membres y participent mais il est appelé à disparaître si l'un des deux disparaît. Les deux parties d'un couple sont irremplaçables et indispensables. Telle est la raison de la monogamie et de l'exclusivité. Au contraire, dans les groupes élargis, et en particulier dans les communautés utopiques, l'identité collective n'est pas perdue à cause de la défection d'un seul ou de plusieurs de ses membres. Le groupe ou le collectif constituent une entité qui dépasse l'individu. Celui ou celle qui parvient à s'identifier au groupe n'a plus besoin de tel ou tel individu en particulier, hormis du chef, car le chef est le symbole de la communauté, de son unité et de sa permanence. Le chef est tout à la fois individuel et collectif. L'union avec lui rend tout autre rapport secondaire.

Un couple n'a ni centre ni chef. Chacun est à la merci de l'autre. S'il est vrai que la femme veut l'*union mystique* avec la communauté, lorsqu'elle est un couple, elle continue à la vouloir avec l'homme unique dont elle a un besoin constant. La femme veut faire partie d'un tout et le tout, dans un couple, est formé de soi-même et de l'autre. Mais prenons l'exemple d'un mouvement, d'une secte, d'une foi ou d'une expérience collective quelconque, artistique, théâtrale, religieuse, politique : la femme voudra de même se fondre avec son centre, c'est-à-dire avec le chef, et sur le plan physique également. Si c'est une femme qui est au centre, elle éprouvera une attraction érotique irrésistible pour cette femme ; Dionysos n'apparaît pas toujours sous les traits d'un homme.

La femme accepte la polygamie et la promiscuité à condition que les choses se passent dans un groupe animé d'un enthousiasme puissant, où la participation des membres est totale et le sentiment de fusion très présent. La fusion avec le centre la fascine irrésistiblement. Le chef est le centre, le héros est le centre, la star est le centre. Tous les romans sentimentaux mettent en jeu cette dimension collective de l'érotisme féminin, dès l'instant où il est question d'un héros. Si la communauté se dissout, si le centre disparaît, la dimension strictement individuelle refait surface. Vers 1870, lorsque les choses commencèrent à mal tourner pour la communauté d'Oneida, les femmes, qui appartenaient à tous les hommes et faisaient des enfants avec tous auparavant (quoique surtout avec le chef), voulurent se marier. Le groupe ne leur apportait plus ni l'érotisme ni l'amour, ni la sécurité économique ni la certitude pour l'avenir, toutes les choses que le mariage était susceptible de leur offrir. Et toutes les femmes qui avaient trouvé leur bonheur dans le harem du gourou devinrent monogames. Délaissant la fusion avec un tout social médiatisé par le chef, elles se mirent en quête de la fusion avec un seul homme. Mais encore fallait-il que le couple joue — à son tour — le rôle d'un tout. Elles devaient donc exclure la promiscuité obligatoire jusque-là. Hors du harem, loin de l'homme-dieu, l'épouse devient exclusive, jalouse, et ne supporte plus l'infidélité. Elle se voue à son mari et entend qu'il fasse de même avec elle.

Il n'existe donc pas un schéma unique mais deux schémas interchangeables : l'un individuel, l'autre collectif. La jeune fille qui, si elle le pouvait, se jetterait dans le lit de sa star préférée, ne supporte pas que son petit ami regarde une autre fille. Dans le cas de Hugh Hefner, Barbi Benton à Los Angeles et Karen Christy à Chicago [1] ont cessé d'accepter la polygamie après qu'il eut promis à chacune une relation privilégiée. Hefner aurait pu les laisser vivre toutes les deux avec les autres femmes du harem de Chicago. Elles l'auraient accepté et elles auraient vu comme un grand honneur d'être appelées à partager le lit du chef, le divin Hugh Hefner, une fois de temps en temps. Mais lui, d'abord avec l'une, et ensuite avec l'autre, s'est comporté en parfait monogame. Il a dit à chacune : « C'est toi que je préfère, je n'aime que toi. » Ni l'une ni l'autre ne pouvait renoncer à cet avantage acquis. Chacune s'est vue comme la reine et a engagé une lutte mortelle contre l'autre pour être la seule épouse. Les places de concubine, de favorite et d'épouse ont valeur de statuts. On peut en partager certains, d'autres sont exclusifs, comme, par exemple, celui de roi, de reine et de première épouse dans le cas de la polygamie, et celui d'épouse monogame dans le couple. Hefner avait forgé un statut exclusif, et aucune de ses deux femmes ne voulait y renoncer. Il n'a retrouvé la tranquillité qu'en les abandonnant toutes les deux et en revenant à l'ancien schéma polygame, sans faire d'autres exceptions.

3. C'est dans le contexte des phénomènes collectifs que l'on trouvera l'explication de la séduction de don Juan. Don Juan est un homme auquel les femmes ne peuvent résister. Il ne faut pourtant pas confondre don Juan avec le Grand Séducteur. Le Grand Séducteur connaît l'art de conquérir les femmes, il sait comment les séduire. Don Juan, au contraire, les séduit toutes, sans rien faire pour cela ; sa seule présence les attire. Le mécanisme est si

1. Cf. Guy Talese, *La Femme du voisin, op. cit.*

élémentaire qu'il en est incompréhensible, presque magique. Dans *Le Pur et l'Impur*[1], Colette explique comment toutes les femmes désignaient Damien à ses regards sans qu'il y ait autre chose, dans leurs échanges, que ce qui semblait être un « mot magique ». Et il est facile d'entrevoir ce qu'est ce « mot magique[2] » si nous considérons le mythe et le personnage de don Juan aux XVIIe et XVIIIe siècles. L'aristocratie et la vie de cour y sont toutes-puissantes en même temps que les commérages et le renom. Le mot magique est la renommée, et celle-ci pouvait être aussi bien militaire qu'érotique.

L'équivalent de don Juan dans notre monde moderne est le playboy, riche, connu et séduisant. Celui qui passe son temps à conquérir les femmes et qui les attire comme les phalènes la lumière. Hugh Hefner a découvert le secret. Il est devenu le playboy parfait, le don Juan absolu. Dans les pages de sa revue, il a montré nues, chaque mois, les femmes qui étaient ses maîtresses. Des millions d'Américains l'ont envié et des millions d'Américaines étaient prêtes à coucher avec lui pour paraître dans son magazine. Mais ce serait une erreur de croire qu'elles étaient attirées par le seul calcul et qu'elle misaient sur lui pour faire du cinéma. La clé était la même que celle qui fonctionnait déjà au temps de la princesse de Clèves[3] et du duc de Nemours[3], ou du vicomte de Valmont[4] : la renommée, l'irrésistible attrait du « numéro 1 », du meilleur, du vainqueur qui mène la danse collective. La célébrité est le « mot magique » que cherchait Colette. La célébrité qui désigne, qui valorise, qui rend irrésistible celui qui s'en pare, et qui se communique à celle qui l'accompagne. Non pas dans l'ombre et le secret mais en public, et même si c'est dangereux. Même si le risque et le scandale peuvent être mortels.

1. Colette, *Le Pur et l'Impur*, Œuvres complètes VII, Paris, Le Club de l'honnête homme, 1974.

2. *Ibidem*.

3. Madame de La Fayette, *La Princesse de Clèves*, Paris, Pocket, coll. « Lire et voir les classiques », n° 6003.

4. Choderlos de Laclos, *Les Liaisons dangereuses*, Paris, Garnier-Flammarion, 1964. (Également disponible chez Pocket, n° 6010.)

15 1. Il existe un type de promiscuité qui ne trouve pas sa réalisation dans l'orgie et dans l'indictiction des corps, mais qui consiste en un refus d'un objet d'amour unique, en la facilité à passer d'un objet d'amour à l'autre et en des rapports sexuels avec plusieurs personnes. À la différence du premier type, cette promiscuité sexuelle est la caractéristique la plus fréquente de l'homosexualité masculine. Les femmes homosexuelles ont, quant à elles, des amours plus stables et souvent plus possessives et exclusives[1].

Michel Foucault affirme que la promiscuité, dans l'homosexualité masculine, était le produit de la répression de l'homosexualité et, surtout, de l'approche amoureuse[2]. La culture spécifique de cette approche ne s'est pas développée, dit-il, à cause de la nécessité de se cacher et de l'urgence à conclure. Ce type de promiscuité n'existe pas entre femmes et elles n'ont pas cinq ou six rapports sexuels par jour avec des partenaires différentes, ou avec des centaines de partenaires par an. Larry David Nachman fait remarquer à ce sujet que le nombre légendaire de conquêtes de don Juan, soigneusement répertorié par Leporello, est fréquemment atteint par de jeunes homosexuels[3]. Dans l'homosexualité tout se passe comme si

1. Ce phénomène a déjà été observé par Havelock Ellis, *op. cit.*, et a été confirmé par de récentes enquêtes. Jean Cavailhes, Pierre Dutey, *Rapport Gay*, Paris, Éd. Persona, 1984.
2. Entretien avec Michel Foucault, par James O'Higgins, dans *Homosexuality : Sacrilege, Vision, Politics*, Robert Boyer et George Steiner, Skidmare college, Saratoga Springs, New York, 1982.
3. L.D. Nachman, dans un texte sur Genet, in *Homosexuality : Sacrilege, Vision, Politics*.

chaque sexe poussait à l'extrême quelques-uns de ses fantasmes érotiques spécifiques. Pour les hommes, l'érotisme immédiat sans préliminaires, comme dans la pornographie ou la prostitution. Pour les femmes, l'amour tenace et l'exclusivité monogamique. Néanmoins, si l'explication de Michel Foucault, en ce qui concerne la promiscuité, ne tient pas, il ouvre une voie plus prometteuse dans un autre champ. La conscience homosexuelle, dit-il, inclut la conscience d'appartenir à un groupe social particulier. Et cette conscience prend la forme de l'affiliation à une société secrète, ou de l'appartenance à une race maudite, à une race tout à la fois privilégiée et persécutée. Il faut, en outre, se souvenir de la représentation de l'homosexualité donnée par Roland Barthes : une déesse, une figure à invoquer, une voie d'intercession. Il s'agit d'une métaphore religieuse et, en termes sociologiques, d'une représentation collective. Peut-être faut-il chercher là le sens de la promiscuité : une des modalités de la fraternité érotique à l'intérieur d'une communauté dotée d'un système de valeurs.

Il n'en allait peut-être pas ainsi dans le passé mais, aujourd'hui, les homosexuels constituent une véritable communautés dans laquelle on est intronisé au terme d'une révélation et d'une initiation. Un texte de Paul Robinson [1] évoque un professeur qui amène un de ses élèves à reconnaître sa propre homosexualité. Le jeune homme avoue à son maître qu'il est tombé amoureux de son voisin de lit et qu'il a subi une grave déception. Le maître explique alors à l'élève qu'il a commis une erreur en recherchant immédiatement l'amour. Dans le monde gay, le sexe vient avant l'amour. La structure de la vie gay exige qu'on s'écarte de tout romantisme, qu'on fréquente certains bars, qu'on accumule les expériences érotiques anonymes. L'élève doit donc d'abord reconnaître en lui la vocation, l'« appel » homosexuel. Ensuite, lorsqu'il est sûr, il doit entrer dans la vie gay en acceptant les règles de la promiscuité. Ce n'est qu'à la fin qu'il pourra vivre une expérience amoureuse individuelle et romantique.

1. Paul Robinson, in *Homosexuality, op. cit.*

Cette démarche évoque irrésistiblement les processus collectifs. La vocation, l'accueil, la mise en commun des biens, caractérisent en effet toute utopie. La promiscuité homosexuelle entre hommes n'est peut-être qu'une des formes du communisme utopique : un communisme appelé de ses vœux par une communauté sans hiérarchie ni autre but que celui de donner et de recevoir de l'érotisme. Des amitiés exclusives peuvent naturellement se nouer au sein d'une telle communauté, mais plus tard, et sans heurter les règles de la fraternité. L'amour, exclusif, monogamique, peut aussi se manifester, mais le couple doit alors se défendre contre le communisme du groupe.

George Steiner note que les grands mathématiciens, les grands métaphysiciens, les virtuoses du contrepoint n'ont pas été, en général, des homosexuels. L'expression de « pratique solitaire » vient sous sa plume lorsqu'on parle de leur activité de recherche. Les homosexuels sont, au contraire, nombreux dans le monde des lettres et parmi les intellectuels [1], c'est-à-dire dans un monde animé par des mouvements sociaux et fécond en communautés culturelles, en groupes d'opposition à la société en place, jugée comme trop banale. Dans son travail sur Whitman, Calvin Bedient [2] souligne la dimension érotique diffuse, collective, de sa poésie, et fait remarquer qu'elle véhicule un appel à l'amour pour une vie vécue dans la fraternité. Si la promiscuité homosexuelle masculine est une manifestation de l'éros collectif, du communisme utopique, on comprendra qu'on la retrouve dans la *koiné* grecque comme dans l'armée. À la différence de ce qui se produit dans la relation hétérosexuelle, la solidarité collective passe au premier plan, avec ses droits et ses devoirs, avec son communisme érotique. Ce n'est qu'ensuite que se dessinent les individualités, les amitiés puissantes, et jusqu'à l'exclusivité amoureuse.

L'homosexualité féminine existe aussi comme mouvement structuré. Une partie du mouvement féministe est ainsi devenu mouvement lesbien *tout court*. Mais le

---

1. George Steiner, préface, in *Homosexuality, op. cit.*
2. Calvin Bedient, in *Homosexuality, op. cit.*

communisme utopique n'a pas trouvé sa réalisation dans la promiscuité sexuelle et orgasmique de type masculin, car l'érotisme féminin est fondamentalement différent : il ne tolère pas de mise en commun s'il n'y a pas de désir. La sororité lesbienne s'est développée davantage sous la forme d'une intimité amoureuse au sein de petits groupes qui valorisait son caractère d'exception et d'exemplarité. Parlant d'une communauté berlinoise, une femme explique comment la tendresse et l'attention entre femmes peut se substituer au rapport amoureux : « La tendresse, l'attention que nous nous portons, peuvent parfois remplacer une liaison amoureuse. On a l'impression qu'entre nous les sentiments et les sensations se fondent les uns dans les autres, si bien qu'il devient difficile de tracer une frontière entre ce qui appartient à l'amitié et ce qui appartient au sexe. Ou, plus exactement, au corps. Nous avons entre nous une tendresse corporelle. Nous n'avons pas toujours envie de nous toucher, mais cela peut arriver. Cette tendresse, que je trouve ici, m'a permis de vivre pendant quatre ans sans avoir de relation particulière d'amour avec une femme... Je n'en souffrais pas. Il y a ici une douceur toujours présente [1]. »

La figure du leader peut exister dans un mouvement lesbien, mais elle n'amène la mise en place d'aucune structure de harem. Celle qui assume la place de chef assume simplement un rapport affectif de type maternel avec les autres femmes. Un chef prend du plaisir à être le seul à entretenir des rapports sexuels avec le plus grand nombre de femmes ; ce n'est, en revanche, pas le cas d'une femme dans une position similaire, qui structurera autour d'elle de petits groupes de type de ceux décrits plus haut, ou encore selon le schéma du couple monogamique. L'homosexualité masculine n'engendre pas, elle non plus, la formation en harem. Les homosexuels ne manifestent aucune tendance à rechercher érotiquement le chef ou la figure centrale et unique dans le groupe. Leur goût pour la diversité érotique les conduit, au contraire, au communisme

1. Évelyne Le Garrec, *Des femmes qui s'aiment*, Paris, Le Seuil, 1984, p. 231.

érotique, au devoir de s'offrir à tous puisque tous s'offrent à chacun.

Comme nous l'avons vu au chapitre précédent, le communisme érotique a été expérimenté par de nombreuses communautés. La révolution sexuelle des années soixante-soixante-dix a été le fait de plus d'un mouvement. La pornographie, de son côté, s'est diffusée à partir de *Playboy*, au nom d'une libération sexuelle affirmée et comme la promesse de vivre une humanité plus heureuse. De très nombreuses communautés, sectes et autres écoles psychothérapeutiques contemporaines sont des formations collectives où règnent une grande permissivité érotique. Pourtant, que ce soit dans le passé ou plus récemment, ces collectifs ont connu une durée de vie très brève. Ils n'ont tenu qu'aussi longtemps qu'un chef, un homme, leur a donné une structure de harem. Après quoi ils se sont désintégrés. Là où les communautés utopiques hétérosexuelles ont échoué, les communautés homosexuelles masculines ont, au contraire, réussi, et cela sans bagage ou appareil idéologique. Les années soixante ont vu naître un mode de vie gay, des quartiers gay, une solidarité gay comme pratique de vie et utopie agissante. Cette manière de vivre est apparue à ses adeptes comme un idéal susceptible d'être proposé à d'autres, or la communauté gay vit actuellement sous une menace qui ne peut provenir d'aucun facteur social. Notre société tend à limiter la natalité, les responsabilités familiales, à faciliter les rapports, à les rendre plus rapides, à mêler érotisme et travail, érotisme et intelligence ; et ce sont ces mêmes valeurs qui fondent les communautés gay. L'extension du sida, notamment au sein des groupes entretenant des rapports de promiscuité, a remis en question la valeur d'utopie salvatrice de la promiscuité même. Tant qu'un traitement susceptible de le combattre n'aura pas été découvert, le sida constituera une menace au cœur même du communisme érotique et risquera à tout moment de ruiner l'édifice social élaboré par les homosexuels.

2. Dans les grandes villes, surtout aux États-Unis, un autre type de promiscuité, hétérosexuelle cette fois, s'est constitué récemment. Il est le fait des *singles*, hommes et

femmes qui vivent seuls, qui travaillent et qui ont souvent divorcé plusieurs fois. Ils ont leurs lieux de rencontre, leurs bars, leurs boîtes, dans lesquels, tout comme les gay, ils sont sûrs de trouver un partenaire. Un tel phénomène vient contredire en apparence notre thèse selon laquelle la promiscuité n'est possible qu'au sein d'une communauté soudée par des liens de solidarité très puissants. Pour la communauté gay, ces liens se sont créés lorsque les homosexuels étaient discriminés, voire persécutés. Ils ont en effet dû se défendre contre une société hostile, en tant que communauté utopique. À première vue, le cas des célibataires est tout à fait différent mais les choses ne sont pas si simples. Il y a vingt ans encore, la société américaine était une société constituée de couples. Les solitaires, les célibataires — hommes ou femmes —, les divorcés, les séparés, étaient indésirables. Ils étaient même craints, mal vus, on ne les invitait pas dans les dîners ou les soirées. Leur existence même constituait une menace pour les couples officiels. Par conséquent la société leur prescrivait le mariage, ou le remariage, et cela dans les plus brefs délais. Mais où chercher un nouveau conjoint dans une société exclusivement constituée de couples ? L'alternative était la suivante : ou on « enlevait » le mari ou la femme d'un couple légitime, ou on se mariait entre solitaires.

La société américaine a toujours maîtrisé ses tensions internes par la mise en place du mécanisme de l'isolement. C'est ainsi que les individus sont classés par groupe ethnique, professionnel, social, et qu'on leur demande de s'associer. La ville américaine est divisée en autant de zones sociales séparées : quartiers noirs, portoricains, italiens, gay, étudiants, etc. Les solitaires ont donc été poussés, eux aussi, à se grouper pour ne pas troubler la paix des ménages. La révolution sexuelle et la crise de la famille ont fait augmenter le nombre des séparés, des divorcés et de ceux qui refusaient toute entrave à leur liberté. Aujourd'hui on ne craint plus les personnes seules. On va même jusqu'à prévoir un avenir formé en majorité de célibataires, car leur nombre ne cesse d'augmenter. Mais la forme de leur organisation porte encore l'empreinte de l'époque de la discrimination, du temps où ils étaient obligés de rester entre eux. Ils forment, dans les grandes villes, une communauté qui a ses propres règles de comportement. Ils ont leurs lieux de rencontres érotiques et se conforment à une étiquette précise. Leur vie sexuelle a été profondément influencée par l'univers homosexuel masculin.

Dans les villes européennes, et en particulier en Italie, le mécanisme social de la ségrégation n'a jamais fonctionné. Il existe une communauté gay mais pas de quartiers gay, ou noirs, ou portoricains. Les séparés et les divorcés étaient autrefois plutôt rares, et les célibataires des deux sexes n'ont jamais été considérés comme un danger pour les couples mariés ; ils n'ont jamais fait l'objet d'une discrimination et sont toujours restés intégrés à la société ; ils n'ont donc pas pu développer un esprit de groupe aussi puissant qu'aux États-Unis. De même, leur éthique érotico-sexuelle n'est jamais devenue aussi permissive que dans ce pays. Cela ne veut pas dire que la morale sexuelle européenne soit plus rigide mais elle est sûrement moins uniforme. Aux États-Unis, une personne seule est obligée de se conformer aux normes permissives du groupe dont elle fait partie et doit accepter sa loi de promiscuité. En Europe, au contraire, un individu peut décider de changer de partenaire tous les soirs ou de rester seul jusqu'à ce qu'il rencontre l'amour. Toutes les nuances sont permises entre ces deux extrêmes. Il peut, en outre, changer de comportement sans qu'il y ait la moindre pression sur lui pour le forcer à s'adapter à un modèle standard.

L'extension du sida au sein de la communauté des *singles* provoque actuellement une panique diffuse et un grave désarroi culturel, surtout aux USA, un pays où cette définition sociale — être libre sexuellement — signe l'appartenance à l'élite qui prépare l'avenir et qui est censée montrer aux autres la route du bonheur et de la libération. La maladie, qui s'étend précisément du fait de la promiscuité, détruit à la racine cette croyance idéologique et va jusqu'à transformer en un véritable danger l'instrument fondamental de la rédemption, en même temps qu'elle met à mal la solidarité entre les membres de la communauté. Les nouveaux venus ne sont pas des frères à rencontrer sexuellement, à initier aux délices de la liberté : ils sont des ennemis représentant une menace en puissance. Les leaders du groupe, ceux qui en constituaient le centre intellectuel et érotique, courent le risque d'apparaître comme la source même de la contamination, comme les grands pestiférés à éviter avec horreur.

16 La société américaine est devenue toujours plus volontariste au fil des années. Le *volontarisme* n'est pas une philosophie mais une attitude de pensée, un principe logique constitutif de tous les produits de la culture des USA. Il se fonde sur l'aptitude à définir, en toute conscience, ce qu'on désire ; le seul problème est de savoir comment l'obtenir. Le but n'est pas un problème dans le système volontariste ; la seule question est celle des moyens pour l'atteindre.

L'idée centrale du volontarisme est empruntée à l'économie capitaliste. Dans le monde économique, le but est clairement défini : augmenter le profit. Aucun autre objectif ne saurait être pris en considération, sous peine d'être jugé irrationnel. Tous les participants d'une transaction doivent croire qu'ils en sont les gagnants. La loi des pertes et des profits est seule en vigueur. Un tel système est fondé sur l'existence d'une mesure commune de la valeur : l'argent. C'est l'argent qui permet de comparer les objets, les services, les prestations et les plaisirs de tous ordres. Si l'on veut appliquer la loi du profit, la première chose à faire, et la seule, consiste à fixer le but de telle ou telle opération. Dans le champ économique, celui-ci est donné d'avance.

La société américaine a mis ce système en application dans tous les domaines, et jusqu'aux relations entre les individus, à l'érotisme et aux sentiments. C'est ainsi que l'impératif de la société américaine qui se trouve derrière toute action, toute pensée, tout choix, est le suivant : il faut définir le but à atteindre ! Lorsque cette première opération est effectuée, il suffit de mettre en place les moyens pour y parvenir sur le plan de l'organisation, de la technique et du financement.

Appliquons le principe au groupe des homosexuels. Que veulent-ils ? Faire l'amour avec d'autres homosexuels. Très bien. Il faut donc les regrouper. Qu'ils se rassemblent dans les mêmes quartiers et, ainsi, ils pourront avoir entre eux tous les rapports sexuels qu'ils voudront. Que veulent, au contraire, les couples mariés ? Ne pas se sentir menacés par les individus non mariés, célibataires ou divorcés. Il suffit pour cela de ne pas les inviter aux soirées données entre gens mariés. Que veulent enfin les individus solitaires ? Se rencontrer, chercher l'âme sœur ou simplement faire l'amour. Qu'ils se regroupent entre eux et fassent ce qu'ils ont à faire. Ils trouveront des bars où rencontrer le ou la partenaire d'une nuit, et d'autres où ils chercheront l'âme sœur. Comme dans un immense supermarché, il suffit de savoir ce qu'on veut et de se rendre au rayon adéquat pour trouver la bonne marque au meilleur prix.

Tel est le volontarisme : fixer une fois pour toutes, et dès le début, ce qu'on veut. Veut-on être gay, *single* ou marié ? Veut-on une histoire romantique ou une pure expérience sexuelle ? Veut-on être polygame ou monogame ? Il suffit de préciser son désir et on peut rejoindre le groupe idoine, lire les livres appropriés [1] et atteindre le but qu'on s'est fixé. La conception européenne est exactement à l'opposé. En Europe nous ne connaissons pas les buts à l'avance car nos désirs ne sont pas exempts de conflits, ni nos passions de contradictions. Le fond du problème est donné d'emblée. Si tu veux être homosexuel, dit le volontarisme américain, rejoins une communauté gay. Mais il se peut qu'un individu se sente homosexuel et refuse néanmoins le mode de vie codifié du groupe auquel il est censé appartenir. Il peut aimer son quartier et ne pas vouloir le quitter, pas plus que le milieu affectif et social qui est le sien depuis toujours. Il peut souhaiter garder des relations avec ses amis mariés, avec des femmes dont la différence le stimule. Il peut haïr la promiscuité. Pourquoi devrait-il s'enfermer dans un ghetto et en accepter

---

1. *The Challenge of Being Single*, New York, New American Library, 1975, de Marie Adward et Eleanor Hoover, est un exemple typique du genre.

les règles ? Il est homosexuel, c'est vrai, mais l'obsession du sexe n'est pas le seul objectif de sa vie. Et il ne veut pas renoncer à ses autres désirs. Le but d'un individu n'est pas une entité définie et immuable mais constitue une véritable question[1].

Les buts ne préexistent pas aux actions entreprises pour les atteindre. Ils se révèlent au contraire avec ces actions mêmes, dans leur processus même. On ne peut les situer *a priori* et considérer tout le reste comme des moyens possibles pour y parvenir. On peut se mettre en quête d'une aventure érotique sans éprouver aucun affect, décider de ne plus rien savoir de l'amour et s'apercevoir, étonné, que le sexe et la répétition des rencontres sans lendemain sont une source de déception et nous laissent un vide au cœur. On peut constater que l'on a besoin de liens solides, de rêve, d'amour, qu'on veut se marier, aimer, être aimé en retour, et éprouver, tout à coup, une inquiétude qui nous fait rechercher, chez tous ceux ou celles que nous croisons sur notre route, l'être unique qui changera notre vie. Mais, en aucun cas, nous ne saurions définir un tel homme ou une telle femme grâce à un test, pas plus que nous ne pourrions nous imposer de trouver la personne idéale dans un délai d'un an et de l'épouser. En un mot, il est impossible d'employer sa volonté à réaliser ce rêve extraordinaire grâce à une méthode rationnelle, précisément parce que c'est un rêve. Notre raison n'en connaît pas les racines, pas plus qu'elle ne connaît les mystérieux besoins du cœur. Un test ne nous dirait rien sur celui ou celle que nous recherchons. Si notre volonté voulait se conformer à ses résultats, elle se condamnerait à ne jamais rien trouver.

Selon cette conception de la vie, les êtres humains ne se connaissent pas et ne savent pas ce qu'ils veulent. S'ils décident d'enrichir un de leurs champs d'intérêt, ils sont censés faire un choix arbitraire parmi des objets de même

---

1. « Les êtres humains semblent donc pouvoir être définis, au positif, comme des acteurs en premier lieu, non pas comme ayant un but donné à l'avance, mais par la possibilité d'avoir des buts en général », écrit Salvatore Veca dans *Questioni di giustizia*, Parme, Pratiche éd., 1985, p. 92.

valeur, mais on ne saurait appliquer la loi des pertes et profits au domaine des affects, car les bénéfices ne sont ni mesurables ni équivalents. C'est pourquoi il n'existe ni technique ni art des relations affectives, tout au plus pouvons-nous parler d'une connaissance, d'un savoir qui nous aide à nous comprendre et à comprendre l'autre, qui nous aide à nous écouter et à écouter l'autre.

La réflexion européenne sur l'amour [1] a ainsi trouvé son expression au travers de paradoxes. Le paradoxe éclate en effet lorsqu'on veut appliquer au monde des affects un ordre logique qui lui est étranger. On dit que l'amour est aveugle, car l'amoureux ne voit plus les défauts de l'aimée. Mais, en même temps, il voit plus que les autres, car il perçoit des qualités et une beauté que les autres ignorent toujours. L'amour est conquête en même temps que soumission. L'amour est égoïsme, égoïsme monstrueux, en même temps que don total. L'amour est respect mais nul refus de l'autre ne l'arrête. L'amour est crainte et courage, prison et liberté, maladie et santé, bonheur et martyre. L'amour est une quête continuelle en même temps qu'une attente infinie.

---

1. Le travail le plus complet sur cette question est celui déjà cité de Nitlas Luhmann. Sur le paradoxe, cf. en particulier pp. 56 à 72.

17 1. Le moi est divisé. Il est le produit de mille promesses intenables. La fidélité à une promesse faite dans un moment de grâce entraîne une mutilation de toute l'existence pour celui qui a promis, une dépense d'énergie considérable et une vigilance de tous les instants. Promettre signifie hypothéquer l'avenir, l'assujettir à une exigence toujours à renouveler. Promettre exige de plier l'avenir à quelque chose qui a été décidé dans le passé. Avoir un enfant est une promesse car la chaîne des conséquences et des engagements se déroule tout au long de sa croissance. Vivre ensemble est une promesse qui nous oblige à assumer les relations de l'autre comme autant de devoirs. Elles se dévoilent peu à peu, en même temps que ses besoins, ses désirs, sa personnalité profonde, et son être en devenir. Nos devoirs présents sont le produit de ce que nous avons voulu dans le passé, et il en va de même pour nos désirs : nous finissons par trouver du plaisir à ce que nous faisons. Puisqu'il nous est impossible de faire durer le plaisir de ce que nous avons aimé, la nécessité nous enseigne à tirer du plaisir de nos actes mêmes. Il faut bien que nous ayons appris à dire oui à la société qui nous harcèle toujours de la même question : pourquoi n'éprouves-tu plus de plaisir quand tu as ce que tu prétendais vouloir ?

L'homme d'aujourd'hui a cherché par tous les moyens à se soustraire à ce contrôle, mais la société n'oublie rien. Seul l'anonymat autorise l'oubli, autorise le moi à rester divisé. Le moi ne reconnaît sa déchirure interne que si elle lui est rappelée par un autre que lui. Chacun de nous pourrait ainsi mener plusieurs existences parallèles s'il n'y avait pas les autres pour le rappeler à l'ordre. La norme n'existe pas pour l'individu isolé [1], elle est engendrée par la pression sociale. C'est parce que les autres se souviennent qu'ils nous imposent de faire la synthèse de notre moi. C'est à cause du souvenir des autres que nous devons mettre en scène notre propre cohérence. Seul, nous aurions tôt fait d'oublier nos promesses, tout comme nous oublions nos dettes.

L'érotisme comporte un germe de révolte contre cet état de choses. Nous l'avons déjà souligné dans l'érotisme masculin qui tend à refuser le devoir, les engagements et le long terme dans les relations amoureuses. Mais la femme possède ce même caractère, et le désir d'amour qui lui est propre cache en réalité son besoin de le préserver de toute entrave, de le renouveler toujours et de ne jamais le voir se réduire à un devoir d'amour, au souvenir d'un engagement passé aujourd'hui désaffecté. L'amour est lien et dépendance réciproque, mais dans la liberté. Au contraire, la pure éthique de la promesse n'admet pas la liberté de changement. Ce qui a été promis une fois doit toujours garder sa valeur. Si l'on s'est un jour engagé à aimer, on doit aimer pour l'éternité. L'érotisme féminin, l'érotisme de l'amour n'accepte pas, lui non plus, la promesse comme force contraignante ; il tend, par conséquent, à se rebeller contre la mémoire sociale. L'érotisme féminin est, lui aussi, nouveauté, révélation et mystère.

Les choses dont on se souvient, celles qu'on a observées, voulues, désirées, sont sans surprise, mais le mystère constitue un possible illimité ; c'est un voyage au-delà des territoires connus, au-delà de toute mémoire. La quotidienneté est sociale : c'est une pensée étrangère qui s'impose à nous comme la nôtre propre, soit que nous l'ayons acceptée, soit qu'elle se produise comme la conséquence de ce que nous avons voulu. C'est notre propre aliénation qui nous est restituée sous forme de naturel.

---

1. C'est Salvatore Veca qui rappelle la solution de Saul Kripka au paradoxe de Wittgenstein : « Lorsque nous disons qu'un individu suit une règle, nous nous référons à cet individu comme à un membre d'une communauté et à l'intérieur d'une pratique », in *Ragioni e pratiche*, ouvrage en cours de publication.

En réalité, c'est un comportement étranger qui nous pénètre, qui nous envahit et qui nous entraîne à sa suite. L'érotisme a horreur de la quotidienneté sociale et tend à s'y soustraire en se rebellant. Il aspire à l'« ici et maintenant », même lorsqu'il est pensé en termes de continuité et d'éternité. La liberté, c'est le droit de vouloir l'éternité au présent immédiat.

Lorsque l'érotisme triomphe, comme dans l'amour fou, il défie la quotidienneté, refuse le passé, repousse les questions et se proclame au-delà du bien et du mal. Lorsqu'il manque de la force de l'amour, il recherche la solitude, il se dissimule, il dissimule pour se défendre une partie de lui-même. Il affectionne les lieux écartés comme la cellule du moine. Pourquoi les moines auraient-ils besoin en effet de cellules sinon pour se défendre contre les autres moines ? L'érotisme recherche surtout le silence, le secret, l'intimité et l'oubli. Le monde moderne a besoin de ce silence, de ces silences, de cet oubli, de ces oublis, de cette possibilité de fuite. Le monde moderne a besoin d'être absent pour être vivant. Mais quel est l'élément qui se met en retrait ? Comment nommer ce qui se dissimule dans l'érotisme ? C'est tout simplement notre besoin d'être autre chose et plus que ce que nous sommes, plus que le rôle qui nous a été assigné. Et cela ne concerne pas seulement le passé et les promesses car nous sommes aussi point d'aboutissement, spontanéité, ouverture, nouveauté, liberté, révélation. La quotidienneté est l'appel des hommes, mais nous désirons entendre aussi l'appel des dieux.

2. Qu'est-ce qui poussait autrefois un homme — ou une femme — nanti d'une épouse — ou d'un mari —, chargé d'enfants, à chercher une relation au-dehors, quand pareille démarche comportait de si grands risques ? L'adultère était un péché mortel et il était puni de mort. La syphilis et la blennorragie étaient des maladies terribles jusqu'à la découverte des sulfamides et des antibiotiques. De nos jours, la peur de la contamination revient avec le sida. Pourquoi, malgré des dangers aussi graves, les hommes et les femmes ont-ils néanmoins continué à désirer de nouvelles rencontres érotiques ? Qu'est-ce qui les a poussés, et qui les pousse encore, à courir de tels risques ?

Un profond malaise est peut-être à la racine de cette recherche, une insatisfaction sourde due à un mariage raté, ou encore une passion dévorante, mais, au fond, ce n'est pas l'amour fou ou héroïque qui nous engage à agir, pas plus que le désespoir ; c'est un motif plus futile, un plaisir plus léger, quelque chose, dirions-nous, d'insignifiant. C'est cette obstination irrationnelle, cette origine obscure, cette pulsion mystérieuse qui a fasciné Freud jusqu'à lui faire placer la sexualité au fondement de toutes choses. Cette force lui paraissait la plus difficile à discipliner, à canaliser, à dominer une fois pour toutes, et cela non pas parce qu'elle avait des motivations plus élevées, mais parce qu'elle n'avait pas de motivations. C'est son évanescence qui la rendait proprement indomptable.

Mais Freud avait tort. Chez les animaux, la sexualité est une force prévisible et quotidienne. Elle ne devient érotisme que chez les humains, et ce n'est que chez eux qu'elle se transforme en une puissance inquiétante qui va jusqu'à défier tous les risques. Ce n'est que chez eux qu'elle atteint à la démesure, alimentée par une inépuisable imagination. Chacun de nous veut mener une vie riche et intense. Chacun de nous veut vivre de grandes joies et de grands désirs. Chacun de nous veut faire de nouvelles rencontres, voir de nouveaux horizons : nous sommes toujours en attente de quelque chose d'exaltant et de merveilleux. Nous désirons désirer, toujours plus intensément, et satisfaire nos désirs les plus fous. Ce qui nous caractérise comme êtres humains, c'est notre tendance à la transcendance. Nos buts ne nous sont pas donnés comme aux animaux, mais ils se révèlent à nous. Connaître signifie connaître ses propres buts. La recherche de nos buts dans l'existence est au cœur même de notre nature.

La sexualité n'est pas la cause de notre nature inquiète. Elle n'est que le terrain sur lequel se manifeste cette inquiétude transcendante. Faisant irruption dans notre sexualité, le divin et le démoniaque la transforment en érotisme, car ils nous permettent d'atteindre au merveilleux, d'entrevoir l'extraordinaire, l'émotion vraie, le sublime ou, simplement, le différent, l'inconnu, l'aiguillon du défi.

3. L'inquiétude de l'érotisme est l'inquiétude de la connaissance. La vérité constitue le non-su, ce qu'on ignorait jusque-là, le non-dit, l'inhabituel, mais aussi ce qu'il y a en nous de plus personnel, ce qui nous distingue des autres, ce qui n'appartient qu'à nous. La vérité est chaque fois une découverte qui nous appartient en propre. La vérité est personnelle : c'est pourquoi nous ne pouvons accepter ce que disent les autres par faiblesse. On n'atteint pas à la vérité sans combat. Un moment survient où il nous fait nous opposer à ce qui vient d'être dit. Lorsque, à la lecture d'un texte, nous pensons : « C'est vrai. Tel auteur avait raison », la vérité ne nous apparaît que parce que nous l'avons redécouverte par nos propres moyens, parce que nous l'avons assimilée, reconnue. L'autre constitue l'évidence, le déjà dit, le déjà su, la répétition qui n'ajoute rien mais qui fait diversion. Et c'est surtout vrai dans le domaine des sentiments, de l'érotisme, de l'amour et de la volonté. Si la vérité est personnelle, la volonté doit reconnaître son but. Et son but est comme un parfum : on doit pouvoir le débusquer parmi de nombreux autres. Il est comme une couleur : on doit pouvoir la distinguer parmi les mille couleurs du monde.

4. Mais si la vérité et la volonté sont personnelles, et si la révélation consiste à reconnaître un parfum entre mille, l'érotisme le plus intense doit entretenir des liens très étroits avec l'individu. Nombreux sont ceux qui croient que le maximum d'intensité érotique est atteint dans la promiscuité de l'orgie. C'est une illusion. Bien sûr, la promiscuité réalise une part d'érotisme, mais une centaine de personnes sont moins réelles, moins vivantes, moins fortes par leur présence qu'un être en particulier.

Il y a, dans la vie de tout individu, de longues périodes de recherche émaillées de rencontres de hasard. Les films que nous voyons, les livres que nous lisons, sont autant de contacts érotiques, d'expériences multiples. Par ailleurs, d'autres phases se déroulent pendant lesquelles cette recherche de la multiplicité se rassemble et tend à la quête d'une unité qui ne peut se réaliser qu'à travers une seule personne, qui devient ainsi toutes les autres, à la fois leur synthèse et ce qui les transcende. Ce phénomène se produit au plus fort de sa puissance dans l'amour, car l'amour se nourrit de la multiplicité. Mais l'expérience de la multiplicité a, elle aussi, besoin de l'unité. La promiscuité ne pourrait receler d'érotisme s'il n'y avait eu, dans la vie de tel ou tel individu, une relation individuelle d'une extraordinaire intensité. Seule la relation individuelle permet l'identification des autres et les dévoile comme objets érotiques. Nous ne pouvons les voir ainsi que si nos yeux ont appris à regarder par la lorgnette de l'expérience, extraordinaire et exaltante, et que seul peut atteindre un individu particulier. Si une telle expérience nous manque, alors nous manque la capacité de saisir l'aspect individuel extraordinaire qui existe chez tout sujet. L'objet de notre intérêt érotique est l'individu et seulement lui. Ce qui nous attire dans la promiscuité, c'est encore le détail individuel, les yeux, les seins, les mains, le dos. Nous voulons toucher, voir, embrasser telle personne, puis telle autre, sans pour autant les confondre. Nous les désirons toutes les deux précisément en ce qu'elles sont différentes. Dans cet intérêt érotique diffus, ce sont les détails que nous saisissons, et ce sont précisément les détails de telle personne nouvelle, et qu'on ne saurait confondre avec une autre, que nous aimons. Chaque individu est différent et c'est cette différence que nous voulons capter. S'il n'y a pas cette révélation de la profondeur individuelle, les autres autour de nous restent des corps informes, amoncelés. Leurs yeux ne brillent pas, leur bouche ne sourit pas. L'ensemble se dissout dans une multiplicité indifférenciée.

5. L'érotisme comporte et comportera toujours une dialectique profonde entre pluralité et unité, entre promiscuité et unicité. L'unicité requiert la multiplicité, elle en a besoin pour s'enrichir. Si elle s'installe dans la répétition, dans l'habitude, le devoir, la discipline, c'est la mort de l'érotisme ; il se transforme alors en ennui et en dégoût. Sans la multiplicité, sans le possible, sans la séduction, sans l'excès, il ne saurait y avoir d'érotisme. C'est pourquoi les femmes désirent plaire à tous les hommes ; c'est pourquoi elles désirent être désirées par tous, pour pouvoir choisir l'élu. C'est pourquoi les hommes sont fascinés par la beauté qu'ils découvrent en chaque femme, c'est pour-

quoi ils voudraient avoir toutes les femmes du monde. Néanmoins, cette beauté ne leur est révélée qu'au fil du temps, dans l'approfondissement de la relation avec une personne singulière. La multiplicité sert d'aliment, de chair et de sang à l'érotisme. Et cela pour les deux sexes. Mais le triomphe de l'érotisme, son expansion souveraine, l'érotisation du monde, ne surviennent que lorsque cette multiplicité infinie se concentre sur une personne, comme les mille stimuli visuels dans le foyer de la rétine.

L'individu devient alors tout à la fois l'unité et la multiplicité. Soi-même et tout le reste. Toute chose s'y rassemble et en déborde. Tel est le miracle de l'amour érotique. L'amour érotique réduit l'univers entier à un seul être et le transcende. Et les détails qui forment l'ensemble d'un tel être nous émeuvent et nous exaltent. Tout, en l'être aimé, nous étonne : ce qu'il est et ce qu'il a été, un regard, un mot, le mouvement des lèvres, la courbe des sourcils, une moue pensive. Tout nous devient précieux, jusqu'à son absence, un lieu dans lequel il s'est peut-être arrêté. Toutes les qualités d'une personne, tous les détails de son corps, ses gestes, les mots qu'il peut dire, les attitudes qu'il peut prendre, les endroits où il peut se tenir, les souvenirs qu'il peut évoquer sont autant de visions infinies qui convergent soudain. L'amour est un éternel voyage dans cette infinité, d'émerveillement en émerveillement.

Ce sont tous les êtres du monde qui se concentrent en un seul. Tous les souvenirs, toutes les impressions, fussent-elles fugitives, de ce que nous avons pu désirer dans le passé. L'être aimé est la synthèse de toutes les rencontres, de toutes les stars, de toutes les photos, de tous les rêves, de tous les amants, de toutes les maîtresses, de tous les désirs, de toutes les femmes et de tous les hommes avec qui nous avons pu nous identifier et dont nous avons pu rêver. Le temps ne pourra jamais épuiser cette richesse. Et l'infini bien réel ne pourra jamais être comparable à cet infini des possibles.

Objets d'amour

18 L'érotisme féminin se confond avec l'amour, tant dans le projet de séduction individuelle que dans la participation aux mouvements collectifs drainés par une star ou un chef. Chez l'homme, au contraire, l'excitation érotique peut exister sans le besoin de l'engagement amoureux. Quel sens donner à ce phénomène ? Est-ce à dire que seule la femme est capable d'amour ? Que seule la femme tombe amoureuse et s'attache à l'homme sur le plan sexuel ? Que le rapport homme-femme n'est pas autre chose qu'un échange entre sexualité et amour ? Sûrement pas. Les hommes eux aussi savent aimer. Nous avons la certitude absolue que les hommes tombent amoureux et qu'ils sont alors capables de désirer la proximité, la tendresse, la continuité que nous avons décrites comme l'apanage de la femme. L'homme a aussi besoin d'amour et de stabilité affective. Chez lui, le désir sexuel parvient à se distinguer de l'amour à la seule condition d'avoir, dans d'autres sphères de sa vie, la plus grande sécurité affective. L'image de l'homme dur, froid, absorbé par son travail et surpuissant sexuellement est une pure chimère.

Mais devons-nous pour autant conclure que l'homme se comporte, parfois, comme les femmes se comportent toujours et dans tous les cas ? Suivant une telle interprétation, la femme serait capable d'un état amoureux permanent. L'homme, au contraire, ne pourrait vivre l'expérience de l'amour qu'occasionnellement. Pour suggestive qu'elle soit, cette thèse est insoutenable. L'expérience prouve que la femme tombe amoureuse de temps en temps seulement. Elle n'est pas continuellement dans un état amoureux et traverse même de longues périodes sans aimer [1]. Elle est capable de vivre avec un homme sans éprouver la passion qui la ferait vibrer. La différence entre l'érotisme féminin et l'érotisme masculin réside dans le fait que la femme n'éprouve de plaisir sexuel que si elle aime l'homme dans sa globalité et, surtout, si elle l'aime avec passion. Ce qui ne veut pas dire qu'elle rencontre nécessairement une telle passion. Par ailleurs, l'homme tombe amoureux lui aussi et cela pendant de longues périodes. Lorsqu'il est amoureux, son expérience est très semblable à celle de la femme amoureuse et ce n'est pas parce qu'il prend modèle sur elle ou qu'il imite sa capacité à aimer. L'amour a cette propriété de rendre les hommes et les femmes différents de ce qu'ils étaient avant son apparition, et plus semblables entre eux.

Pour sortir de cet enchevêtrement de questions sans réponse, il nous faut abandonner provisoirement l'érotisme au sens étroit du terme et nous poser un autre problème. Quels sont les mécanismes qui nous font nous lier de façon stable à une autre personne ? Qu'est-ce qui nous pousse à éprouver de l'affection, de l'amour, pour une autre personne et pour longtemps ? Si l'on pose la question en ces termes, on voit immédiatement que le fait de tomber amoureux n'est pas la seule voie qui conduise à l'amour. Si l'on s'en tient au sens des mots, on ne peut pas dire qu'on est amoureux de son père ou de sa mère. On souligne par cette expression l'aspect irrationnel de telle ou telle relation amoureuse mais il serait incorrect de l'utiliser pour l'amour que nous portons à nos parents. Nous les avons aimés lorsque nous étions bébé, puis enfant, puis adolescent, chaque fois différemment, et autrement que de cet amour douloureux et resplendissant que nous avons

---

1. « Parce qu'ils sont capables d'orgasmes hors de toute relation affective, les hommes parviennent à distinguer entre l'amour et la simple attirance physique. Les femmes, au contraire, sont plus enclines à interpréter leur excitation sexuelle comme un aspect de l'amour. », écrit Dorothy Tennov dans *Love and Limerence, op. cit.*, p. 222. Le même auteur affirme par ailleurs explicitement que l'expérience de l'amour est identique pour les deux sexes. Cf. le chapitre « *Sex Differences and Sex Roles* », dans le même ouvrage, pp. 214-240.

éprouvé, adultes, en tombant amoureux. Nous avons aimé nos frères et sœurs mais nous n'en sommes pas et n'en avons jamais été amoureux. Une mère n'est pas amoureuse de son enfant. Son amour était déjà là avant l'enfant, et il semble qu'elle attendait une voix qui lui dise : « Voilà ton enfant », pour le déverser sur lui. L'amour au contraire se fraye un chemin difficile dans notre esprit et dans notre cœur. Il apparaît et disparaît. Il est incertain. Il est obsédé par une seule question : « Est-ce que je l'aime ? Est-ce que j'en suis aimé ? »

Le sentiment de l'amitié lui aussi est différent de l'amour. Il se bâtit peu à peu, grâce à des *rencontres* au cours desquelles nous sentons que l'autre nous enrichit par son expérience, nous aide à devenir nous-même. L'ami nous donne confiance en nous sans que nous ayons besoin de vivre avec lui. Nous savons qu'il existe, qu'il est de notre côté, qu'il est prêt à nous venir en aide. Le temps et la distance ne font rien à l'affaire.

Pères, mères, frères, sœurs, amis, enfants, maris, épouses, amantes, maîtresses sont nos objets d'amour stables. En termes psychanalytiques, ce sont eux sur lesquels nous avons fait nos investissements affectifs importants. Mais les mécanismes qui président à ces investissements ne sont pas les mêmes.

Nous en présenterons trois dans les chapitres suivants.

Le premier est fondé sur la satisfaction de nos désirs et de nos besoins, sur le plaisir et le déplaisir que le rapport avec une autre personne suscite en nous. Si un être nous procure du plaisir, en particulier du plaisir érotique, nous avons tendance à rechercher sa présence. Le plaisir renforce notre lien avec lui et la frustration l'affaiblit. Ce mécanisme est à la base des réflexes conditionnés, de l'apprentissage ; il correspond à la loi de l'effet de Thorndike. Les psychologues behaviouristes et les utilitaristes expliquent tous les rapports affectifs grâce à ce phénomène.

Le deuxième mécanisme a été beaucoup moins analysé et il est probablement moins connu : l'importance de la personne ne nous apparaît que de temps en temps, surtout lorsque survient une menace externe, ou encore lorsque nous devons choisir entre les deux termes d'une alternative, en un mot, lorsque nous courons le risque d'une *perte*. Pour prendre un exemple simple et facile, nous ne nous apercevons de l'importance de la santé que lorsque nous sommes malades, de celle de notre ville et de nos amis que lorsque nous devons émigrer. C'est ainsi que nos objets d'amour les plus stables nous sont apparus et que nous les avons choisis, désirés et défendus lorsque nous étions menacés de les perdre.

Le dernier mécanisme, spécifique de l'amour, est au contraire l'*état naissant*, qui ne doit pas être confondu avec les deux premiers car sa structure est totalement différente. Ces mécanismes apparaissent chez les hommes comme chez les femmes. Il n'existe pas de modalité masculine et féminine de l'apprentissage, de la perte ou de l'amour. Néanmoins, ils sont diversement à l'œuvre dans les deux sexes, et nous verrons comment.

19 1. Nous commencerons par l'analyse du mécanisme fondé sur le plaisir. C'est le plus facile, le plus logique et le plus rationnel. Pour résumer, disons que, dans ce cas particulier, nous nous fixons sur ceux qui nous traitent bien et qui nous donnent du plaisir, mais que nous évitons et que nous allons jusqu'à haïr ceux qui nous traitent mal. Le rapport de l'enfant à la mère est de ce type, et cela avant même la naissance, car il reçoit nourriture et vie à travers le placenta ; et après la naissance, car c'est la mère qui déchiffre ses besoins et les satisfait. La psychanalyse a tendance à expliquer la fixation de la libido comme le produit de sa satisfaction. La satisfaction de nos besoins majeurs, les plaisirs les plus intenses nous lient à ceux qui nous les ont procurés. C'est ainsi que se produit la transformation de la libido narcissique en libido d'objet. Le moi est comme une amibe qui étend autour d'elle ses pseudopodes et qui se fixe où elle trouve nourriture et plaisir.

Freud considère que le plaisir sexuel est le plus intense des plaisirs ; il est par conséquent en situation de créer les liens les plus forts. Si quelqu'un nous donne un très grand plaisir sexuel, nous chercherons à le revoir. Chaque expérience positive, chaque orgasme, renforce le besoin de l'autre. Si l'expérience du plaisir renouvelé est bilatérale, un lien durable peut s'instaurer entre les deux partenaires, un lien susceptible de résister aux plus graves frustrations.

Il faut ajouter à cela le fait que l'être humain est un être de raison, et donc un être capable de chercher activement ceux qui peuvent lui procurer du plaisir s'il se comporte de façon adéquate avec eux. Si telle personne me procure du plaisir, je lui en serai reconnaissant et je chercherai à la rendre heureuse. Si cette personne m'intéresse, je ferai en sorte d'éviter toutes les situations désagréables en cherchant chaque fois à rendre la rencontre parfaite. Non seulement pour moi mais aussi pour l'autre, car je veux qu'il ou qu'elle me désire et veuille me revoir. C'est ainsi que deux personnes ayant des rapports agréables peuvent tisser un lien toujours plus fort.

Suivant un tel modèle, le rapport amoureux est perçu comme le développement du rapport érotique, la concrétisation de toutes les expériences positives antérieures, le résidu concret du plaisir éprouvé. Grâce à l'intelligence et à l'apprentissage, l'élaboration d'un amour réciproque est possible à travers l'érotisme et la satisfaction mutuelle. L'art érotique se met au service de l'art d'aimer et il s'en fait l'instrument.

Le lecteur reconnaîtra ici sans peine le plus petit dénominateur commun de la psychothérapie contemporaine qui se propose d'améliorer nos relations affectives. Il y reconnaîtra, en outre, les données de base de l'école américaine en ce qui concerne le « comment faire », car elle est précisément tirée de la vulgarisation et de la popularisation de la psychothérapie. Le sujet est invité à appliquer seul les règles d'or découvertes par les psychologues. Toutes ces règles se réduisent pour finir à une seule : atteindre le plaisir réciproque et donc un amour durable.

Malgré sa logique et le crédit universel dont elle jouit, cette théorie de l'amour est fausse. Elle n'explique rien. Si l'on pousse à l'extrême son application, on aboutit à une situation absurde. Elle amène par exemple à penser que les gens les plus intelligents et les plus cultivés devraient avoir une vie amoureuse plus heureuse que celle des gens plus frustes. Il n'y a au contraire aucun rapport entre culture et sérénité amoureuse, entre connaissance psychologique et stabilité du couple. Il n'existe pas davantage de rapport entre le niveau d'instruction et la capacité à aimer. Ce n'est pas seulement dans les milieux défavorisés que les familles éclatent, que les couples divorcent et que les rapports entre les sexes sont difficiles. Ce qui tend à prouver que les règles et autres recettes psychologiques n'ont aucun pouvoir sur les situations, mais font elles-mêmes partie de ces situations.

2. Revenons à l'affirmation de Freud selon laquelle le plaisir érotique est le plus grand des plaisirs. C'est vrai, en effet. Voyons maintenant une seconde affirmation : celui qui trouve chez un autre un grand plaisir érotique cherchera à le rencontrer à nouveau. Chaque expérience positive, chaque moment de bonheur, renforcera encore le rapport. Cette fois, cela n'est pas vrai. L'individu peut finir par se lasser, qu'il soit homme ou femme ; quoique le phénomène soit infiniment plus fréquent chez l'homme. La vie quotidienne, l'érotisation du temps, à laquelle la femme est si sensible, exercent souvent un effet déprimant sur l'érotisme masculin. Ses rencontres érotiques ont pu être agréables, heureuses, elles se sont même renforcées un moment, mais elles ont fini par sombrer dans l'accoutumance.

Il faut aussi garder présent à l'esprit que l'homme dissocie la valeur érotique d'une femme de sa valeur globale. Un homme est capable de désirer désespérément une femme, d'adorer son corps, sans pouvoir envisager pour autant de vivre avec elle, alors qu'il vit avec une autre qui n'est pas à son goût. Il peut même éprouver une attirance très forte pour une femme en qui il n'a aucune confiance et dont il a parfois honte. Dans le livre de Philip Roth [1], le personnage principal est attiré par une très belle femme qu'il méprise néanmoins. Elle est la sensualité même ; son corps est extraordinaire, tous les hommes la regardent et tous la désirent ; chacun la lui envie. Mais elle est trop bête, habillée de façon trop vulgaire, et elle est trop provocante. Elle lui est pourtant toute dévouée, elle l'aime alors qu'il ne peut éprouver aucun sentiment pour elle.

Un homme peut avoir une aventure pleinement satisfaisante sur le plan érotique mais qui prendra fin au premier obstacle, par indifférence. Lorsque les deux personnes disent ne se comprendre qu'au lit, il y a tout lieu de penser qu'elles n'ont pas grand-chose en commun et

---

1. Philip Roth, *Portnoy et son complexe*, Paris, Gallimard, 1970.

que leur rapport est menacé de rupture à brève échéance. Cet angle de vue éclaire de façon magistrale la différence entre l'amour (masculin) et l'amitié. Comme l'érotisme, l'amitié se construit au fil de rencontres : sa structure est, elle aussi, *granulaire*. La rencontre, en amitié, est toujours révélation, découverte d'une part de soi-même et du monde à travers l'autre. Chacune laisse comme un sédiment de sympathie, de confiance, d'affection, et nous avons chaque fois l'impression d'avoir à peine quitté notre ami et de reprendre une conversation ininterrompue. Chaque segment de temps s'ajoute à tous ceux qui ont précédé et notre amitié se renforce au fil des rencontres ; nos liens deviennent plus solides et notre confiance plus sûre [1]. Un tel miracle ne se produit pas dans l'érotisme (masculin). Chaque nouvelle rencontre n'est pas vécue comme la poursuite de la précédente mais comme quelque chose de totalement nouveau, comme une nouvelle expérience, une nouvelle épreuve. Car chaque fois, la rencontre érotique peut bien ou mal se passer, elle est toujours soumise à jugement.

Or, en amitié, nous ne jugeons pas l'autre. Si quelque chose s'est mal passé au cours d'une rencontre, ou s'il y a eu incompréhension, nous n'en tenons pas compte, nous l'effaçons. Il y aura une prochaine fois. L'amitié ne veut pas juger, elle est patiente. Son intensité n'est pas le produit de la somme algébrique du jugement de toutes les rencontres qui ont eu lieu. Elle est la somme des rencontres positives. Dans l'érotisme masculin, au contraire, les rencontres sont jugées en elles-mêmes, séparément, sans qu'il soit besoin d'avoir recours au passé. Si l'amour s'en mêle, tout se passe comme dans l'amitié : les déceptions ne comptent pas. Mais s'il n'est pas question d'amour, si l'amour est supposé naître des rencontres érotiques, alors tout est toujours en question car aucune déception ne saurait suffire pour engendrer l'irritation et le dégoût quand il faut rompre. En amitié, le bonheur passé est pris en compte. Ce n'est pas le cas dans l'érotisme (masculin).

1. Francesco Alberoni, *L'Amitié*, Paris, Ramsay, 1985.

3. N'y a-t-il donc aucune possibilité pour qu'une relation durable naisse d'une relation érotique heureuse pour un homme ? La possibilité existe, mais elle dépend de la réalisation d'un type d'expérience particulier. Un homme ne s'attachera à une femme que dans la mesure où il aura la preuve que l'érotisme entre eux grandit. Le chien réagit toujours au même stimulus, à la même nourriture, mais ce n'est pas le cas pour l'homme. Il arrive qu'à un certain point, un stimulus toujours identique produise l'accoutumance. Chez l'homme, tous les stimuli fonctionnent comme des stimuli conditionnés ; ils ont besoin d'être renforcés. Le plaisir présent ne saurait être la répétition du plaisir passé. La répétition du passé n'engendre que l'ennui. La vie a horreur de la répétition.

Le lien amoureux n'est pas possible sans un avenir. L'avenir le plus simple, celui qui est susceptible d'être expérimenté directement au présent, c'est le *plus*. *Plus* qu'hier, *plus* qu'il y a une heure. Le *plus* est le signe de ce qui se trouve devant nous, du mouvement, de la croissance. Avec le *plus*, la rencontre nous révèle que quelque chose d'inattendu et de meilleur est advenu. L'expérience vitale a trouvé un sens. Elle va d'un « moins » à un « mieux », elle grandit, elle s'enrichit, elle nous enrichit. Si cette différence positive disparaît, même dans l'érotisme masculin, si l'attente du mieux s'évanouit en même temps que toute possibilité d'avenir, le lien érotique disparaît lui aussi du présent, il glisse dans le « j'ai aimé », au titre de chose morte.

Les hommes n'ont donc d'autre solution que d'avoir recours aux fantasmes érotiques. Ils imaginent qu'ils font l'amour avec une autre femme, une femme de leur passé, et dont ils ont retenu un geste, un mot, une vision. À moins qu'ils n'imaginent leur propre femme faisant l'amour avec un homme de leur passé, avec lequel ils peuvent s'identifier. La dernière étape de cette sorte de prothèse érotique est le film pornographique, dans lequel l'homme cherche l'excitation à travers les actes d'un autre.

4. La femme, au contraire, n'a pas besoin de plusieurs rencontres érotiques agréables pour s'apercevoir que tel homme ne lui plaît plus. Pour elle, chaque nouvelle ren-

contre est liée au passé. Elle tient compte de son expérience antérieure. Si la relation se poursuit, c'est parce que chaque nouvelle rencontre est parvenue à s'intégrer aux rencontres passées, parce qu'elle a été une étape de son développement harmonieux. L'homme conçoit l'expérience sexuelle comme un plongeon en eau profonde. Si la femme se donne, il a l'impression qu'elle aussi a « plongé » et qu'elle s'est donnée tout entière. Mais les choses ne se passent pas ainsi. La femme ne se livre pas sexuellement en une seule fois. Son abandon est progressif. D'abord, elle observe l'homme de loin. Au premier regard, elle éprouve des sensations négatives ou positives. Elle ne se laisse approcher que lorsque l'inconnu lui fait bonne impression, si son odeur lui convient, s'il l'intéresse. Mais ce n'est là que la première étape. La rencontre sexuelle est pour elle l'occasion de ne livrer qu'une petite part d'elle-même, la part la plus externe. L'accès aux couches les plus intimes se fait toujours par paliers.

Si nous nous sommes servi, pour l'homme, de l'image du plongeon, pour la femme, nous devons employer celle de la maison. La femme est dedans et l'homme dehors. Il s'approche et, en observant sa manœuvre, ses gestes, sa façon de frapper à la porte, la femme éprouve des impressions et des sensations ; elle porte des jugements sur lui à partir desquels elle décidera de lui ouvrir ou non. Une fois la porte ouverte, il lui faudra encore faire antichambre. Elle doit observer ses gestes quand il se débarrasse de son manteau, de sa sacoche, regarder ses mains, ses cheveux, respirer son odeur. Autant de sensations physiques qui sont aussi des jugements de valeur. Ce n'est que si l'homme passe avec succès ces premières épreuves, s'il se montre à la hauteur de cet examen, que la femme consentira à lui ouvrir la porte d'une chambre plus personnelle, plus intime. Elle s'ouvrira un peu *plus*. L'observation se poursuivra dans cette nouvelle pièce, en même temps qu'une évaluation attentive : qui est-il ? Que peut-il donner ? Quel couple formeront-ils et que feront-ils ensemble ? Le rapport de la femme avec l'homme est constitué d'une série d'impressions, d'émotions, d'évaluations et d'ouvertures en conséquence. Ce pas à pas est le même chez la femme amoureuse.

158

Wilhelm Stekel [1] a déjà largement montré comment la femme qui ne se sent pas estimée, appréciée et aimée, se ferme sur elle-même et devient frigide. Des recherches plus récentes sont venues confirmer le phénomène. Pour s'abandonner, pour s'ouvrir, pour libérer son érotisme profond, la femme a besoin de se sentir en confiance [2]. Dans *L'Amant de Lady Chatterley*, la première fois que l'héroïne fait l'amour avec le garde-chasse, tout se passe comme dans un rêve, et elle n'éprouve rien. Lui est heureux et prend son plaisir. Ce n'est que lorsqu'ils se revoient qu'elle commence à s'ouvrir : « Tout au fond d'elle, elle sentait s'élever une nouvelle vibration, émerger une nouvelle nudité. Et elle avait un peu peur. Elle souhaitait presque qu'il ne la caressât pas ainsi... Et pourtant elle attendait, elle attendait... Elle désirait garder cette distance... Cette poussée des fesses était, sans aucun doute, un peu ridicule. Si l'on est femme, et si l'on participe à toute cette histoire, cette poussée des fesses de l'homme est suprêmement ridicule [3]. »

Et ce n'est que lentement, rencontre après rencontre, qu'elle parvient elle aussi au plaisir, à la fusion amoureuse avec l'homme qu'elle apprécie désormais, et avec qui elle a envie de vivre. Ce qui, pour lui, n'est que rencontre érotique discontinue est, pour la femme, une série d'étapes au cours desquelles l'homme doit franchir des seuils et faire ses preuves. Chez l'homme, le *plus* est quelque chose qui se manifeste, dans la rencontre érotique, comme la stupeur de trouver ce à quoi il ne s'attendait pas. Mais, pour la femme, ce *plus* n'est que celui qu'elle a accordé d'elle-même. Il est une nouvelle porte ouverte sur son intériorité, son intimité. Ce qui pour lui est surprise est pour elle un choix, une décision. Le *plus* qu'il croit déceler aujourd'hui, dans cette rencontre précise, est le produit d'un jugement que la femme a rendu la fois précédente et qui s'est transformé en un accueil plus chaleureux de sa part.

Lorsque l'homme s'aperçoit que la rencontre érotique

1. Wilhelm Stekel, *La Femme frigide*, Paris, Gallimard, 1973.
2. Lilian B. Rubin, *Des étrangers intimes, op. cit.*
3. D.H. Lawrence, *L'Amant de Lady Chatterley*, Paris, Albin Michel, 1967, p. 142.

n'est pas réussie, c'est presque toujours parce que la femme s'est refermée. Elle a éprouvé une incertitude, une hésitation, elle a eu l'impression — juste ou erronée — que l'homme était sans égard, grossier, ou encore égoïste, stupide, arrogant. Aussi s'est-elle fermée, pour réfléchir, pour analyser, pour comprendre, par peur ou par désintérêt. L'homme peut difficilement percer à jour et suivre ce processus affectif de la femme, mais il sent au contraire immédiatement la chute de la tension érotique. Souvent, après deux ou trois de ces expériences décevantes, il laisse tomber. Il n'a pas obtenu le *plus* qu'il attendait. Mais, si nous réfléchissons bien, il s'est passé la même chose pour la femme, et par anticipation, comme si, au lieu de le laisser entrer plus avant, elle l'avait laissé dans l'antichambre une fois, deux fois, trois fois. Car elle ne se sentait pas prête, car elle ne le sentait pas prêt, pas à la hauteur, pas digne... C'est elle qui lui a refusé son admission au *plus*, et c'est pourquoi il ne l'a pas éprouvé au cours de la rencontre. Homme et femme sont, sur ce point, très différents, mais la structure de leur expérience est complémentaire. Le *plus* que recherche l'homme chaque fois, et sans lequel la relation ne peut se renforcer, n'est souvent qu'une étape dans son ouverture progressive, la révélation d'elle-même, une phase de son érotisme.

5. Cette loi vaut également quand, de la façon la plus inattendue, à l'improviste, deux êtres s'aperçoivent — surpris — qu'ils sont attirés l'un par l'autre et qu'ils se désirent. Leurs mains se touchent, leurs genoux se frôlent. Parfois, l'intensité d'un regard échangé suffit pour comprendre et faire comprendre. Il est toutefois important que, dans ce cas, il n'y ait pas la moindre intention de séduction *a priori*. S'il y a projet, volonté de séduire, effort de la part de l'un des deux, un processus de manipulation et des intentions sournoises risquent à leur tour d'apparaître. Je ne veux parler ici que de la découverte de la vanité des défenses contre l'amour, de l'apparition d'une entente réelle, de la naissance spontanée et authentique d'une complicité. Et il faut que surgisse un obstacle extérieur pour empêcher que cette connivence ne se transforme sur-le-champ en un passage à l'acte irrépressible. La tension

doit rester élevée car le cœur et l'esprit sont comme dilatés, ouverts pour accueillir un phénomène extraordinaire. L'obstacle peut être interne ou externe, une timidité, une hésitation, un retard dans la compréhension des signes. Il permet le suspens de toutes choses entre le possible et le présent, dans l'attente d'une vibration, d'un *frisson*. C'est ainsi que l'alchimie parlait de l'attraction entre les éléments, de l'état d'excitation d'un élément par un autre, susceptible d'entraîner la réaction de l'autre.

C'est l'instant miraculeux de la révélation du désir réciproque, où toutes les étiquettes sont inutiles, de même que les rituels, les excuses (nul n'a besoin de s'excuser d'exister, d'être, de parler, de désirer). C'est tout le système social qui sépare les sexes qui est renversé ; ce sont deux désirs qui se manifestent l'un à l'autre, en dehors des interdits et de l'opacité des choses. Ils créent autour d'eux une zone libérée qui les isole des autres, les rend complices et les place dans le même camp. À cet instant, la femme partage l'immoralité de l'érotisme masculin car son désir se situe hors du temps et de la continuité. Elle désire cet homme et rien d'autre. Non pas pour demain ou dans l'avenir, mais pour l'instant présent, dans l'immédiat, et rien d'autre ne lui importe. Le temps de la rencontre est donc lui aussi séparé, coupé de la trame quotidienne ; il est un fragment du temps, une *bulle de temps*. Ensuite il sera englouti, mais ne pourra jamais être détruit.

Le trait spécifique de ce type d'expérience est la haute teneur de son énergie interne, une énergie qui lui permet de rster dans la mémoire et d'activer le processus de l'action. Mais, pour parfait qu'il soit, ce moment demeure incomplet, car il n'est qu'un aperçu, jamais un but véritablement atteint. Même si les deux êtres en présence ont la possibilité de s'isoler, même s'ils ont un rapport sexuel, le désir profond chez l'un et l'autre est de vivre une nouvelle rencontre. Ils peuvent se revoir et engager une relation érotique ou, dans certains cas, une relation amoureuse. Mais il se peut aussi qu'il n'y ait pas d'autres rencontres ou que, la fois suivante, le frisson ne se produise pas. La situation complexe où entrent en jeu désirs et obstacles — avec ses émotions, ses attentes, ses révélations — ne se répète jamais exactement, et si un seul des éléments vient à manquer, c'est tout l'ensemble qui est différent. Celui ou celle qui nous paraissait fascinant nous semble aujourd'hui banal et gauche. Nous-même, nous ne sommes plus celui que nous étions, nous avons perdu notre belle assurance. Notre esprit s'est laissé pénétrer par d'autres pensées. Nous en savons trop et pas assez. Notre désir a eu le temps de s'élaborer à moins que nous n'ayons fixé des limites trop rigides. Le *plus* n'est pas apparu.

6. Pour les deux sexes, le lien amoureux naît pareillement d'un érotisme constitué de révélations, de dévoilements, de découvertes, d'activations de potentialités latentes, en sommeil, inutilisées. L'homme le voit surgir comme un émerveillement. L'érotisme masculin en proclame la beauté, il affirme que l'expérience est extraordinaire et il clame son plaisir. Il loue, il exalte l'autre en même temps que lui-même. L'érotisme féminin, lui, est fait de valeurs, d'attentes, de préparations, de jugements, de lentes approches, de connaissances, d'ouvertures, de découvertes.

Le *plus* appartient à cette dimension de l'expérience et nous révèle le lien profond de l'érotisme avec la connaissance de l'autre et de soi.

Le *plus* est un savoir sur nous-même et sur l'autre, un savoir inconnu et soudain dévoilé, une *gnose*. Chaque nouvelle rencontre avec la même personne est un pas sur la voie de la connaissance, un approfondissement de nous-même, de notre nature, de ce que nous sommes et de ce que nous pouvons être. Il ne s'agit pas d'une révélation qui se donne d'un bloc dès la première fois, mais d'un parcours épiphanique au sens littéral du terme[1]. La deuxième rencontre produit une nouvelle émotion, un nouvel émerveillement. Et la troisième, et la quatrième, et la centième. Seule la connaissance possède cette possibilité de grandir continuellement, sans jamais se répéter ni s'épuiser.

1. Rosa Giannetta Trevico, *Tempo mitico e tempo quotidiano*, IULM, *pro manuscripto*, 1985.

20 1. Le deuxième mécanisme susceptible de créer des liens solides est celui de la *perte* [1]. Le premier était fondé sur des rencontres érotiques nombreuses où se révélait en même temps quelque chose de nous-même et de l'autre, et, dans un *frémissement*, ce que nous avons appelé le *plus*.

Le deuxième mécanisme, au contraire, ne naît pas d'une expérience érotique et n'est pas, en lui-même, érotique. Il intervient dans le champ érotique car il est un facteur fondamental dans l'édification et dans le choix de nos objets d'amour.

Souvent nous désirons des choses contradictoires, nous ne savons pas exactement ce que nous voulons. Nous ne savons pas ce qui nous intéresse vraiment, ce qui a de la valeur à nos yeux, ce qui est essentiel. Il y a un abîme entre le désir et la nécessité. Entre le besoin de quelque chose et la capacité à vivre sans cette chose. Mais il nous arrive aussi de comprendre, d'être contraints à comprendre, que telle personne nous est essentielle, que, sans elle, tout le reste du monde perd sa valeur. Essentiel en effet est ce qui donne, à nos yeux, sa valeur au reste du monde. Essentiel est notre but ultime, à quoi tout doit être subordonné et se transformer en moyens.

Il nous est impossible de connaître nos buts ultimes, les objets de notre désir et de notre amour, en faisant simplement la somme algébrique du plaisir et du déplaisir

---

1. J'ai exposé le mécanisme de la perte dans le cadre de la théorie générale des mouvements et des institutions, dans mon livre : *Le ragioni del bene e del male*, Milan, Garzanti, 1981.

qu'ils nous procurent et qu'ils nous ont procuré. Un tel bilan peut nous servir soit à justifier à nos propres yeux notre attachement à une personne, soit notre décision de rompre avec elle. La somme algébrique des plaisirs et des souffrances nous informe sur ce qui est mieux et ce qui est moins bien pour nous, par comparaison, mais notre but ultime est absolu. Il ne nous apparaît pas comme écart mais comme différence abyssale. Il n'est pas non plus le produit de la réflexion intellectuelle. Il se révèle à nous brutalement, à l'improviste. Prenons un exemple : nous sommes en promenade en montagne et nous nous apercevons soudain qu'un de nos enfants s'est égaré. Où est-il allé ? Que lui est-il arrivé ? L'enfant devient soudain la chose la plus importante du monde. Tout le reste se subordonne aux recherches que l'on entreprend aussitôt pour le retrouver. L'enfant qui, jusque-là, existait à côté des choses et avec elles, acquiert un statut ontologique supérieur ; le monde qui, jusque-là, servait de toile de fond à nos actions, le monde qui était une donnée évidente à nos yeux, n'est plus que le lieu où se cache l'enfant, un espace inconnu où conduire les recherches. Mais dans quelle direction ? Ce monde est devenu menaçant, présent et terrible dans sa réalité. Nos recherches ont un caractère désespéré car nous devons arracher l'enfant au pouvoir de la négativité. Et elles sont désespérées aussi parce que, dès lors, notre vie est un simple moyen pour atteindre l'objet de nos recherches devenu, quant à lui, plus important que nous-même.

Ce qui apparaît en situation de perte était en réalité déjà là, préexistant. Nous découvrons soudain que l'enfant occupait une place essentielle dans notre vie, que nous l'aimions par-dessus tout. Nous avons la révélation d'un sentiment d'une importance considérable mais qui n'était pas conscient. Nous avons la révélation de ce que nous aurions dû savoir et que nous avions oublié.

Faisons encore un effort d'imagination. Prenons l'exemple d'une femme qui attend un enfant. Elle l'attend, elle le désire quoiqu'il ne soit pas encore né. Il pourrait ne pas naître, ne pas exister. S'il naît, c'est parce qu'elle l'a voulu, parce qu'elle l'a arraché aux forces négatives. Avant la naissance de son enfant, une mère l'a déjà sauvé des milliers de fois du néant, par le seul fait de son désir. Après la naissance, le processus se renouvelle : le soir, lorsqu'elle le regarde en craignant de le voir cesser de respirer, ou lorsqu'il a de la fièvre, lorsqu'il est malade, lorsqu'il pleure. Là encore, la mère lutte contre les puissances négatives en faisant de son enfant le but ultime de sa vie, un objet d'amour total et éternel. En d'autres termes, ce qui est reconnu comme objet d'amour en situation de perte s'est constitué grâce au processus même de la perte. Nous aimons durablement ce que nous avons soustrait à la perte en le prenant comme but ultime de notre vie.

Ce mécanisme est très important quoique, en général, non reconnu. La psychologie behaviouriste ne croit qu'au renforcement provoqué par le plaisir-déplaisir. La psychanalyse se méfie du mécanisme de la perte où elle voit un état pathologique. L'angoisse de la perte n'est pas, pour nous, un phénomène pathologique : elle est au contraire la réaction vitale d'un organisme intelligent ; elle est le mode grâce auquel nous nous donnons des buts ultimes qui nous permettent, à leur tour, de savoir ce qui compte vraiment pour nous. Ce qui devient pour nous objet d'amour durable est ce que nous avons voulu des milliers de fois désespérément ; ce n'est pas seulement le produit de la capacité d'un tel objet à nous donner du plaisir mais celui de notre volonté et de notre passion.

2. Tout en gardant ce concept à l'esprit, revenons aux formes féminine et masculine de l'érotisme. D'un côté, désir de continuité, de proximité, d'intimité, besoin de se sentir continuellement recherchée, aimée, désirée, plaisir de se tenir embrassés, de vivre, de respirer ensemble. De l'autre côté, le discontinu qui a besoin d'intervalles temporels et de diversité, qui préfère s'imaginer invaincu par l'amour, libre de dénouer des liens à peine formés. Que se passe-t-il si une personne du premier type rencontre une personne du second ? La première vivra la rupture, le détachement, comme une perte ou une menace de perte. Le fait qu'elle soit ou non amoureuse est sans importance : la forme spécifique de son désir suffit. Après la longue étreinte sensuelle, après l'envol de l'extase, l'autre se lève et s'en va. Cela suffit pour provoquer un sentiment de

perte et donc pour que se pose la question dois-je ou non le retenir ? Mérite-t-il ou non que je le retienne ? Mais il n'y a aucun élément pour décider. La femme est libre de faire ce qu'elle veut, néanmoins, si elle décide de retenir l'homme, elle devra, ne serait-ce qu'un instant, le considérer comme un être absolument désirable.

L'amour n'a rien à voir à l'affaire : le type de lien formé grâce au mécanisme de la perte est beaucoup plus faible. Les femmes le savent toutes par intuition. Le mécanisme de la perte (réaction de jalousie, provocation à la jalousie, etc.) étant à la base de leur vie érotique, elles ont tendance à se méfier de l'efficacité du procédé qu'elles connaissent bien. Mais la plupart du temps, elles parviennent difficilement à s'y soustraire. Lorsqu'une femme veut avoir un homme, elle est toujours disposée à risquer le coup et à subir l'alternative : ou il m'aime, ou il ne m'aime pas ; ou c'est moi ou c'est l'autre. En provoquant elle-même la crise qui fera apparaître la perte, elle se met dans la situation de désirer désespérément l'homme, et elle le regarde comme si c'était la dernière fois. Son amour se nourrit précisément de la gravité du choix qu'elle s'oblige à faire et de son caractère irréversible. Mais, surtout, elle déclenche chez l'homme un processus identique : devant la terrible menace de la perte, il découvre la valeur de ce qui le fuit et il sent refluer en lui un amour qu'il croyait bel et bien mort. Il n'a plus qu'à se jeter dans les bras de la femme pour se croire amoureux et décider de continuer à vivre avec elle. Or c'est faux. Le mari fatigué de son mariage et qui rêve de liberté ou d'une maîtresse connaît bien cette situation. Il rêve que sa femme l'abandonne ; il ne la supporte plus ; pourtant, le jour où elle décide véritablement de le quitter, il s'aperçoit soudain que c'est elle qu'il aime, et elle seule : et qu'il en est « encore amoureux ».

Le mécanisme de la perte fonctionne aussi spontanément lorsque l'un quitte l'autre pour de bon. L'exemple le plus caractéristique est celui de l'épouse qui découvre qu'elle aime son mari au moment précis où celui-ci lui apprend qu'il est amoureux d'une autre femme. Du coup, il redevient l'être le plus important à ses yeux, le centre de sa vie, et elle se bat désespérément pour ne pas le perdre.

C'est ce mécanisme qui, souvent, garde deux époux liés toute une vie, sans que l'amour y soit pour rien.

Ce ciment affectif est souvent confondu avec l'habitude. En réalité, pour l'espèce humaine, l'habitude ou, si l'on veut, le conditionnement, n'est pas une force qui lie deux êtres. Au-delà du conditionnement, il y a en effet la peur de la perte, et l'effort constant pour retenir l'objet qui, ainsi, se transforme en objet de désir. Le mécanisme de la perte est à la base de nombreux divorces suivis de remariages. À l'idée de perdre celui ou celle qu'on aime, on a l'impression d'être follement amoureux ; il arrive qu'on rompe avec son passé, qu'on divorce pour épouser celle dont on est « tombé amoureux ». L'homme comme la femme peuvent connaître cette situation, mais elle est illusoire. Il ne s'agit pas véritablement d'amour. Après quelques mois de vie commune, les deux « amoureux » découvrent avec horreur qu'ils n'ont rien à se dire. La fusion amoureuse n'existe pas et n'a jamais eu lieu. Ensemble, ils sont forcés de constater chaque jour un peu plus qu'ils sont étrangers l'un à l'autre.

3. Contrairement à une opinion couramment répandue, la peur de la perte n'est pas la révélation d'un sentiment préexistant ; elle fait plutôt surgir un sentiment nouveau. Son apparition peut être inattendue et subite au point de faire croire à un véritable amour. Comme dans l'amour, on voit les choses d'un œil neuf. On reconnaît avec certitude ce qui a de la valeur sans plus le confondre avec ce qui n'en a pas. Mais, à un examen plus attentif, on voit que dans la perte, l'investissement libidinal s'élabore peu à peu, par crises successives, grâce à une série d'actes d'appropriation. La femme découvre que l'homme ne l'intéresse que s'il s'éloigne d'elle, s'il en regarde une autre, si elle doit l'attendre parce qu'il est en retard. Le désir se fraie une voie sous forme de jalousie, mais la morsure de la jalousie ne disparaît pas sans laisser de traces.

Les hommes aussi sont jaloux, quoiqu'ils préfèrent croire le contraire. Mais ils n'en éprouvent pas le besoin dans leurs fantasmes érotiques. Au contraire, les fantasmes érotiques féminins font presque toujours une part à la jalousie. La rivale séduisante et sans préjugés qui vient menacer l'héroïne fait son apparition dès les premières pages du roman sentimental. De même, le rapport entre les deux personnages féminins est le plus souvent de jalousie réciproque. La jalousie joue un rôle dominant dans la stratégie de séduction en jeu dans ce type de représentations. Comme sa rivale, l'héroïne l'utilise vis-à-vis de l'homme désiré. Lui-même la fait jouer entre les deux femmes. La jalousie est un dispositif essentiel du désir.

Le mécanisme de l'abandon fait aussi partie de l'arsenal de ce type de littérature. L'héroïne joue parfois l'abandon consciemment, pour « rendre l'autre jaloux », mais, le plus souvent, elle cède à une impulsion, dans un geste de colère, au cours d'une crise où les idées sont confuses et les mots inutiles. La rupture lui paraît définitive et irréparable mais, au fond, c'est elle qui paradoxalement aura le pouvoir de fixer le désir. C'est la voie qu'a choisie l'amour pour se démasquer, de crise en crise, avec des retrouvailles et des séparations toujours plus intenses, jusqu'à l'apothéose qui balaie tous les doutes et fait triompher la certitude de l'amour et la continuité.

On pourrait croire, à première vue, que ce sont là les vicissitudes typiques de l'amour. En réalité, dans le roman sentimental, la révélation de l'amour brutale et imprévue n'existe pas, pas plus que le coup de foudre réciproque. Les deux héros ne sont pas entraînés, à leur corps défendant, dans une passion folle où ils se dévoreraient des yeux et où ils n'auraient de cesse d'être enfin réunis. Ils ne commettent aucune folie. Ils ne se jettent pas au volant de leur voiture en pleine nuit pour être au matin à la porte de l'aimé(e). Ils ne se saoulent pas, ils ne crient pas, ils ne pleurent pas. Ils n'écrivent pas de poèmes ; ils ne parlent pas le langage du mythe ; ils ne désirent pas voir le temps s'arrêter et l'instant devenir éternel. Ce que font, au contraire, les amoureux dans la vraie vie. La révélation de l'amour est un éclair qui fait céder d'un coup notre volonté et qui nous remplit le cœur d'une joie infinie. Même s'il ignore tout de son avenir, l'amour est heureux et il ne renoncerait pour rien au monde à cet état de grâce extraordinaire. Même s'il pleure, même s'il ne sait plus qui il est, ni où il est.

21 1. La simple absence ne procure pas de jalousie[1]. Et même, pour les deux sexes, l'avant-goût
de la rencontre est très important. Non pas l'incertitude ou le doute mais l'avant-goût de ce qui va adve-
nir. Ce type d'excitation est dû à l'imagination et l'on peut
se demander si cette phase, après tout, n'est pas plus
agréable que la rencontre elle-même. La vie érotique peut
être constituée, en grande partie, de fantasmes agréables :
avant la rencontre, pendant la rencontre — plusieurs jours,
plusieurs semaines, plusieurs mois — et, dans certains cas,
après la rencontre, le soir, le lendemain matin, lorsqu'on
la revit avec le même plaisir. Aucune autre expérience ne
se prête ainsi à l'« avant-goût ». C'est surtout après, en
effet, que l'on *goûte* le succès personnel et le triomphe.
L'attente, dans ces deux derniers cas, ne saurait atteindre
le degré de certitude que l'on éprouve dans la rencontre
érotique. L'érotisme, au contraire, est apprécié avec une
égale intensité avant, pendant et après.

L'homme peut se trouver, à cette phase, dans un état
d'excitation fantasmatique qui ne prend fin qu'avec
l'orgasme. Pour la femme, la rencontre érotique tend à
s'inclure au contraire dans une tension continue dont
l'attente n'est qu'une étape. Le moment érotique est, dans
ce cas, inséparable de sa préparation et de ce qui suivra.
C'est l'avant-goût qui explique le plaisir de l'attente et de
la préparation. J'ai déjà fait allusion plusieurs fois à
l'attente des femmes qui serait la conséquence de leur

---

1. Sur ce point, cf. Gordon Clanton, Lynn G. Smith, *Jealousy*, New
York, Prentice Hall, Engle Wood Cliffs, 1977.

situation d'infériorité et qui les contraindrait à attendre leur mari, leur amant infidèle, celui qui a fixé l'heure du rendez-vous quand ça l'arrangeait. De son côté, la femme se prépare, choisit ses vêtements, son maquillage, et sa préparation est considérablement plus longue que celle de l'homme. Cette longue préparation s'avère parfois inutile car l'homme ne comprend pas, d'où un sentiment de frustration, de désappointement de la part de la femme. Mais, lorsqu'elle se sent désirée, lorsqu'elle imagine que lui aussi l'attend, fébrile, c'est avec émotion qu'elle se prépare, et dans l'excitation. La préparation est un acte érotique qui fait partie de la rencontre érotique, et la femme sait en goûter le plaisir.

2. Si celui ou celle que nous aimons nous quitte, émigre ou meurt, nous éprouvons douloureusement son absence, nous ne pouvons l'oublier, nous sommes désespérés, nous versons des larmes, mais il ne s'agit pas pour autant de jalousie. La jalousie ne survient qu'avec la présence d'une troisième personne, et si celui ou celle que nous aimons marque une préférence, même momentanée, pour cette troisième personne.

L'amour érotique est toujours une élection, un choix qui nous individualise, qui nous distingue de la masse anonyme. Le même processus a lieu chez les animaux au moment des amours. Dans la prostitution même, et bien que la prostituée appartienne virtuellement à tous les hommes, le client a l'impression qu'elle ne se donne qu'à lui. Le besoin d'être préféré, choisi, de retenir l'attention, ne serait-ce qu'un instant, n'est pas caractéristique de l'amour érotique. C'est ce que nous demandons à notre médecin, à notre avocat, à l'employé derrière le guichet à la banque ou à la poste, à notre masseur comme à notre professeur de gymnastique. Dans l'amour érotique, nous exigeons, en outre, que cet intérêt ne soit pas professionnel, qu'il ne soit pas produit par le devoir, mais qu'il naisse d'une décision personnelle et libre, qu'il ne tienne compte d'aucune obligation sociale vis-à-vis de nous.

Le besoin d'être préféré est au fond de chaque être humain, peut-être même au fond de tout être vivant. Il suffit, pour s'en convaincre, d'observer la jalousie des enfants et des animaux. L'enfant accepte mal de voir sa mère dorloter ses frères et sœurs. Il éprouve le besoin, à son tour, d'être câliné, traité comme « s'il était fils unique », comme s'il comptait plus que tout au monde. Chaque enfant, dans le secret de son cœur, croit ou espère être l'enfant préféré. La mère, de son côté, aime chacun de ses enfants totalement et singulièrement ; chacun est important à ses yeux. Elle aime en chacun une entité individuelle, spécifique, unique. Mais il n'y a pas de symétrie dans son amour ; elle a besoin de tous ses enfants alors que chacun d'eux a besoin d'elle seule. La jalousie enfantine se donne comme de l'agressivité qui voudrait chasser ou faire disparaître les frères et sœurs ; on observe un processus semblable chez les animaux qui défendent leur territoire. Nous disons communément que l'enfant est « jaloux », il faut toutefois préciser que cette jalousie ne s'adresse pas à l'objet d'amour mais bien à son rival. L'enfant est jaloux de ses frères et sœurs, de son père. Il n'est pas jaloux de sa mère.

La jalousie fait son apparition dans la vie en termes de compétition avec un autre individu, en vue d'obtenir l'amour exclusif d'une troisième personne, que cet amour soit à conquérir, ou qu'il soit à préserver pour soi seul. Telle est la situation de perte. L'objet d'amour nous est retiré par une puissance menaçante qui n'a rien d'anonyme et d'impersonnel, au contraire. Par ailleurs, on ne saurait obtenir l'amour ou l'intérêt d'une personne pour soi-même sans son consentement. Le rival ne constitue donc une menace que si la personne aimée lui accorde quelque attention. La menace provient donc à la fois de la troisième personne, de l'extérieur, et de celui ou celle que nous aimons. La jalousie nous fait craindre de voir l'autre préféré à nous et nous devons défendre notre objet d'amour contre une puissance négative, car il est complice de cette puissance ; il est lui-même cette puissance dès l'instant où il choisit le camp de l'autre, dès l'instant où il nous repousse, où il se soustrait à notre amour. C'est ainsi que, dans la jalousie, l'agressivité se retourne contre la personne aimée, et c'est ainsi que nous disons être jaloux de ceux que nous aimons.

La jalousie envers un rival (à savoir l'agressivité contre

lui) est une forme simple, primaire, de jalousie. La jalousie de la personne aimée apparaît plus tard, lorsque nous voulons être aimé librement, préféré librement. Elle se transforme alors en ambivalence. La souffrance de la jalousie est la souffrance typique de l'ambivalence.

3. L'amour réciproque et profond laisse peu de place à la jalousie car il laisse peu de place à l'ambivalence. L'amour est fondé dans ce cas sur une sorte de scission de l'expérience : d'un côté, ce qui existe, les choses telles qu'elles sont, banales et mesquines, de l'autre, notre amour, solaire, parfait. La jalousie ne saurait s'insinuer dans cette perfection [1]. Si jamais elle survient, elle est un cauchemar car elle nous renvoie à un désert quotidien et sans espoir.

Lorsque nous sommes amoureux, nous sommes enclins à penser que l'autre nous tend notre amour car c'est dans sa nature. Même s'il nous dit « non », nous continuons à croire que, s'il nous connaissait vraiment, s'il s'abandonnait, il ne pourrait faire moins que de nous aimer. S'il se tourne vers un autre que nous, s'il nous affirme qu'il ne nous aime pas, c'est qu'il se trompe lui-même et, sans le savoir, se condamne au malheur. Nous éprouvons un besoin continu de reconnaissance afin de nous estimer nous-même. Et, surtout, nous avons absolument besoin de la reconnaissance de celui ou de celle que nous aimons, de celui ou de celle qui a une valeur à nos yeux. La jalousie est une dévaluation de soi. Dans l'amour, même si nous avons besoin de l'autre, nous sommes néanmoins convaincus de son affinité avec nous. C'est pourquoi nous sommes désespérés mais non pas détruits moralement s'il nous refuse. Nous avons la certitude qu'il commet une erreur, qu'il ne sait pas ce qu'il fait ; en nous quittant, il se condamne lui-même et court à sa perte.

1. Les recherches empiriques dans ce domaine ne sont pas convaincantes car elles identifient l'amour à l'amour romantique et à la dépendance. Ellen Berscheid et Jack Frei ont toutefois découvert que « ceux qui vivent vraiment une période d'amour paraissent éprouver un puissant sentiment de dépendance sans nécessairement souffrir d'insécurité ». Cf. « L'amour romantique et la jalousie sexuelle », *in* Gordon Clanton et Lynn G. Smith, *op. cit.*

La jalousie n'apparaît pas dans l'amour que lorsque cette certitude vient à être ébranlée. C'est-à-dire lorsque nous perdons confiance et ne comprenons plus ni l'autre ni nous-même, lorsque nous sommes précipités des contrées dorées de l'amour solaire dans l'enfer de la contingence, régi par d'autres lois et sans aucune justice.

Dans *Lolita* de Nabokov[1], le personnage principal aime désespérément Lolita d'un amour sans espoir car elle est une enfant ; elle adore les bandes dessinées, le cinéma et les garçons. Dans son amour désespéré et follement jaloux, il craint de se la voir enlever par le premier venu. Et c'est ce qui finit par arriver : l'auteur du rapt est un dramaturge d'Hollywood, un homme célèbre et qui mène une vie dissolue, entouré d'un harem. Notre héros continue néanmoins à penser que Lolita a été trompée et qu'elle ne savait pas ce qu'elle faisait. En tuant son rival, il croit accomplir un acte de justice, et ce sont les raisons de l'amour authentique qu'il veut affirmer contre l'engouement aveugle dont les stars sont l'objet.

4. La jalousie est souvent confondue avec l'envie, quoique la structure de l'envie soit très différente. C'est René Girard qui a peut-être le mieux compris ce phénomène[2]. Il note que l'être humain opère par mimétisme, à savoir qu'il se met à la place de l'autre et désire ce que désire l'autre. D'après lui, les enfants apprennent ce qui est désirable par le biais de l'identification à leurs parents et aux enfants de leur âge. Le désir ne survient qu'avec l'apparition d'une personne qui désire elle-même quelque chose. Prenons l'exemple d'un des personnages de Mark Twain : Tom Sawyer. Il est occupé à peindre une palissade. Un de ses camarades vient à passer et cherche à le distraire. Tom réagit en feignant d'être très intéressé par son travail et, immédiatement, l'autre veut s'y mettre à son tour. Tom le lui permet moyennant finance. Et l'un après l'autre, tous les garçons du village viennent lui donner quelques pièces pour pouvoir peindre eux aussi.

1. Vladimir Nabokov, *Lolita*, Paris, Gallimard, 1973.
2. René Girard, *Mensonge romantique et vérité romanesque*, Paris, Grasset, 1962 ; *La Violence et le Sacré*, Paris, Grasset et Fasquelle, 1972.

Appliquant ce mécanisme à la situation érotique, Girard explique le complexe d'Œdipe : le petit garçon s'identifie au père ; il ne veut sa mère pour lui que pour autant que c'est aussi le désir de son père. Point n'est besoin de frustration pour expliquer le conflit. Le père le plus doux et le plus généreux produit un double de lui-même en la personne de son fils, qui veut tout ce qu'il veut, et qui est appelé par force à s'opposer à lui. L'*envie mimétique* est d'autant plus forte que l'identification est solide. Girard analyse la jalousie comme une forme de l'envie. Nous sommes jaloux de la personne que nous aimons car, pour l'aimer, nous avons besoin qu'elle soit désirée et possédée par un autre. Ce n'est que parce que nous envions l'autre que notre désir s'éveille. Nous devons donc lutter contre notre rival et tenter de l'éliminer. Et s'il vient à disparaître, ou si son désir s'évanouit, le nôtre fait de même car il n'était que le reflet du sien.

Les mécanismes de l'*envie mimétique* n'ont pas l'importance que leur accorde Girard mais ils jouent néanmoins un rôle considérable dans les rapports érotiques. Ils ne sauraient expliquer l'amour mais éclairent bien des fixations érotiques dans des situations où la rivalité joue à plein. Ils expliquent par exemple ce qui nous pousse à nous attacher et à désirer follement celui ou celle qui nous quitte pour un autre. Dans ce cas, ce n'est pas seulement l'envie qui active notre désir, mais aussi l'identification à l'autre, le désir de l'autre qui parle en nous.

5. Le mécanisme du mimétisme ne fait pas toujours surgir la jalousie ; il arrive même qu'il la fasse disparaître. Certains hommes trouvent une excitation à la seule idée que la femme qu'ils aiment soit possédée par un autre. Dans *Un amour*[1] de Dino Buzzati, le héros tombe amoureux d'une prostituée et la désire d'autant plus qu'elle est désirée par d'autres hommes. À la fin, lorsqu'elle attend un enfant de lui et qu'elle consent à vivre avec lui, son amour s'évanouit.

Nombreux sont ceux qui pratiquent l'échangisme, non

---

1. Dino Buzzati, *Un amour*, Paris, Laffont, 1964.

pas pour avoir des expériences avec d'autres femmes mais parce qu'ils sont excités par la vision de leur épouse faisant l'amour avec un autre homme [1]. Les fantasmes dans lesquels l'homme s'identifie à un autre ne sont pas rares y compris pendant l'acte sexuel ; ce peut être un ancien amant de sa femme comme une simple connaissance. Il imagine qu'il les regarde faire l'amour et, insensiblement, il se met à la place de l'autre. Le fantasme fonctionne, qu'il s'agisse d'une femme qu'il aime ou qui lui soit indifférente.

On peut supposer que la jalousie apparaît dans le cas où la substitution est impossible : c'est-à-dire quand, dans la réalité, le rival s'impose sans qu'on parvienne à l'évincer.

De tels comportements et de tels fantasmes sont plus fréquents chez les hommes que chez les femmes. C'est sans doute parce que le rapport sexuel est, pour eux, moins chargé de signification amoureuse. La femme n'est pas excitée par la vision fantasmatique de son amant en train de faire l'amour avec une autre, car elle accorde à la sexualité un intérêt amoureux qui déclenche aussitôt l'alarme de la jalousie. Si celui que j'aime a besoin de ce fantasme pour faire l'amour avec moi, c'est qu'il l'aime, elle et non pas moi, pense-t-elle ; c'est qu'il la veut, elle et non pas moi. L'échangisme se produit le plus souvent sur la proposition de l'homme [2]. Les femmes résistent avant de l'accepter. Elles n'éprouvent en général aucun plaisir à voir leur mari ou leur amant faire l'amour avec une autre femme, même si celui-ci ne les en désire que plus intensément.

6. Un certain érotisme peut se nourrir de la jalousie. Imaginer celui ou celle qu'on aime entre les bras d'un autre ou d'une autre fait souffrir, mais accroît le désir en même temps que le plaisir. Il existe aussi des cas où le sujet vit quotidiennement avec sa jalousie : il est jaloux, il en

1. Renata Pisu, *Maschio è brutto*, Milan, Bompiani, 1976.
2. Cf. Brian G. Gilmartin, *in* Gordon Clanton, Lynn G. Smith, *Jealousy, op. cit.*

souffre, mais il parvient à supporter sa souffrance ; il se plaint et lutte de toutes ses forces, mais son intérêt pour l'objet de son amour demeure. Enfin, il existe des personnes qui ne supportent en aucune façon la jalousie et qui, lorsqu'elles viennent à l'éprouver, décident, sur-le-champ et sans espoir de retour, de quitter celui ou celle qui les fait souffrir.

Ceux qu'on a coutume de désigner comme les jaloux n'appartiennent jamais à ce dernier type (qui est, en apparence, celui de la jalousie même) ; ils appartiennent, au contraire, au second type dans lequel ceux qui souffrent s'abandonnent à la jalousie, luttent contre elle, se désespèrent mais, quoi qu'il arrive, la supportent. Ces derniers, au contraire, passent pour n'être pas jaloux puisqu'ils rompent immédiatement tout rapport susceptible de faire surgir en eux un tel sentiment. S'ils rencontrent une autre personne, ils évalueront tout d'abord, et avec le plus grand soin, si on peut lui faire confiance ; ils se fonderont pour cela sur le récit de sa vie, sur les détails de son comportement, y compris les plus insignifiants ; ils confronteront les versions d'un même fait données à deux moments différents. Leur évaluation sera souvent définitive ; emmagasinée dans leur inconscient, elle réapparaîtra sous la forme d'une certitude absolue lorsqu'une crise se produira. Ils couperont alors sans regret toute relation, car, en réalité, ils n'auront jamais cru à sa possibilité. S'il leur arrive de tomber amoureux au premier coup d'œil, ils sont jaloux dès le début, jusqu'à ce que leur jugement soit rendu ; après quoi ils interrompent le rapport ou le poursuivent en confiance, sans l'ombre d'une jalousie, car ils savent qu'ils n'ont rien à craindre de l'autre.

7. Chez la femme, la jalousie est liée au désir de l'homme. Tant qu'elle sent que le désir de l'homme est vif et exclusif, elle n'éprouve aucune jalousie : tout au plus peut-elle nourrir des soupçons. Elle peut même aller jusqu'à penser que l'homme pourrait avoir une aventure sans importance. Lorsque, au contraire, à cause d'un geste, de la qualité d'une étreinte ou de l'ardeur d'un rapport sexuel, elle a l'intuition que le désir de l'homme a changé, alors elle commence, en silence, à être jalouse.

Au fond d'elle-même, la femme imagine que le désir de l'homme reste constant et inchangé. Si elle sent que ce désir tombe, instinctivement, elle en déduit qu'il s'est tourné vers un autre objet, et qu'une autre femme est entrée en scène.

Dans l'imaginaire féminin, le désir de l'homme est pareil à une corde tendue sur laquelle elle s'avance avec lui. Que la corde vienne à se détendre, ne serait-ce qu'un instant, elle se sent en danger et se laisse envahir par la panique. Elle réagit d'instinct : elle recommence à se faire belle, elle redevient aimante et séductrice. Si le danger augmente, si l'homme s'éloigne, sa jalousie — qui n'est autre que la terreur de tomber avec lui dans l'abîme — devient une véritable force, une énergie terrible grâce à laquelle elle engage une lutte sauvage. Elle est prête à tout ; elle déchaîne son érotisme, sans frein ni pudeur ; elle renonce à toute dignité. La corde doit rester tendue, même si elle se réduit à un fil.

Puis, au-delà d'un certain seuil, des mécanismes plus profonds se mettent en branle, destructeurs et auto-destructeurs : le désir de se venger, jusqu'à épuisement, jusqu'au renoncement. Alors, en silence, elle fait marche arrière pour se mettre en sécurité et, lentement, elle laisse glisser la corde dans l'abîme.

22 1. Pour comprendre ce qu'est l'homme, il faut se souvenir des processus créatifs. Arthur Koestler[1] explique comment, lorsque apparaît un problème dans notre vie, nous cherchons à le régler grâce à un code qui a déjà permis de résoudre des problèmes identiques dans le passé ; si la situation est trop complexe et qu'on ne puisse la dénouer par des moyens traditionnels, la tension du désir frustré augmente ; la pensée s'emballe, comme une souris prise au piège ; on se lance dans des raisonnements hasardeux et l'on n'est pas loin du pur désespoir, jusqu'à ce qu'une idée neuve surgisse, imprévisible, intuitive, et qui fournisse un rapport avec un nouveau corps de raisonnement : les deux codes se fondent alors en un seul. « L'acte créatif mêle, combine, synthétise des faits et des idées, des capacités et des techniques déjà existantes. »

L'amour est, pareillement, un phénomène interne à l'individu ; c'est un changement de statut. L'objet aimé peut n'y être pour rien, il peut même tout en ignorer. La réciprocité amoureuse n'est pas de mise au début d'une relation, et elle n'est même pas tenue d'exister par la suite. Nous pouvons obstinément rester amoureux de quelqu'un qui ne nous a jamais jeté le moindre regard.

L'amour est la solution individuelle d'un problème vital insoluble. L'amour est la réponse créatrice individuelle quand toute autre solution, habituelle ou traditionnelle, a échoué. Il faut se méfier de ceux qui suivent un ordre

1. Arthur Koestler, *The Act of Creation*, Londres, Hutchinson and Co, 1984.

trop rigoureux dans leur vie : on commence par se disputer, puis on divorce et enfin, tout de suite après, on tombe amoureux à nouveau. Cette démarche est un véritable schéma social, une règle. L'amour, au contraire, est un acte de création fait pour subvertir toutes les règles. Il trouve une solution là où on s'y attend le moins. L'amour est toujours inattendu ; il nous est littéralement révélé, tout comme la solution à un problème insoluble et obsédant[1].

Mais de quel problème l'amour est-il la solution ? On peut le définir ainsi : dès l'enfance, les êtres humains ont besoin d'objets d'amour, et d'objets d'amour absolus. La mère, Dieu, la patrie en font office. En chacun de nous existe une tendance à se fondre dans une entité qui nous transcende. La psychanalyse affirme que cette entité n'est autre que le souvenir de l'expérience de la vie dans le liquide amniotique. La religion prétend que c'est le désir de Dieu. La biologie que c'est la force de l'évolution. Peu importe. Ce qui compte, c'est cette tendance à transcender la réalité pour rechercher le paradis, la terre promise, Dieu ou la béatitude.

Les objets d'amour, eux, sont au contraire limités, et il n'est pas rare de les voir devenir des facteurs d'oppression et de frustration. Ils risquent même d'être d'autant plus décevants qu'ils sont importants pour nous. Il est évident que ce qui ne nous intéresse que modérément nous fait aussi moins de mal. Si, en revanche, quelque chose ou quelqu'un nous est essentiel, le moindre geste d'indifférence à notre égard nous causera la plus vive blessure. D'où l'*ambivalence*. Nous finissons inévitablement par éprouver des sentiments agressifs envers la personne que nous aimons le plus au monde. L'ambivalence signifie la confusion et le désordre. Nous tentons de la réduire en idéalisant nos objets d'amour, en prenant sur nous la responsabilité des choses ou en la rejetant sur des raisons extérieures. Tel mari se sentira coupable si sa femme est triste. Telle femme cherchera à se justifier en prétextant la fatigue, le travail, les soucis, la mauvaise humeur de son mari.

1. Cf. Francesco Alberoni, *Le Choc amoureux*, Paris, Pocket, n° 4081, et Dorothy Tennov, *Love and Limerence, op. cit.*

psychanalyse nomme tous les mécanismes par lesquels nous prenons sur nous la culpabilité de ce qui ne va pas dans nos relations amoureuses, des mécanismes *dépressifs*. Tous ceux par lesquels nous nous en déchargeons sur des causes extérieures sont dits *persécutifs*.

Nos objets d'amour (mari, épouse, amant, maîtresse, enfant, parti, Église, tout objet auquel nous nous identifions et que nous aimons) sont toujours une construction idéale, le produit d'une élaboration. Ils sont en rapport avec nos mythes personnels, continuellement reconstruits, réaménagés, dans le but de réduire les tensions et d'abaisser le niveau de l'ambivalence. Mais il arrive aussi que ce travail continuel de réparation, d'ajustement, de compromis avec la réalité et de révisions idéales, échoue. En effet, nous changeons au fil de notre vie, et ce qui nous convenait naguère ne nous suffit plus aujourd'hui. Les nouvelles expériences font naître de nouveaux besoins. Lorsque nous avons atteint un but, tous les désirs auxquels nous avions renoncé font retour et sont réactivés. Il faut ajouter que, dans un monde en perpétuel changement, ceux que nous aimons changent eux aussi, ils sont différents de ce qu'ils étaient, ils éprouvent de nouveaux désirs. C'est pourquoi les relations de couple se détériorent et c'est ainsi qu'on rompt avec ses amis, qu'on divorce et qu'on se dispute avec ses enfants. On peut bien sûr s'obstiner et faire comme si rien n'avait changé, alors que le monde autour de nous crie le contraire : on continue à jouer un rôle dans une pièce où l'on ne distingue plus le vrai du faux et où l'on ne sait même plus ce que l'on veut.

Telle est la situation de désordre, d'*entropie*, qui met en échec les mécanismes dépressifs et les mécanismes persécutifs, et qui nous empêche d'idéaliser nos objets d'amour. Le problème est insoluble par les moyens traditionnels. Il y a *surcharge* et un sentiment de désespoir et d'échec s'installe. Les pulsions vitales ne savent plus où se diriger, elles errent au hasard, en quête de nouvelles voies. Le sujet a la sensation d'un énorme potentiel vital gâché. Il se figure que seuls les autres sont heureux. Il les voit rire, s'amuser, et les envie. Tout se passe comme si ses désirs profonds ne pouvaient plus se révéler directement à lui, il ne peut les repérer que chez les autres. Dans le désert et le désordre de son ambivalence, il perçoit, dans le monde autour de lui, des désirs et des passions folles, des bonheurs qui lui sont interdits. Les adolescents connaissent bien cette situation dans laquelle ils se sentent pleins de vie, mais incapables de donner à cette vie ses objets et ses buts.

La seule solution au problème est une redéfinition de soi-même et du monde. Ce peut être une conversion dans le domaine religieux. Nous prenons soudain conscience que tout ce qui nous faisait souffrir ne valait rien, que la vie que nous menions n'était pas celle que nous voulions et, dans notre nouvelle secte, dans notre nouvelle Église, tout s'arrange et devient plus simple. La même chose peut se produire dans la conversion politique, et nous découvrons, là encore, les choses essentielles auxquelles tout le reste se subordonne. Et ce peut être enfin l'amour : cette fois, notre but ultime est un homme ou une femme ; et c'est à travers lui ou elle que nous entrevoyons tout ce que nous pouvons désirer, la perfection même. Le moment où le vieux monde d'ambivalence et de désordre perd de sa valeur et où apparaît la nouvelle solution constitue *l'état naissant*.

2. Nous proposerons trois figures pour illustrer l'état naissant. La première représente le champ psychique dans des conditions d'équilibre. S y est le sujet. Les signes + indiquent les charges positives (d'amour) dont il est investi et les signes − les charges négatives, c'est-à-dire l'agressivité. Il y a également un important objet d'amour A positif et, de l'autre côté, un objet persécutif B saturé d'investissement agressif. Telle est la situation d'équilibre dans laquelle nous continuons à garder l'estime de nous-même, tout en considérant nos objets d'amour comme des objets parfaits et en jugeant odieux nos ennemis.

Voyons ensuite la seconde figure qui représente la situation de désordre, ou entropie. Deux flèches y indiquent le mécanisme par lequel l'agressivité tournée contre l'objet d'amour se retourne contre nous-même en se transformant en sentiment de culpabilité. L'autre mécanisme, qui correspond à la flèche projection, renvoie l'agressivité sur l'objet persécutif. Les deux mécanismes ne parviennent

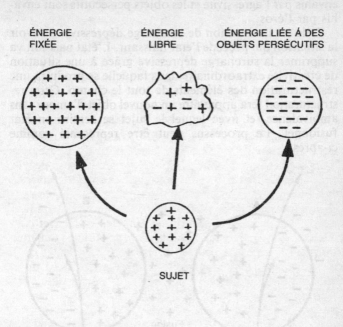

ÉNERGIE
FIXÉE

ÉNERGIE
LIBRE

ÉNERGIE LIÉE Á DES
OBJETS PERSÉCUTIFS

SUJET

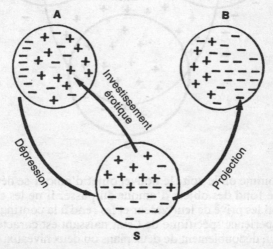

A

B

Investissement
érotique

Dépression

Projection

S

plus à contrôler l'ambivalence. Les objets d'amour sont envahis par l'agressivité et les objets persécutifs sont envahis par l'éros.

Telle est la situation de surcharge dépressive, à savoir la situation qui précède l'état naissant. L'état naissant va supprimer la surcharge dépressive grâce à une situation de créativité extraordinaire dans laquelle se produira une restructuration des éléments de tout le champ. Cette restructuration fera apparaître un nouvel objet d'amour sans ambivalence, et avec lequel le sujet se sentira en état fusionnel. Le processus peut être représenté comme ci-après.

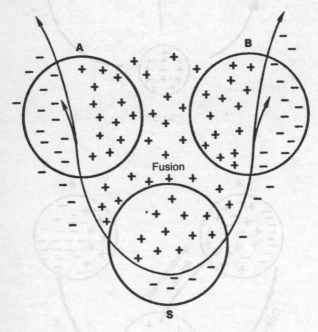

Comme on le voit, le nouvel objet d'amour se détache sur le fond des objets d'amour du passé. Il ne les efface pas, il les prive de leur valeur et les rend à la contingence. L'expérience spécifique de l'état naissant est caractérisée par un dédoublement de deux plans ou deux niveaux. Celui de la réalité, du devoir être, du plaisir, de l'amour et de la fusion, et celui d'une existence malheureuse, contradictoire, appauvrie, où règne la division.

3. Nous avons décrit jusque-là l'état naissant, comme un phénomène qui survient chez un seul individu, et les trois figures ci-dessus représentent le champ psychique de celui qui tombe amoureux. L'autre, la personne aimée, l'objet d'amour, est aimé indépendamment de son désir, de sa réponse à cet amour. Nous pouvons à présent vérifier l'abîme qui sépare le processus de l'amour de ceux décrits précédemment, et surtout le premier.

Comment se fait-il, dans ces conditions, que la personne aimée nous aime en retour ? Il faut qu'un processus analogue à celui que nous venons de décrire se développe chez l'autre et que les deux sujets se reconnaissent. *L'amour réciproque est la reconnaissance de deux personnes qui entrent en état naissant* et qui restructurent leur champ propre à partir de l'autre. L'autre doit donc se trouver dans une condition équivalente de surcharge, d'entropie, et doit pouvoir entrer en situation d'état naissant. Le plus souvent, le processus d'état naissant se déclenche chez un des deux sujets et entraîne la même démarche chez le second en rompant l'équilibre instable qui était le sien jusque-là. L'état naissant possède une énorme capacité à se communiquer à autrui. Il équivaut à une puissance de séduction colossale qui investit son objet et l'entraîne avec lui. « Amour qui ne consent à nul aimé de ne pas réaimer [1] », écrit Dante.

L'amour réciproque n'est donc pas la reconnaissance de deux personnes qui se trouveraient dans un état normal, avec leurs qualités bien définies, mais la reconnaissance réciproque de deux personnes se trouvant dans un état extraordinaire, l'état naissant, qui leur fait entrevoir la fin de la séparation du sujet et de l'objet, l'extase absolue, la perfection. Ils constituent l'un pour l'autre, d'une part des êtres de chair et de sang avec un nom, un prénom,

---

1. Traduction de Jacqueline Risset, *Dante écrivain*, Paris, Le Seuil, 1982.

des besoins et des faiblesses ; de l'autre, des puissances transcendantes qui canalisent la vie tout entière. Pour la même raison, ils sont tout à la fois très proches et très lointains, confondus et séparés, car l'amour existe en chacun d'eux indépendamment de l'existence empirique de l'autre. Chacun a eu sa propre révélation. Chacun a la prétention de savoir mieux que l'autre de quoi son essence se constitue. Lou Andreas Salomé parle de cette indifférence paradoxale des amants qui restent, chacun l'un pour l'autre, un mystère [1]. C'est qu'ils sont, à cet état naissant, des êtres réels et transcendants à la fois, entre existence et devenir, des fragments de la puissance créatrice de la vie.

4. Même s'il se forme une puissante pulsion à la fusion entre deux individus, l'amour n'est pas pure fusion. Les personnalités concrètes de chacun ne disparaissent pas, comme nous l'avons vu plus haut. En outre, les deux amoureux ne se connaissent pas, ils ne savent même pas s'ils sont véritablement amoureux et, surtout, chacun ignore si l'autre l'aime. Or l'amour a besoin de certitude et de réciprocité. Il est un processus dans lequel chacun est contraint de changer tout en résistant au changement. Il ne faut pas confondre l'amour avec l'idylle comme moment d'harmonie, de paix, que l'on peut certes retrouver dans l'amour, mais qui ne dure jamais très longtemps. C'est la même raison qui fait que l'amour n'est pas un état d'extase durable ou permanent. Il est aussi recherche, doute, tourments. Je n'exposerai pas, dans ce livre, le détail du passage de l'état naissant d'un amour qui commence à l'amour stable entre deux personnes qui ont appris à se connaître, à se respecter et à vivre ensemble : en d'autres termes, le passage à l'institution. Je renvoie le lecteur à l'un de mes précédents ouvrages : *Le Choc amoureux*. Je me contenterai de le mettre en garde contre

---

1. Lou Andreas Salomé, « L'Érotisme », in *Éros*, Paris, Éditions de Minuit, 1984. À propos de ce caractère inconnaissable de la personne aimée, cf. aussi Roland Barthes, *Fragments d'un discours amoureux*, Paris, Le Seuil, 1977, et Alain Finkielkraut, *La Sagesse de l'amour*, Paris, Gallimard, 1984.

l'identification de l'amour au mythe romantique [1] développé par la culture américaine contemporaine. L'amour romantique est décrit comme un état constant de bonheur sans conflits, une sorte de fusion mystico-amoureuse monogamique. La culture de masse, et en particulier le cinéma d'Hollywood, a comblé les fantasmes féminins grâce au mythe de la fusion totale et constante avec l'être aimé. La femme est à la recherche d'un rythme érotique continu et diffus mais, dans la réalité, elle résiste considérablement à devenir telle que l'homme voudrait qu'elle soit. En amour, la femme aussi lutte pour affirmer ses désirs, ses fantasmes, et les espoirs qu'elle a nourris tout au long de sa vie, et il n'y a aucune raison pour qu'ils coïncident avec ceux de l'homme qu'elle aime. Ils peuvent aller jusqu'à s'y opposer mortellement, une fois franchi ce que j'ai appelé ailleurs le point de non-retour [2]. Il faut souligner que l'image d'une femme qui aime totalement, d'un amour inconditionnel, d'une femme qui est tout éros, tout entière captée par l'amour, n'est pas autre chose qu'un mythe.

---

1. La littérature psychologique sur l'amour romantique est abondante. Cf. entre autres Rubin Isaas Michael, *The Social Psychology of Romantic Love*, University Microfilm International, Ann Arbor, Michigan, USA, pour une mise à jour jusqu'à 1969. Récemment, quelques féministes ont violemment attaqué l'état amoureux précisément comme réaction à l'idéalisation qui en avait été faite. Cf. par exemple, Penelope Russianoff, *Who do I Think I am Nothing Without a Man ?*, New York, Bantam Book, 1982. Sonya Friedman, *Men are Just Desserts*, New York, Warmer Book, 1983.
2. Francesco Alberoni, *Le Choc amoureux, op. cit.*

23 1. Comment distinguons-nous entre un véritable amour et un engouement ? Comment nous apercevons-nous que notre désir n'est pas dû à la peur de perdre ? Quelles sont enfin les caractéristiques de l'érotisme de l'amour au regard des autres formes d'érotismes déjà décrites ? Nous avons vu, au chapitre précédent, comment l'amour intervient pour résoudre une situation bloquée : celle de la *surcharge dépressive*. Cette appellation risque de susciter quelque ambiguïté. Le mot « dépressive » donne l'idée de la tristesse ou de la dépression, mais il ne s'agit en aucun cas de cela. Cette expression signifie que les mécanismes dépressifs ne fonctionnent plus, qu'ils sont, précisément, en surcharge. L'amour naît d'une formidable pulsion vitale qui ne parvient pas à se réaliser dans une situation donnée et qui refuse la dépression. Il la refuse quand le sujet lui-même a changé alors que le milieu autour de lui est resté le même. Ses potentialités vitales tendent à se rebeller. Consciemment, il cherche à conserver ses anciens rapports, ces vieux objets d'amour, il s'attribue la responsabilité du malaise qu'il éprouve et qu'il suscite chez les autres, jusqu'à ce qu'il trouve une solution globale. L'amour est une de ces solutions.

Il est plus facile de tomber amoureux dans une période positive de succès, car plusieurs routes s'ouvrent à nous, mais cela peut nous arriver aussi lorsque nous sentons en nous une énergie créatrice que les autres sont incapables de reconnaître, ou encore lorsque nous émigrons à l'étranger. Dans ce cas, il nous suffit de tomber amoureux d'une personne de notre pays d'adoption pour nous intégrer plus facilement et pour nous détacher de notre passé. Mais cet acte n'est pas toujours conscient. Nul ne saurait tomber amoureux sous l'effet de sa simple volonté. Le processus reste en général inconscient. Lorsque nous sommes réellement en passe de tomber amoureux, nous en avons rarement conscience. Nous nous sentons plein d'énergie vitale mais, en même temps, nous éprouvons un sentiment de malaise et d'impuissance. Nous sommes incapables de percevoir en nous le désir alors que nous avons tendance à le déceler chez autrui. Nous constatons que les autres, autour de nous, sont vivants et heureux, nous les envions. Nous voudrions être comme eux mais nous en sommes incapables, nous voudrions être heureux mais nous ne le sommes pas. Et il en est ainsi parce que nous allons à l'encontre de nos désirs profonds et que nous sommes en quête de ce qui pourrait les satisfaire. Contrairement à ce qu'affirment Proust, et Girard après lui, l'envie n'est pas la cause de l'amour, elle en est le symptôme [1].

Un autre de ces symptômes est l'apparition du désir : un désir brûlant et sans objet, ou encore l'espoir de rencontrer celui ou celle que nous aurions attendu depuis toujours sans en rien savoir. En prenant un train, en sortant dans la rue, en entrant dans une pièce remplie de monde, nous avons, en un éclair, la sensation ou l'espoir que nous allons y rencontrer quelqu'un qui sera fait pour nous. Souvent, dans la phase qui précède l'amour, les rêves se chargent d'évocations et de présages ; jusqu'à la vie quotidienne qui nous donne l'impression que des coïncidences mystérieuses et étranges se produisent. Nos croyances les plus solides nous semblent soudain dénuées de sens et nous nous sentons complices des révoltés, attirés par ceux qui ont tout sacrifié à un idéal ou à une valeur. Une simple mélodie nous émeut aux larmes. Chez l'homme, les larmes sont presque à coup sûr le symptôme d'un amour en train de naître.

2. Avant de nous mettre à aimer celui ou celle que nous aimerons vraiment, nous avons fait mille tentatives d'amour, mille explorations. L'état naissant s'embrase

1. René Girard, *Mensonge romantique et vérité romanesque, op. cit.*

en un instant, il inaugure une restructuration totale. Mais tout n'est pas prêt. Nous ne sommes pas prêt. Nos explorations antérieures ont été des engouements très forts. Il nous est arrivé de rester dans un état amoureux pendant longtemps et nous avons cru être amoureux pour de bon. Nous sommes même allé jusqu'à nous imaginer amoureux de plusieurs personnes à la fois. En vérité, il ne s'agissait pas encore d'amour. Lorsque l'amour survient, le rapport avec l'autre devient exclusif, total. Nous ne parvenons pas à chasser la vision de l'autre : elle revient sans arrêt et s'impose à notre esprit. En même temps, tous les traits caractéristiques de l'amour naissant apparaissent.

Tout d'abord, c'est la stupeur, car le monde extérieur nous devient étranger. Ce peut être une expérience heureuse, libératrice, un cri de révolte, mais nous pouvons aussi éprouver un sentiment de tristesse, car les choses auxquelles nous avons été liés jusque-là nous paraissent soudain sans valeur, fragiles, bassement matérielles. L'état naissant est une mort-renaissance qui nous conduit aux portes de la mort. Le fait que la littérature amoureuse parle si souvent de la mort n'est pas un jeu macabre ou un signe de névrose, mais le symptôme que, dans l'amour, c'est le sens de la vie même qui est en question. Nous nous posons véritablement à nous-même la question métaphysique : qui suis-je ? pourquoi suis-je en ce monde ? quelle valeur a ma vie ? Notre existence ne nous apparaît plus comme quelque chose de naturel, qui est ainsi car ainsi va le monde, mais comme une aventure dans laquelle nous avons été engagé et que nous pouvons choisir activement ou rejeter. Notre passé nous revient en mémoire et nous portons un jugement sur lui. L'état naissant se déclare le jour du jugement, et la condamnation peut être sans appel.

Tant que notre amour se développe, nous nous sentons libre, mais en même temps tout se passe comme si notre liberté ne pouvait trouver sa réalisation qu'en répondant à l'appel de l'amour, en réalisant son destin. L'état naissant de l'amour voisine naturellement avec des catégories que la logique abstraite considère comme incompatibles : la liberté et le destin, une vie comblée et la proximité de la mort, un altruisme total et un total égoisme, la force et la faiblesse, l'angoisse et le bonheur, le tourment et l'extase.

Lentement, dans notre conscience, une division s'établit entre ce qui est vraiment important et ce qui est superflu. Dans la vie quotidienne, tout nous paraît essentiel, y compris les choses les plus stupides, mais, dans l'état naissant, ce qui est inutile nous saute aux yeux et nous découvrons l'inconsistance de nos préoccupations, confrontés à ce qui est devenu pour nous le bien le plus haut, le sens même de la vie. Il suffit de franchir une barrière, de faire un pas, et la vie nous apparaît, vibrante et extraordinaire. L'amour opère un réveil chez l'être le plus las. Le monde lui apparaît, bouleversant. Celui qui fait l'expérience de cet état ne peut plus revenir à la morne grisaille de son passé. La personne que nous aimons n'est pas seulement belle et désirable ; elle est la porte, le seuil unique pour accéder à ce nouveau monde, à cette vie plus intense. C'est à travers elle, par sa présence, grâce à elle que nous trouvons le point de contact avec la source de toute chose, avec la nature, avec le cosmos, avec l'absolu. Notre langage devient alors inapte à exprimer cette réalité intérieure. Nous découvrons spontanément la langue des présages, de la poésie et du mythe.

L'état naissant n'est jamais un point d'arrivée, c'est un « entrevoir ». Il ne fut donné à Moïse, le plus grand des prophètes, que d'entrevoir la Terre promise, et non pas de l'atteindre. De la même façon, l'être aimé est infiniment proche et infiniment distant. Il nous est cher entre tous mais, en même temps, sa proximité nous bouleverse et nous tient en respect. Ce n'est pas seulement notre esprit qui s'émeut : l'amour nous prend le corps entier, le ventre, les muscles, la peau, tout le corps, jusqu'à la plus petite de nos cellules. L'autre est porteur d'une puissance extraordinaire qui nous émerveille et nous paraît incroyable ; il nous fait l'effet d'un rêve qui risque de s'évanouir.

L'amour une fois installé, le système devient très stable. Tout ce qui nous reste à faire, c'est de retourner en pleurant dans le vieux monde. L'amour ne peut être ni éteint ni modifié ; il ne peut pas davantage être reporté sur une autre personne. Il dure, même si les deux amoureux ne s'aiment pas, ne se comprennent pas, même s'ils se disputent et vont jusqu'à se quitter. La force de l'état naissant est une puissance rédemptrice qui transfigure toute chose. Nous aimons jusqu'aux défauts de l'être que nous aimons, jusqu'à ses manques, jusqu'à ses organes, ses reins, son foie, sa rate. L'amoureux fou voudrait les caresser et les embrasser comme il caresse et embrasse les lèvres, ou les seins, ou le sexe de son aimée. Il serait faux de parler d'idéalisation, il s'agit plutôt d'une transsubstantiation, d'une rédemption de ce qui est communément jugé au plus bas niveau. Les choses cachées sont apportées en pleine lumière, sur le même plan que les choses nobles et que l'on admire sur le plan social.

Cette force rédemptrice s'use avec le temps. Elle s'évanouit si la réalité lui résiste, jour après jour, obstinément. Ce n'est pas un acte ponctuel qui peut en venir à bout, mais le temps, la lassitude de l'inutilité, le désespoir de l'indifférence, de l'inertie. L'amour cesse au terme d'une longue déception, d'un désenchantement répété, quotidien, ininterrompu. Seule la quotidienneté le consume, comme l'essieu d'une roue que l'usure condamne à tourner à vide dans le moyeu.

3. Nous pouvons dès lors comprendre pourquoi l'engouement érotique pour une star n'est pas de l'amour. Comme nous l'avons vu, l'amour est une révélation, la découverte de la valeur de tel individu unique, et qu'on ne peut confondre avec aucun autre ; une valeur que nul n'avait perçue auparavant et qui ne se révèle qu'à des yeux amoureux. Au contraire, la star, homme ou femme, est déjà connue, déjà admirée. Le miracle de l'amour tient justement à ce qu'il découvre la valeur d'une personne à l'encontre des valeurs socialement reconnues. Et c'est en cela que sa puissance est révolutionnaire. Dans le *Roland furieux*, Angélique ignore les rois et les princes qui sont amoureux d'elle. Elle ignore Roland, l'invincible, le plus fameux, pour tomber amoureuse d'un simple soldat, Médor. C'est un scandale sur le plan social, et lorsque Roland l'apprend, il devient fou.

Mais il nous faut tenir compte d'une raison plus fragile encore. En parlant de l'aspect collectif de l'érotisme féminin, nous avons dit que la femme est attirée par le centre.

Ce n'est pas une personne en particulier qui excite son désir mais sa position de centre. Dans l'amour, celui ou celle que nous aimons est unique et ne saurait être remplacé par quiconque. Dans l'engouement érotique au contraire, celui ou celle qui nous attire peut être remplacé par n'importe qui au même niveau. Un homme peut être épris érotiquement d'une femme au point de ne pouvoir s'en passer, mais, si son expérience reste limitée au plan érotique, il l'abandonnera pour une autre également belle, fascinante et désirable. Les femmes sont, dans ce cas, interchangeables, comme les stars. Une femme qui éprouve un engouement amoureux pour un acteur ou un chanteur reste libre de le remplacer par un autre de même niveau ou d'un niveau érotique plus élevé. Dans le film de Woody Allen, *La Rose pourpre du Caire*, une ménagère « tombe amoureuse » de l'explorateur qui sort de l'écran ; lorsque, ensuite, survient l'acteur en chair et en os, elle en tombe amoureuse de la même façon. Et lorsqu'« ils » s'en vont, tous les deux, la malheureuse, déçue, retourne dans la salle de cinéma où a lieu le miracle de sa première rencontre : sur l'écran. Fred Astaire danse avec Ginger Rogers et notre spectatrice tombe sous le charme une fois de plus, au point d'oublier ses amours antérieures. On voit clairement là qu'il s'agit d'engouement érotique et non d'amour. La femme croit qu'elle est amoureuse d'un être unique au monde alors que ceux qui font fonction, pour elle, d'objets érotiques sont tous interchangeables. C'est ainsi que, sous les apparences de l'amour, l'érotisme féminin nous montre son visage frivole, léger, et en tout point comparable à celui de la sexualité masculine.

Dans son livre, *Love and Limerence*, Dorothy Tennov confond ce type d'expériences avec le véritable amour. Dès les premières pages, à propos du cas de Terry, elle écrit : « Terry était toujours amoureuse de quelqu'un. En sixième, elle eut une cote terrible avec Smith Adam, *le gars le plus populaire* de l'école... Ensuite, les garçons se succédèrent si bien que le chagrin éprouvé à la fin d'un amour s'achevait avec l'apparition d'un nouvel amour [1]. » J'ai

1. Dorothy Tennov, *Love and Limerence, op. cit.*

souligné l'expression qui caractérise Smith Adam comme le jeune héros local, adulé par toutes les filles. Le cas de Cynthia est plus typique encore : elle est amoureuse de Paul McCartney, un chanteur de rock qu'elle n'a jamais vu [1].

Les choses sont très différentes lorsqu'une femme embrasse une nouvelle foi et, grâce à sa conversion, tombe amoureuse du chef ou du gourou. Il s'agit bel et bien alors de l'état naissant. L'amour-passion que la femme voue à son prophète forme un tout avec le phénomène de sa conversion. Marie-Madeleine était-elle amoureuse de Jésus-Christ ? Notre définition de l'amour nous autorise à répondre par l'affirmative, non sans ajouter toutefois qu'il s'agissait d'un amour unilatéral.

Il y a, dans cette sorte d'amour, un aspect à la fois désespéré et héroïque, désespéré car l'amour aspire à la réciprocité ; il tend à devenir un mouvement collectif à deux. Dans un mouvement, au contraire, ou dans une secte, les fidèles, et donc les femmes, sont très nombreux. Le chef entretient un rapport asymétrique avec ses adeptes : hormis lui-même, tous sont équivalents et interchangeables. Un amour héroïque est néanmoins requis de leur part car le mouvement exige un don de soi total, en même temps que des sacrifices que l'amoureux n'aurait jamais la force de réclamer pour lui seul. C'est ainsi qu'assez souvent, la demande du groupe ou du chef va au-delà du point de non-retour, et pousse l'individu à accomplir des actes en contradiction avec ses croyances et ses valeurs morales. Il obéit mais son sens moral et sa capacité à choisir entre le bien et le mal sont abolis. C'est l'asservissement moral [2], qui transforme les fidèles en esclaves et, potentiellement, en sicaires. Les sectes et leur gourou font jouer les mêmes mécanismes que ceux qui ont caractérisé le stalinisme et le nazisme sur une échelle incomparablement plus

1. Dorothy Tennov, *Love and Limerence, op. cit.*
2. Le phénomène de l'asservissement moral est fondé sur l'utilisation de certains mécanismes qui apparaissent avec une fréquence notable dans les mouvements sociaux qui sont utilisés systématiquement dans l'édification des systèmes totalitaires. Cf. F. Alberoni, *Movimenti e Istituzione, op. cit.*, p. 249.

large. Les femmes sont les victimes désignées de cette fascination amoureuse et de cet esclavage.

4. Dans l'amour, l'érotisme est accompagné d'une sensation de consumation typique. L'amour autorise l'accès à l'érotisme le plus violent mais il laisse entrevoir en même temps son dépassement. Le corps, la beauté, le plaisir sexuel, les baisers, le contact de la peau, l'étreinte, tout ce qui, dans l'érotisme, est réalisation, accomplissement, plaisir, n'est, dans l'amour, que le moyen d'atteindre à autre chose, d'aller au-delà, de toucher à l'essence de l'être aimé, à une indicible valeur ; les actes de l'amour n'en sont que la voie, le moyen.

Une relation peut tout à fait commencer comme une aventure, comme une rencontre érotique excitante et forte. Elle peut se poursuivre ainsi pendant quelque temps car les deux amants y trouvent chacun le *plus* qui les attire. Mais, s'il advient que l'un, ou les deux, tombe amoureux, un changement profond se produit. De triomphant et assuré, le geste érotique devient hésitant. Le désir sexuel cède le pas à l'émotion, au frémissement, à l'envie de pleurer, au bouleversement intime. L'autre, qui nous est devenu proche, est en même temps devenu plus désirable et plus lointain. Nous le regardons et il nous semble ne l'avoir jamais vu. Chaque fois est une première fois. Nous croyons n'avoir perçu de lui que son aspect le plus superficiel. Nous pensions en avoir fait le tour mais nous ne le connaissions pas. Son corps, ses mains et ses yeux nous parlent d'un infini inconnu. Et c'est cet abîme que nous devons franchir pour le rejoindre, le tenir dans nos bras, faire l'amour avec lui. Mais, dès que nous sommes séparés, dès que nous sommes loin de lui, nous craignons de perdre la voie pour le retrouver. Et nous éprouvons le besoin de le voir, de le toucher, de l'entendre nous dire : « Je t'aime. »

Il ne s'agit pas là de jalousie mais de la peur de nous perdre nous-mêmes, de perdre le sens de notre vie, de la vie en général. L'amour nous révèle l'infinie complexité, l'infinie richesse de l'autre. Nous sentons en effet tout ce qu'il a été, dans le moindre détail, tout ce qu'il est à présent, tout ce qu'il pourrait être, tout ce qu'il pourra être. L'amour nous révèle l'infinité de possibles dont il est fait, sa totale improbabilité et, donc, le miracle de notre rencontre. La stupeur émerveillée devant l'amour est la conscience de la précarité de l'être mais, en même temps, la conscience que l'être est réel et que nous le voulons, d'où notre désir de le garder, de l'étreindre, de nous unir, de nous fondre en lui.

Ce désir spasmodique prend souvent la forme du désir de rester continuellement avec l'autre, de vivre avec lui, de l'épouser, d'habiter le même lieu. C'est la modalité la plus simple, institutionnelle, sociale, de rendre durable l'improbable. Mais il arrive que cette modalité soit illusoire car ce n'est pas d'une personne réelle que nous sommes amoureux en réalité, mais d'une puissance transcendante, d'une porte vers l'absolu. Le désir de la personne aimée est le désir de l'absolu entrevu mais inaccessible. En faisant l'amour avec elle, nous cherchons à combler cette distance, à atteindre à la totalité et à nous fondre en elle, définitivement. Les amoureux ont l'impression très vite que faire l'amour est un acte sacré, un geste religieux [1], comme l'union du ciel et de la terre. L'idée du mariage comme sacrement n'est que la traduction idéologique et institutionnelle de cette expérience profonde, primordiale, des amants amoureux. À l'état naissant de l'amour, l'individu se sent dans un état fusionnel avec le cosmos et la nature. Le microcosme est le lieu de réalisation du macrocosme.

Dans l'amour profond, les lieux de l'amour et les dates de la révélation de l'amour se chargent d'un sens divin ; les amoureux élaborent à leur usage une géographie sacrée

---

1. Le rapport entre la naissance de l'amour, l'amour-passion et le sentiment mystique a été mis en évidence par Denis de Rougemont dans son essai *L'Amour et l'Occident*, UGE, 1962. L'auteur y note que la poésie amoureuse occidentale a été influencée par la mystique arabe. Le véritable objet d'amour est Dieu, inaccessible pour une créature terrestre. L'amour est donc une illusion et, par conséquent, un blasphème. L'auteur catholique suggère à sa place les *agapes* et l'amour communautaire. En réalité, l'amour mystique pour Dieu n'est qu'une des formes sous laquelle se manifeste l'état naissant. Il en existe d'autres parmi lesquelles le processus de la naissance de l'amour.

du monde, un calendrier liturgique, qui sont là pour rappeler, voire leur imposer de se souvenir des moments heureux où il leur a été donné d'entrevoir l'essence dernière et ô combien précaire, improbable et inouïe de la vie même.

24 1. Il existe aussi une forme d'amour qui se construit progressivement sur l'érotisme et sur l'amitié. C'est un amour qui ne se présente pas comme une explosion inaugurale et unique entre deux inconnus, mais dans laquelle les individus se rencontrent d'abord sur le terrain délicat de l'estime et de la confiance réciproques. Le désir érotique vient ensuite, comme il advient toujours entre un homme et une femme. Au début, l'érotisme n'est qu'un supplément, le désir de mieux connaître l'autre. Seule l'intimité érotique peut révéler en effet des aspects inconnus et profonds de l'individu. La confiance de l'amitié autorise un abandon serein, sans aucune mise en scène, sans la nécessité de séduire ou de paraître.

Nous sommes en présence d'un type de rapport nouveau et encore exceptionnel. Jusque-là, hommes et femmes vivaient séparés. Leur rencontre devait surmonter d'innombrables obstacles et prenait donc, dans le meilleur des cas, la forme explosive de l'amour. La libération des femmes et leur indépendance économique les ont amenées à ce niveau d'égalité qui rend l'amitié possible. L'érotisme qui trouve sa voie dans une relation d'amitié est, par définition, bilatéral, chacun s'efforçant spontanément de donner à l'autre ce qu'il sait devoir lui faire plaisir et de respecter sa liberté.

En amitié, l'érotisme se développe dans la durée, et il est tout à la fois révélation et intelligence. L'érotisme n'est pas, en général, simple pulsion, pure sexualité et puis fantasmes ; il est aussi attention, préparation, apprentissage. Par ailleurs, les valeurs de l'amitié lavent nos âmes de tout ce qui est exclusif, égoïste et mesquin. Un érotisme de ce type requiert justesse de sentiments, attention, savoir, respect, désir de plaire et désir de donner du plaisir à l'autre. Il est un échange dans lequel chacun comprend et fait sien les fantasmes érotiques de l'autre pour s'y adapter spontanément. C'est ainsi que chacun des deux amants grandit dans la relation et connaît toujours davantage, non seulement l'autre, mais soi-même.

À la naissance d'un amour fulgurant et terrible, les amoureux ne se connaissent pas. Leur réalité propre se révèle à eux peu à peu, comme une résistance de la matière et de l'être aux désirs suscités dans l'état naissant. Elle se présente sous la forme dramatique des points de non-retour : ce qu'on ne peut demander à l'autre sous peine de tuer cet amour. Au contraire, dans la relation amoureuse qui naît de l'amitié, une *affinité élective* existe déjà, ainsi que le respect de la liberté de l'autre, cette reconnaissance de la limite qui, dans l'amour explosif, doit se définir dans la douleur et le tourment. L'amitié laisse à l'homme ses idées de liberté, c'est-à-dire son fantasme d'interrompre la relation quand il veut. Elle donne à la femme la certitude d'une continuité affective et la défend contre la peur de la perte. L'amour qui naît sur de telles bases n'est donc pas du type de celui qui démarre très fort au début pour se dégrader ensuite, très lentement. Le processus suit au contraire le mouvement inverse : le sentiment s'élabore, plus ou moins rapidement, toujours avec difficulté, et on le sent souvent fragile. Le résultat de ce processus est une véritable construction. Il ne s'agit pas d'un projet qui se réaliserait progressivement et rationnellement. Dans le monde des relations, le rapport positif, le rapport parfait, se dessine au cours du processus même ; il n'est reconnu qu'autant qu'il est vécu ; sa perfection n'est pas nécessaire, il suffit de savoir reconnaître le mieux du pire, préciser ce qui nous plaît, évaluer et dire : voilà, c'est ça que je veux, et je le veux de cette façon et pas autrement. La *Gestalt* n'apparaît donc pas dans sa perfection au début de la relation, elle n'existe même pas à l'état de fantasme comme cela se passe dans le but-projet du volontarisme. La perfection se découvre au fur et à mesure de sa réalisation. C'est le *parcours épiphanique* dont parle

Rosa Giannetta Trevico [1]. Il n'y a de situation parfaite ni au début ni à la fin, mais la reconnaissance de quelque chose d'extraordinaire qui grandit et qui s'acquiert par le biais de la modération (de la limite) et de la prudence, c'est-à-dire de la vertu.

L'amitié érotique est délicate à cause de la structure granulaire de l'amitié. Nous n'avons pas besoin que notre ami soit près de nous, à nous toucher. L'amitié n'est pas exclusive et se soucie essentiellement du plaisir de l'ami, sans faire de réserve sur celles qui lui procurent ce plaisir. Mêler l'érotisme à l'amitié est plus facile pour l'homme que pour la femme, car l'érotisme masculin est discontinu ; il ne veut pas entendre parler de l'après. La femme, elle, doit faire sienne l'imagination amoureuse et accepter l'autonomie de l'érotique masculin. Souvent, dans l'amitié amoureuse, la femme joue un rôle différent de celui de l'homme. Elle représente le pôle stable, permanent, exclusif, tandis que l'homme constitue le pôle discontinu et aventureux. Les rôles peuvent bien sûr être inversés quoique le cas se présente rarement.

2. *L'amitié amoureuse* est également possible lorsqu'un seul des deux partenaires est amoureux. Le premier aime alors d'un amour passionné et l'érotisme correspondant a la qualité du sacré. L'autre se sent aimé, voire adoré. Dans un système volontariste où les deux sujets sont censés devoir se dire la « vérité », une telle situation ne saurait durer. La question « tu m'aimes ou tu ne m'aimes pas ? » marquerait inévitablement la fin de la relation. Le terrain de l'amitié permet au contraire son développement. Être ami signifie qu'on accepte la différence, qu'on tolère l'écart entre les désirs de chacun et, surtout, qu'on ne pose pas d'alternative, qu'on ne mette pas de limites, qu'on n'enferme pas l'autre dans un dilemme.

Celui qui se sent aimé sans être amoureux ne pose pas de questions. Il accepte le plaisir de l'amour de l'autre, il accepte son adoration. De son côté, l'amoureux ne se sent pas obligé de trancher. Il éprouve l'amitié de l'autre

---

1. Rosa Giannetta Trevico, *Tempo mitico e tempo quotidiano, op. cit.*

comme un refuge sûr. Il ne sera jamais abandonné sans un mot. Il sait que l'autre éprouve pour lui une affection sincère. Il sait qu'il est loyal. Il peut s'abandonner à sa passion et au bonheur de sentir que l'autre éprouve du plaisir érotique et qu'il est fou de désir pour lui. Cette sorte d'amour asymétrique produit, en général, un érotisme puissant et partagé, à condition toutefois que l'amoureux ne pose pas d'alternatives impossibles. Il doit se contenter de l'amour qui lui est donné, tout en prenant l'érotisme comme une preuve d'amour suffisante de la part de l'autre.

Si celui qui aime exige au contraire la certitude de l'amour de son amant, s'il est à l'affût de la moindre preuve d'amour, s'il exige d'avoir le monopole sur le temps de l'autre, s'il veut transformer en quotidien ce qui constitue, pour l'autre, des plages d'érotisme extraordinaire, l'équilibre sera inévitablement rompu. Parler risque de faire surgir le dilemme et la déchirure. L'amitié ne saurait y survivre.

Ce type d'érotisme se joue donc sur le registre de l'amitié ; comme elle, il est discontinu, libre et situé hors du quotidien. L'amitié érotique n'est possible que si l'amour se plie à son jeu. Elle ne fournit à l'amour qu'un cadre d'expression discontinu mais elle lui garantit quelque chose d'infiniment précieux : la durée. Car l'amitié, elle aussi, se pense en termes de toujours. L'érotisme sans frein ni borne, la « bulle de temps » et le « frémissement » peuvent y faire leur nid. Un amoureux peut vivre, à travers ce type d'érotisme, les émotions les plus fortes tout près de l'objet de son amour, même s'il n'est pas payé de retour. L'érotisme a son ordre de perfection propre : il relie les êtres grâce à leur désir d'atteindre à un bonheur toujours plus grand. Au filigrane des rencontres de l'amitié vient s'ajouter celui des moments d'exultation et de la révélation érotique. Et cela suffit à créer un rapport durable.

3. On comprendra sans peine que, dans un rapport de ce genre, l'amour de l'un se communique presque à coup sûr à l'autre. L'état naissant de l'aimé ne proviendra ni de l'érotisme ni de l'amitié, mais du renouvellement intérieur et de la restructuration de son champ vital, qui sur-

vient presque à coup sûr au fil des mois et des années. Dans une relation où l'un des deux est amoureux et où l'érotisme est vécu dans le bonheur, l'état naissant de l'aimé est amené à se reconnaître en celui de l'amoureux. L'amour demeure toutefois un fait imprévu et imprévisible ; il éclot de son propre fait, à partir de besoins intérieurs profonds. Nul n'a séduit et nul n'a été séduit. Une relation d'amitié amoureuse, dans laquelle l'érotisme est recherché comme une composante parfaite, constitue le meilleur terrain pour cette forme de *reconnaissance*. Le jour de la révélation, celui qui est sur le point de tomber amoureux rencontrera d'abord le regard de celle qui l'aime déjà.

L'amour qui naît d'une amitié profonde est toujours révélation ; l'ami et l'amie paraissent soudain nimbés de ce mystère que seul l'amour sait habituellement découvrir. Cette sorte d'amour est absolument identique, dans sa structure et dans son expérience, à celui qui survient entre deux inconnus. L'amitié, l'amitié de longue date, lui confère en outre quelque chose d'aussi précieux que l'état naissant lui-même, car la naissance de l'amour n'est pas un acte mais un processus, une succession de questions et de révélations, une succession d'angoisses et d'épreuves, et pour que ce sentiment devienne de l'amour, il faut encore savoir de quoi l'autre est fait, empiriquement. Il arrive que l'on tombe amoureux de quelqu'un qui se révèle, par la suite, différent de ce que nous avons rêvé, qui nous déçoit et qui nous enlève toutes nos illusions. Ce n'est qu'à travers l'expérience et en laissant le temps passer que nous pouvons le découvrir. Comment faire pour savoir que nous sommes aimé ? Que l'autre ne nous ment pas ? Nous lui posons des questions, nous lui demandons des preuves et il fait de même avec nous. C'est ainsi que l'amour se transforme en une véritable connaissance et non en une pure illusion. Pour durer, l'amour doit aussi devenir confiance et estime ; c'est-à-dire qu'il doit acquérir quelques-unes des propriétés de l'amitié. L'amour qui naît de l'amitié a déjà franchi plusieurs étapes sur ce chemin. Nous connaissons notre ami, nous connaissons ses limites et ses vertus ; et, surtout, nous avons confiance en lui, en sa loyauté, sinon nous ne serions pas devenu son ami.

L'amitié renferme une substance morale et c'est sur cette connaissance, sur ces certitudes morales silencieuses, que l'amour naissant peut compter. L'amour, quant à lui, demeure bouleversement, crainte, émotion, larmes ; il comporte cette part de désir indicible qui exige que nous gardions en nous l'être aimé. À côté de ces sentiments, mêlés à eux, l'amitié vient apporter la confiance réciproque et le respect de la liberté de l'autre. C'est de là qu'un amour né de l'amitié tire sa transparence et sa sérénité.

Contradictions

25 1. Séduis, sois désirable, séduis plus que les autres, séduis tous les autres : voilà ce qui nous est enseigné à tous. En même temps, on nous apprend aussi : sois fidèle, ne désire qu'un seul homme, une seule femme. Il n'empêche que maris et amants veulent des épouses et des maîtresses séduisantes, belles et dési-rées par tous. De même, toute femme veut que son mari, ou son amant, soit le plus beau et le plus désirable aux yeux des autres femmes. Le désir des autres fait partie de notre érotique et vient l'alimenter. Néanmoins, l'homme — comme la femme — veut jouir de l'autre qu'il aime en exclusivité. Ce faisant, il déclare la guerre à la terre entière car tout le monde est convié à désirer ce qu'il désire.

Pour être désirable, il faut désirer. Une femme ne sau-rait être séduisante si elle n'a pas l'intention de séduire, si elle ne communique pas son désir à l'homme, ne fût-ce que par jeu. Sommé d'être séduisant, l'homme regardera et désirera à son tour d'autres femmes. Pour plaire véri-tablement, il est nécessaire de trahir, au moins en esprit. Un homme qui ne désire pas d'autres femmes, qui ne les regarde pas, qui ne s'aperçoit même pas de leur existence, ne saurait être séduisant. Les femmes percevront immé-diatement son manque de disponibilité érotique. Il pourra être habillé de la façon la plus raffinée, être riche et cour-tois, il n'y aura pas, en lui, la plus petite étincelle de véri-table érotique. Son regard sera distrait et absent. Ses paroles ne déclencheront aucune vibration et resteront lettre morte. Si la femme veut le monopole d'un homme qui plaît aux autres femmes, elle doit accepter la contra-diction et le laisser jouir de son droit à séduire sous peine de se vouer à un homme qu'elle aura obligé à ne penser qu'à elle, mais qui ne présentera pas le moindre intérêt pour les autres.

La femme ne peut se décider à choisir entre ces pôles et oscille entre les deux. Tantôt elle pousse celui qu'elle aime à être désirable, tantôt elle laisse éclater sa jalousie et veut le retenir auprès d'elle. De son côté, l'homme encouragé à plaire, et donc à désirer les autres femmes, apprend très vite que cette liberté lui est interdite à moins de mentir. Il n'a que deux solutions : le refoulement ou le mensonge. La femme aussi doit être tout à la fois désirable et fidèle mais, pour être désirable, encore faut-il qu'elle incarne des fantasmes masculins et qu'elle donne aux hommes l'impression d'être leur proie. Son alternative est la suivante : ou elle trahit son amour, ne serait-ce qu'en imagination, ou elle finit par se durcir et s'enlaidir. Le choix qui s'offre à elle n'est pas très différent de celui proposé à l'homme.

La contradiction intrinsèque de l'érotisme ne laisse ouvertes que deux voies : celle du refoulement et celle de la dissimulation. Et, de fait, il existe au monde deux cultures érotiques absolument opposées. La première est fondée sur la vérité et le refoulement. La seconde sur l'imaginaire et la dissimulation.

Dans la centaine de livres américains sur l'amour ou sur la naissance de l'amour, le sexe, l'érotisme, pas une seule page n'est consacrée au mensonge, à la réserve, au non-dit, au silence, à la dissimulation. Partout, toujours, dans tous les cas, on suggère, on recommande, on impose de dire la vérité, toute la vérité, sans rien cacher. La *religion de la vérité* n'est certes pas nouvelle. Dans les pays catholiques, le confesseur avait le droit, il y a peu, d'extraire de l'âme du pénitent toutes les pensées les plus cachées. Les exercices spirituels enseignaient à prendre note des plus petits désirs sexuels pour en discuter avec un directeur de conscience. Le moindre recoin de l'âme était passé au crible et ne pouvait être considéré comme privé ou à l'abri des yeux indiscrets. L'œil du prêtre était celui de Dieu. La psychanalyse a inventé un autre genre de religion de la vérité en faisant coïncider mensonge et maladie. Voyons, en effet, comment se forme le symptôme : il s'élabore sur notre silence, lorsque nous nous abstenons de dire, à nous-même et aux autres, ce que nous pensons et ce que nous voulons. C'est ainsi que nos désirs deviennent inconscients et (comme dans l'enfer de la religion) qu'ils s'insinuent dans notre vie consciente pour venir la troubler et la détruire. Il n'y a d'autres remèdes que de se souvenir de ce qui été oublié, de dire ce qui a été tu, d'avouer ce qu'on n'a jamais confessé. Dans la psychanalyse, comme dans la religion, la confession doit s'adresser à un individu en particulier, le psychanalyste, ainsi l'aveu ne sort pas du privé et du secret. Dans les pays où la confession est en vigueur, les prêtres sont tenus au secret du confessionnal, tout comme les psychanalystes au secret professionnel.

Mais, la psychanalyse se généralisant, la puissance thérapeutique de la vérité s'est aussi généralisée jusqu'à s'étendre à toute relation sociale. Les Américains surtout en ont fait un art des relations individuelles et se sont convaincus que celles-ci gagneraient en harmonie si elles étaient empreintes de vérité. Un tel postulat n'a pas été étendu à tous les champs de la vie. Il n'est venu à l'esprit de personne, par exemple, de l'appliquer aux transactions économiques et à la politique extérieure. L'économie reste un domaine où chacun a le droit de garder secrètes ses affaires. Une entreprise ne crie pas ses projets sur les toits, pas plus qu'elle ne les divulgue à tous les vents et à tous ses concurrents ; elle est autorisée à garder le secret à tous les niveaux où elle le décide. Hors de la sphère économique, au contraire, et en particulier dans les relations érotiques et amoureuses, la règle de la vérité totale a été instaurée. On peut même parler d'une religion de la vérité qui a vu son apogée dans la théorie de l'*intimité*. Dans la formulation de Lillian B. Rubin, l'intimité consiste d'une part en un désir de connaître tous les détails de la vie intérieure de l'autre, d'autre part en la capacité à lui communiquer la sienne propre [1]. D'après l'auteur, une telle aptitude serait l'apanage des femmes et ne se rencontrerait que rarement chez les hommes.

La religion de l'intimité et de la vérité est inconcevable

1. Lillian B. Rubin, *Des étrangers intimes, op. cit.*, p. 75.

sans une conception volontariste de la vie. Si tout le monde se dit tout, jusqu'aux pensées les plus anodines, il faut avouer aussi les choses les plus déplaisantes, et la haine, et le mépris, et le désir de meurtre. Ce n'est possible que parce que, dans une culture volontariste, la colère, l'irritation, l'agressivité et la mauvaise humeur sont considérées comme de simples troubles à éliminer, comme des symptômes qu'il est parfaitement possible de corriger. Celui qui est atteint doit aller consulter un psychanalyste qui, avant toute chose, l'invitera à parler avec son ou sa partenaire dans le but d'en découvrir la cause. À tout sentiment correspond, dans la culture volontariste, une technique capable de l'infléchir dans le sens désiré, de transformer le déplaisir en plaisir, la haine en amour, le dégoût en attention. Dans ce système, les sentiments sont les sujets de la volonté et doivent être transformés en autant de buts à atteindre grâce à des techniques appropriées. L'authenticité du désir en est un. Apprends à être authentique et spontané : tel est l'impératif de la culture volontariste [1]. Dans cette culture dominée par la religion de la vérité, la contradiction que représente l'érotisme se résout dans le refoulement. Si quelqu'un veut continuer à séduire, il ne lui reste qu'à divorcer et à vivre seul ; la morale lui permet ainsi d'avoir des rapports sexuels avec qui il veut ; il y sera même contraint dès lors qu'il appartiendra à la communauté des célibataires. Il devra du reste renoncer à tous liens stables. Si c'est ce qu'il désire, au contraire, il devra renoncer à être célibataire et donc, du même coup, à la séduction.

Une société volontariste ne saurait supporter une forte charge érotique car c'est une société du tout ou rien. Si l'érotisme comporte une contradiction structurelle, la société qui cherche à tout prix à l'annuler, à la nier, à la faire disparaître, doit forger deux morales en redoublant la répression. La vieille société puritaine était cohérente ; elle ne disait pas : séduis le plus grand nombre d'hommes

---

1. Paul Watzlawick, dans *Faites vous-même votre malheur*, Paris, Le Seuil, 1984, se moque courtoisement de la mentalité volontariste sans toutefois s'apercevoir qu'elle est à la base de toute la culture psychiatrique et psychologique américaine contemporaine.

et de femmes, et n'imposait donc pas la fidélité à certains et la promiscuité aux autres ; elle n'avait donc pas à se préoccuper du mensonge.

2. Dans un seul cas, l'impératif de séduction n'est pas contradictoire, et c'est dans la phase de naissance de l'amour. À cette phase, la femme amoureuse veut être la plus belle femme du monde pour plaire à celui qui, à ses yeux, est le plus bel homme du monde. De son côté, l'homme amoureux veut plaire à tous, et à toutes les femmes, pour rendre l'hommage de ce plaisir à la femme qu'il aime. Comme un roi aimé de toutes les femmes de son royaume et qui peut les avoir toutes, mais qui renonce à ce pouvoir pour en faire don à la seule qui les résume toutes et qu'il a choisie.

À l'état naissant de l'amour, les hommes, comme les femmes, sont mus par une énergie extraordinaire. Le monde leur paraît lumineux et plus vivant que jamais. Ils se sentent en contact avec des forces débordantes, avec une source qui les transcende. Celui, ou celle, qui est aimé, participe de cette source, devient cette source même et ne saurait être comparé à aucune autre créature. Il s'est incorporé la transcendance. C'est ainsi que la contradiction est surmontée. Car, en réalité, plus l'homme désire les autres femmes, plus il se rapproche de celle qu'il aime ; et même s'il regarde les autres, même si ses yeux brillent de désir et de plaisir, c'est elle qu'il voit à travers elles. L'état naissant de l'amour rend l'homme séduisant ; les femmes le sentent sous le charme, il vibre, il est passionné. Elles ne s'aperçoivent pas que ces vibrations ne leur sont pas adressées, pourtant, de fait, elles leur sont aussi destinées. L'homme amoureux a le regard brûlant ; le visage ou la gorge d'une femme aperçus un instant le bouleversent sans retenir son regard. Il ne s'est arrêté que parce que la féminité de telle inconnue lui a rappelé celle qu'il aime. Et chaque femme, en tant qu'elle est une femme, a quelque chose de l'aimée. Paradoxalement, l'homme amoureux les aime toutes car il n'en aime qu'une ; il les désire toutes car il ne désire qu'elle. De même que le poète qui, par son chant, réveille les sentiments de tous, même s'il ne s'adresse qu'à une seule femme, parfois indifférente. Le même phénomène est repérable chez la femme dans une phase d'état naissant de l'amour : elle apparaît, merveilleuse, aux yeux du monde, elle semble vouloir séduire l'air, l'eau, les plantes, le soleil. Séduire signifie éveiller toute chose à la joie, pour le plaisir de son amant, faire exulter son amour. Il n'y a plus ni philtre magique ni faux-semblant car son chant résonne, pur, solaire et cristallin. Il n'y a plus de place pour le secret, plus de recoins obscurs à protéger jalousement : tous deux éprouvent le besoin de tout se dire, de mêler leur vie passée, de confondre leurs désirs, pour découvrir leurs différences et les aimer, pour se les approprier. Il n'y a plus ni impasses ni impossibilités. Celui qui aime se sent en même temps totalement libre et enchaîné, altruiste et égoïste, car il veut l'objet de son amour tout pour lui. Il séduit le monde entier pour séduire celle qu'il aime. À l'état naissant de l'amour, l'amoureux s'identifie au cosmos et, en chantant sa beauté, c'est celle de son amour qu'il chante.

La contradiction intrinsèque de l'érotisme disparaît pendant la seule phase de l'état naissant. Lorsqu'elle prend fin, lorsque les dés sont jetés, c'est-à-dire lorsque l'institution se met en place, il faut s'en tenir au choix qui a été fait. Plus on s'éloigne du feu ardent de l'état naissant, plus la relation devient normale, quotidienne, commandée par le « il faut », les convenances personnelles, les devoirs sociaux, et plus la contradiction est violente.

Dans le système volontariste les contradictions explosent et ne tolèrent aucune médiation, car les sentiments sont soumis à la volonté, c'est-à-dire qu'ils sont littéralement identifiés à l'institution. L'individu ne se sent libre que s'il peut aimer qui il a *décidé* d'aimer. Cette démarche se situe donc à l'opposé de l'amour libre qui répond à un appel et qui accomplit son destin. Dans le système volontariste, l'ordre « va et séduis » se met en contradiction avec l'ordre « tu ne dois aimer que moi », car ce sont des ordres donnés par la volonté.

Pourtant, c'est précisément l'expérience exaltante de l'amour qui est invoquée pour justifier la religion de la vérité. Voilà ce que disent ses prêtres : ceux qui aiment vraiment disent la vérité. S'ils mentent, cela signifie que leur amour est incomplet. S'ils veulent une relation vraie, parfaite, ils doivent se dire la vérité. Ce syllogisme est un exemple typique de transformation volontariste des sentiments. Le fait de se dire la vérité, la confession réciproque, est vécue, à l'état naissant de l'amour, comme une nécessité interne et un acte de liberté souverain. L'état naissant ne comporte aucun devoir spécifique, ou plutôt tout est devoir car tout est plaisir. Le devoir y coïncide avec la pulsion, avec la passion. Les amoureux se disent la vérité parce que ça leur fait plaisir, parce qu'ils trouvent là leur réalisation, et non pas parce que c'est un devoir ou un but. L'état naissant n'obéit à rien ni personne. Donc, paradoxalement, dans l'état naissant, les amoureux pourraient tout à fait se mentir sans rien changer à leur amour. En fait, il leur arrive de se mentir pour se confesser ensuite leur mensonge, ou de se taire, et cela revient au même. Le système volontariste observe l'amoureux pour identifier en lui une qualité ; il la fige pour en faire une vertu et, s'il la rencontre dans une autre relation, il en conclut qu'il s'agit d'amour. Pour la seule raison qu'ils se disent la vérité, deux époux devraient « s'aimer davantage » que ceux qui ne se la disent pas.

3. En voulant réaliser un stade parfait de l'amour, le système volontariste le détruit. En voulant atteindre la vérité constante, il ne produit que du mensonge. Il ne peut faire autre chose qu'enseigner à feindre l'amour, à le représenter. La nature de l'amour à son commencement est instable, jusqu'à ce qu'il devienne une institution, et même une habitude. La phase d'enthousiasme et de création est limitée dans le temps. Le volontariste se trouve donc devant un dilemme : que faire quand la passion se calme ? Quand le charme est devenu quotidienneté ? Faut-il avouer et divorcer lorsqu'on constate qu'on n'aime plus totalement, passionnément, follement ? Ou filer chez le psychanalyste pour faire une cure et retrouver la passion perdue ?

La première solution proposerait la désintégration immédiate des couples et, puisque l'amour est tout de même un phénomène exceptionnel, la société finirait par être formée de divorcés qui ne seraient pas parvenus à réaliser le bonheur de l'amour. Reste l'autre voie : apprendre à demeurer amoureux, se contraindre à l'être, faire semblant de l'être. S'apercevant qu'ils ne s'aiment pas, ou qu'ils ne s'aiment pas assez, les couples appliqueraient les techniques aptes à réaliser l'amour standard et prescrit par le système. Il existe des milliers de manuels thérapeutiques qui enseignent à s'aimer dans la maturité, la profondeur et même le romantisme. Les gens les lisent et les mettent en pratique jusqu'à épuisement, jusqu'à avoir envie de hurler de douleur, jusqu'à la nausée. Après quoi ils divorcent, tout en gardant le but bien présent à l'esprit : engager une nouvelle aventure d'amour toujours. Mais, comme celle-là risque aussi de s'étioler, il faut sans cesse se remettre au travail, au dur travail d'aimer.

Si l'on admet néanmoins que de tels couples étaient amoureux au début (ce qui est absolument faux en réalité), il faut préciser que ce qu'on appelle dans le système volontariste le bonheur, ou l'amour, ou encore « être amoureux », est le produit d'un effort de la volonté, d'une mise en scène. La société volontariste réclame toute la vérité mais elle est forcée de représenter un état amoureux qu'elle est loin d'éprouver. Elle n'est victorieuse que lorsqu'elle parvient à se leurrer totalement, c'est-à-dire lorsqu'elle parvient à se mentir au point de ne plus savoir qu'elle ment, jusqu'à l'aveuglement. L'art d'aimer est un cours d'art dramatique où l'acteur ne sait plus ce qu'il dit.

L'érotisme ne saurait se satisfaire de cet impératif totalitaire. Il doit le bannir pour atteindre l'état extraordinaire de l'amour, en refusant les règles, les diktats, les critères, les tests et les jugements prononcés de l'extérieur. L'érotisme est fait de mots et de silence, d'ouverture et de réserve, d'énergie et de langueur. Il a ses rythmes comme tout ce qui vit, comme le souffle même, et il ne peut que s'étioler et mourir sous la domination glacée de la raison et sous le fouet de la volonté.

26 1. Un conflit se joue dans l'érotisme entre spontanéité et artifice, entre amour et séduction. Les femmes, comme les hommes, apprennent très tôt — parfois dès l'enfance — que l'amour pur, désintéressé, sincère, ne suffit pas à susciter l'intérêt de celui qu'on aime. Les adolescents ne tardent pas à s'apercevoir que leur amour importune la jeune fille qui en est l'objet : elle est agacée par leurs soupirs et leurs hésitations. L'amour rend en effet timide et respectueux. Nous adorons celle que nous aimons sans oser la frôler. Si elle nous dit non, nous sommes paralysés ; nous sommes incapables de vaincre la difficulté, de transformer ce non en oui. C'est ainsi qu'un garçon amoureux se verra préféré par celle qu'il aime un rival plus brillant, plus populaire, et qui saura la faire rire et l'amuser : le propriétaire d'une belle voiture, un champion sportif, un garçon qui, souvent, ne l'aimera aucunement, un spécialiste des techniques de séduction. Après une pareille expérience, notre jeune homme s'efforcera à son tour d'agir avec les femmes de la façon adéquate. Il ne les embêtera plus avec sa timidité et sa pudeur, il ne s'en tiendra pas à son hésitation face à un refus du regard. Il apprendra à déchiffrer le langage féminin de l'invite et il retiendra que les femmes sont incapables d'apprécier le véritable amour, qu'elles sont au contraire très sensibles au charme fascinant de la richesse, et désarmées devant le cynisme des séducteurs.

Les femmes font une expérience similaire, quoique beaucoup plus intense. L'amour sincère, pur, total, est infiniment plus important à leurs yeux. Il fait partie intégrante de leurs fantasmes érotiques. Elles n'éprouvent pas de désirs sexuels qui pourraient être satisfaits par le premier homme venu, ou par le premier orgasme venu. Plus que les hommes, elles connaissent l'importance de l'apparence, du charme, de la capacité à se montrer, à se faire admirer, désirer. Elles s'aperçoivent que les hommes les plus intelligents et les plus forts restent désarmés devant les coquetteries, les provocations et les minauderies de femmes médiocres et sans scrupule. La jeune fille amoureuse s'aperçoit, stupéfaite, que l'homme qu'elle aime peut désirer une prostituée aux toilettes voyantes, qu'il se laisse gruger, manipuler et tromper par une femme qui ne l'aime pas, mais qui s'amuse de lui. S'il ne voit rien des trucs primaires et grossiers dont sa rivale se sert, elle-même les connaît par cœur depuis l'enfance. C'est ainsi qu'elle en conclut que l'homme est tout à la fois fort et stupide, naïf et fragile, mais aussi vorace qu'une bête sauvage.

Au fond, les femmes cachent leur crainte que l'homme véritable, sincère et simple, n'existe pas, puisque la plupart des représentants du sexe masculin ne se montrent sensibles qu'à l'artifice et aux manipulations féminines. Chaque fois, le dilemme sera le même : quelle route choisir ? Celle, naïve, des sentiments authentiques, ou celle du calcul ?

C'est l'un des thèmes constants des romans sentimentaux. L'héroïne est amoureuse, elle aime, elle est sincère, mais sa rivale ne l'est pas ; elle veut l'homme par orgueil, par caprice, pour se faire épouser et, pour cela, elle est prête à user de tous les artifices de la séduction. L'homme ignore tout de ces manigances. Il confond faux-semblants et sincérité, calcul et spontanéité. Du début à la fin, le problème posé par le roman sentimental est dramatique. Celle qui sait séduire remporte la victoire car l'homme est incapable de juger entre sincérité et tromperie, incapable de résister aux manœuvres d'une femme intelligente et sans scrupule.

Il faut se souvenir que le sens de la rencontre érotique est différent pour les deux sexes. La femme a du mal à comprendre que l'homme apprécie et recherche le contact sexuel sans implications affectives. En réalité, la rivale qui lui souffle celui qu'elle aime ne l'entraîne que dans son lit. Néanmoins, la femme vit cette mésaventure comme une seule et même chose. Elle sait qu'il existe une différence,

216

mais elle le sait intellectuellement et non pas d'instinct ou sentimentalement. La victoire érotique de sa rivale est vécue, par elle, comme une victoire amoureuse tout court. Le roman sentimental respecte cette crainte, et il n'est jamais permis à l'homme de faire l'amour avec l'autre femme.

2. L'amoureux, qui voudrait pourtant désespérément séduire celle qu'il aime, est comme paralysé par son amour, timide, incapable même d'user des armes de séduction qu'il connaît, car l'amour véritable est désarmant. La femme sait que celui qu'elle aime peut lui être ravi par une autre ; elle agit donc en conséquence et avec son intelligence : elle étudie ses goûts, observe ses déplacements, fait en sorte de se trouver « par hasard » sur son chemin, coiffée « par hasard » comme il aime la voir coiffée ou du moins comme elle croit qu'il l'aime. Ce calcul et cette mise en scène ne l'empêchent pas d'être véritablement amoureuse, et très vulnérable. S'il parle à une autre femme, s'il se montre distrait, elle en sera très affectée.

La femme amoureuse est très maladroite dans l'art de la séduction. Elle sait se faire belle et douce, se rendre agréable, mais elle ne peut faire plus, car le véritable amour exige que l'autre puisse choisir librement. C'est à la Belle au bois dormant qu'elle s'identifie, et non à la magicienne. Elle aimerait attendre, les yeux fermés, immobile, le baiser de l'amant qui viendrait la réveiller pour l'emmener avec lui. C'est ce désir de passivité, cette hésitation qui la conduisent à attendre, impuissante et incapable, comme dans son enfance, de mettre en garde son amant contre l'arrivée menaçante de sa rivale. Que dire en effet à celui qu'elle aime ? « Prends garde à elle et à ses intrigues » ? L'homme n'y croirait pas et l'accuserait de jalousie. Une vieille légende, reprise dans le film *Adorable Voisine*, avec James Stewart et Kim Novak, dit que la sorcière ne peut tomber amoureuse sans risquer de perdre ses pouvoirs. Circé ou Alcine confectionnent des philtres infaillibles pour rendre leurs héros prisonniers, mais elles n'y parviennent que parce qu'elles ne sont pas amoureuses.

3. Le conflit entre le désir d'être aimée pour elle-même et le besoin de manipuler est très violent chez la femme, et il a un second motif. Nous avons vu comment l'érotisme féminin se développe suivant deux pôles, l'un individuel, l'autre collectif. Dans le second cas, la femme est attirée par l'homme qui se trouve au centre de la communauté : acteur, chanteur rock ou autre, gourou, chef charismatique. Dans tous ces cas, il ne s'agit pas d'un choix personnel mais d'un effet de la tendance collective : la femme désire érotiquement celui qui est admiré, aimé, adoré par tous, et surtout par les autres femmes.

Passivité et activité ne correspondent qu'en partie à la polarité individuel-collectif. La star, le chef ou le héros est désiré par toutes les femmes. Pour l'avoir, il faut sortir du rang, de la foule anonyme ; il faut se faire remarquer ; il faut s'approcher de lui, capter son attention. En situation collective, la Belle au bois dormant n'a pas la moindre chance d'être vue. Le prince ne circule pas à cheval, il est attaché à son trône devant la masse de ses admirateurs qui l'acclament. Si l'on veut se faire remarquer, apprécier en tant qu'individu, il faut être différent des autres, et affirmer sa différence comme valeur. La situation est la même pour des hommes en présence d'une très belle femme. Seul celui qui affirme sa différence sera victorieux. Il ne réussira à lui parler, à l'intéresser, à l'amuser, à éveiller sa curiosité, que s'il sait jouer de son pouvoir. Celui qui restera planté là, rêveur, sous le charme, n'aura pas la moindre chance. La belle l'ignorera, purement et simplement. L'intelligence et l'artifice sont nécessaires pour les deux sexes.

Il existe un lien étroit entre la racine collective de l'érotisme féminin et la séduction comme manipulation et intrigue. Tout ce qui est collectif est inextricablement lié au pouvoir et à la lutte pour le pouvoir. Dans les cours royales, dans les sociétés aristocratiques de la France du XVIIIᵉ siècle, la séduction était un puissant moyen d'affirmation sociale, de prestige et même de révolte. Une des œuvres les plus fascinantes sur la séduction à cette période a été écrite par Choderlos de Laclos [1]. Deux libertins, la marquise de Merteuil et le vicomte de Valmont, en sont les protagonistes. Ils vouent leur vie entière à la manipulation des sentiments des autres, dans le seul but d'en faire leurs esclaves et de les conduire à la ruine. Ils savent user des jeux psychologiques les plus raffinés pour rendre tel ou tel amoureux l'un de l'autre, afin d'exploiter le pouvoir de l'amour. Ils en usent dans des desseins inavouables, pour se venger de quelqu'un, ou pour gagner un pari qui fera rire tout le monde d'un naïf qui s'est laissé berner.

Pour réussir, le séducteur ne saurait être sincère, il doit feindre, toujours. Ce type de jeu est particulièrement difficile pour la femme qui doit séduire tout en gardant sa réputation de femme irréprochable et vertueuse. Dans une lettre au vicomte de Valmont, la marquise de Merteuil explique son manège : « Mon premier soin fut d'acquérir le renom d'invincible. Pour y parvenir, les hommes qui ne me plaisaient point furent toujours les seuls dont j'eus l'air d'accepter les hommages. Je les employais utilement à me procurer les honneurs de la résistance, tandis que je me livrais sans crainte à l'amant préféré. Mais, celui-là, une feinte timidité ne lui a jamais permis de me suivre dans le monde ; et les regards du cercle ont été, ainsi, toujours fixés sur l'amant malheureux [2]. »

Elle s'arrangeait toujours pour faire chanter et menacer quelque amant fortuné et inoffensif. Elle savait s'y prendre pour laisser croire à tous qu'elle était leur unique amour et se montrait scandalisée qu'on pût même en douter. Ces manœuvres réclamaient, bien sûr, une discipline de fer : « Ressentais-je quelque chagrin, je m'étudiais à prendre l'air de la sérénité, même celui de la joie ; j'ai porté le zèle jusqu'à me causer des douleurs volontaires, pour chercher pendant ce temps l'expression du plaisir. Je me suis travaillée avec le même soin, et plus de peine, pour réprimer les symptômes d'une joie inattendue. C'est ainsi que j'ai su prendre, sur ma physionomie, cette puissance dont je vous ai vu quelquefois si étonné [3]. » Et

---

1. Choderlos de Laclos, *Les Liaisons dangereuses, op. cit.*
2. *Ibidem*, p. 176.
3. *Ibidem*, p. 172.

elle avoue avec orgueil : « Si j'ai su tour à tour, et suivant mes goûts mobiles, attacher à ma suite ou rejeter loin de moi *ces tyrans détrônés devenus mes esclaves* ; si, au milieu de ces révolutions fréquentes, ma réputation s'est pourtant conservée pure; n'avez-vous pas dû en conclure que, née pour venger mon sexe et maîtriser le vôtre, j'avais su me créer des moyens inconnus jusqu'à moi [1] ? »

4. L'aristocratie du XVIIIᵉ siècle n'est plus. Nul homme ne perd plus sa réputation pour une femme qui s'est refusée à lui. Nulle femme ne court à sa perte si elle se donne à un libertin. Néanmoins, les mécanismes de la séduction et de la manipulation, la froide observation des sentiments d'un individu pour percer à jour les motivations profondes de ses actes et faire pression sur lui existent toujours aujourd'hui, quoique de façon moins cynique, moins cruelle et plus cachée. Un œil exercé saurait toutefois les reconnaître au premier regard et dans les confidences les plus anodines. Le féminisme et l'égalité des sexes n'ont pas empêché la séduction et la manipulation de rester des instruments de lutte et de défense bien féminins. Les hommes sont stupéfaits d'entendre les femmes parler de la vie privée de leurs amis et connaissances communes, dont ils ne connaissent souvent eux-mêmes que la vie professionnelle. Les femmes au contraire savent tout de leur vie intime : untel a une maîtresse, ces deux-là se sont rencontrés à telle date et à tel endroit, celle-ci a exercé telle ou telle séduction, elle portait telle toilette lors de la première rencontre dans tel restaurant, celui-là ou celle-là ont fait telle ou telle « gaffe », etc. Tous ces événements constituent pour l'homme un savoir étonnant mais, ce qui le surprend davantage encore, c'est la description des relations en termes de calcul et d'artifices : les intentions de l'homme, celles de la femme, leurs manœuvres, leurs calculs, les erreurs de l'un ou de l'autre, comment elles ont été réparées, etc.

Certaines femmes sont capables de décrire ainsi la vie amoureuse d'une ville entière dans ses moindres détails.

1. Choderlos de Laclos, *Les Liaisons dangereuses, op. cit.*, p. 171.

Quelques spécialistes des potins, telles qu'Elsa Maxwell, sont même devenues célèbres dans le monde entier. Les femmes écrivains qui ont su reconstituer ce genre d'atmosphère sont innombrables. Prenons par exemple Jackie Collins dans *Les Dames de Hollywood*[1]. Dans son analyse implacable, le moindre noble sentiment passe pour une niaiserie, les hommes les plus connus sont des êtres misérables, maladroits et impuissants ; ils sont la proie de femmes calculatrices qui avaient depuis toujours préparé les filets dans lesquels elles les attirent. Les potins transforment tous et toutes en autant de manipulés et de manipulatrices. La vie érotique et sentimentale des êtres humains devient le musée des horreurs. Les cancans donnent immanquablement l'impression de la promiscuité. En réalité, les femmes qui sont informées des activités sexuelles d'autrui vivent, en définitive, à l'intérieur d'une vaste communauté sexuelle et dans la promiscuité érotique. Une promiscuité cachée et hypocrite, certes, mais non moins réelle, qu'elles condamnent mais dont elles sont inexorablement complices.

5. Le roman sentimental se situe précisément à l'opposé du commérage de ce genre. La manipulation n'y est pas payante. La rivale — qui manipule et séduit sans scrupule — gagne cent batailles mais finit par perdre la guerre. Comme nous l'avons vu, le roman sentimental n'a pas pour objet la description de la naissance de l'amour mais les angoisses et les peurs de la femme devant l'amour. Et tout son développement tend à montrer que ses peurs et ses angoisses n'ont pas lieu d'être et qu'elles peuvent être vaincues.

Dans un monde où tout n'est que manipulation, l'amoureux sincère qui veut le bonheur de celle qu'il aime, qui ne veut pas et ne sait pas mentir, est toujours le perdant. Mais ce n'est pas le cas dans le roman sentimental. C'est même le contraire. Là, la femme peut s'identifier avec l'amoureuse qui ne séduit pas, qui ne sait pas séduire, qui

1. Jackie Collins, *Les Dames de Hollywood*, Paris, Les Presses de la Cité, 1985.

ne veut pas séduire et qui, de ce fait, se trouve en butte aux manœuvres de sa rivale et à l'incompréhension de celui qu'elle aime. Cette situation d'angoisse paralysante apparaît, dans le roman sentimental, au cours de crises dans lesquelles la femme voudrait parler, s'expliquer, mettre l'homme en garde, mais où elle perd le contrôle, où elle ne peut plus prononcer un mot et où, pour finir, elle s'enfuit, abdiquant toute lutte.

Le roman sentimental décrit donc une situation de rivalité amoureuse dans laquelle la femme, quoique ayant renoncé à la compétition, parvient à vaincre. L'amour remporte la victoire, sans aide, sans mots, sans artifices, du seul fait de sa force intérieure, et en démasquant la séduction et l'intrigue. Il met en scène le dilemme de la femme face à un double impératif qui la déchire car il est contradictoire : faut-il ou non user d'un artifice ? La victoire ira à l'honnêteté, à la bonne foi, à la simplicité, au silence et au bien. Mais ce ne sera pas une victoire facile car, tout au long du livre, l'artifice aura gardé l'avantage et le danger n'aura pas désemparé. En choisissant la voie de la simplicité, la femme a côtoyé l'abîme qui aurait pu être sa perte. C'est donc, en fait, une indication morale que donne cette sorte de littérature : il faut un grand courage pour être sincère, pour résister à la tentation de la manipulation, du chantage et du pouvoir ; l'amour va aux cœurs purs ; le danger est terrible mais le prix est sublime.

27 1. L'homme ne se trouve jamais devant le dilemme qui torture la femme. Chez lui existe une tension entre amour et sexualité, promiscuité et fidélité, jeu et responsabilité. Il a profondément besoin d'amour et de sécurité affective. Sans cette assurance, l'angoisse apparaît et son désir érotique s'évanouit. Néanmoins, il est le plus souvent incapable de canaliser tout son désir érotique sur une seule et même femme, même s'il l'aime, même s'il en a besoin, et parfois même s'il en est profondément amoureux. La séparation toujours possible entre amour et sexualité le met fréquemment dans une situation sans issue.

Prenons un exemple. La présence d'enfants à la maison détruit souvent chez l'homme un certain type d'érotisme un peu fou, typique des amoureux et des amants. Il se sent obligé de se réfréner, de se cacher, de se plier à des horaires, de se taire. Cette privation liée à l'espace domestique l'empêche de laisser exploser l'excès dionysiaque qui lui ouvre la voie de la fusion totale et exclusive avec la femme. L'érotisme masculin est discontinu mais, au moment où il s'exerce, il veut être total, solaire, et n'admet aucun empêchement. La vie quotidienne, les convenances, les horaires, les règles et les regards indiscrets cassent l'espace spécifique dont il a besoin, abolissent le frisson et le mystère, détruisent la distance, la différence et ce qui, pour l'homme, fait de l'érotisme ce qu'il est, et pas autre chose.

Cette spécificité d'un espace et d'un temps érotiques est, pour la femme, beaucoup moins importante. L'affection, la tendresse, l'émotion et l'érotisme appartiennent pour elle au même champ ; elle considère qu'il n'y a pas d'opposition entre les scènes mais qu'elles se complètent. Nombreuses sont les femmes qui voient la grossesse comme un enrichissement de l'amour qu'elles portent à leurs maris. Elles voudraient qu'ils admirent leur beauté toute neuve et souffrent de leur silence. La naissance d'un enfant intervient fréquemment dans le même sens. Certaines femmes ne se sentent pleinement amoureuses que lorsqu'elles sont mères [1]. Tout se passe dans le domaine du continu, d'un déroulement sans faille. Pour prouver son amour à son mari, une femme trouvera naturel de laisser son enfant venir dans son lit ; elle le caressera, le gardera contre elle et, à son réveil, elle s'étonnera de ne pas découvrir un bouquet de fleurs que son mari prévenant lui aurait fait porter. Elle ne devinera même pas qu'il aurait espéré une autre forme d'érotisme, exclusivement tournée vers lui. L'homme peut, lui aussi, s'émouvoir au contact du corps de son enfant, mais son émotion est sans rapporta vec le désir qu'il éprouve pour le corps offert d'une femme, pour le don profond d'elle-même. Sa relation affective avec sa femme et ses enfants fait appel chez lui à un autre type d'amour, dans lesquels entrent également le devoir et le sens des responsabilités : un sentiment que le mâle de l'espèce humaine a appris à développer tout au long des millions d'années qu'a duré son humanisation, depuis le temps où, comme chasseur et comme guerrier, il devait protéger son territoire, sa femme et ses enfants sans défense.

Son amour ressemble à l'amour maternel sans en avoir les qualités sensorielles, tactiles, cénesthésiques et surtout, sans avoir rien d'érotique. C'est un amour attentif mais caché. Il se manifeste par des actes et non par des caresses. Il protège contre des dangers extérieurs. Il est facile à symboliser sous la forme d'une sentinelle solitaire qui veille, hors du camp, dans la nuit. Cet amour n'est pas affecté par la distance, il n'a pas besoin de la proximité ou du contact, il grandit au fil des ans, en même temps

---

1. Cf. le récit amusant de Patricia Highsmith, *La Pondeuse*, in *Toutes à tuer*, Paris, Julliard, 1976, où la femme n'exprime sa féminité que par le fait de mettre des enfants au monde, jusqu'à rendre fou son mari.

que les enfants eux-mêmes, au fur et à mesure du déroulement de la vie commune. C'est un amour cimenté par les souvenirs partagés, par la lutte en commun contre l'adversité. Il est tissé d'intimité intellectuelle et spirituelle, d'habitude du dialogue. La femme y est vraiment l'autre moitié pour l'homme, comme on disait encore, il y a peu.

Cet amour si vrai, si profond, peut n'avoir absolument rien d'érotique. Il arrive à l'homme d'aimer profondément une femme qui lui est indispensable, mais pour laquelle il n'éprouve aucun désir érotique ; elle suscite parfois en lui un sentiment voisin du dégoût ; il est capable de faire l'amour avec toutes les femmes du monde sauf avec la sienne, à moins de se l'imposer comme un devoir. Lorsqu'il est en société ou en voyage, il ne peut s'empêcher de faire des comparaisons : plus il regarde les autres femmes, plus la sienne lui paraît laide et plus il en a honte. Néanmoins, l'estime, la reconnaissance et l'affection qu'il lui porte demeurent intactes. Il apprécie toujours ses extraordinaires qualités intellectuelles et morales, sa générosité, son esprit de sacrifice et son courage. Il juge précieux ses conseils et voyage avec elle avec plaisir. Il ne lui veut aucun mal et souffre même de sa propre indifférence. Il va jusqu'à en éprouver de la culpabilité.

Il ne fait pas de doute que tous ces sentiments appartiennent au champ de l'amour, et un tel homme peut sans mentir affirmer qu'il aime sa femme. Mais elle lui est érotiquement étrangère, elle ne peut plus satisfaire son besoin d'érotisme, un besoin qui demeure intact et qui le torture comme la faim ou la soif. Les femmes ne connaissent pas cette sorte d'urgence. Pour elles, érotisme et amour sont équivalents. Si elles perdent tout intérêt érotique pour leur mari, c'est qu'en réalité elles ne l'aiment plus et ne veulent plus le voir. Si, au contraire, elles l'aiment encore, elles continuent à espérer de lui un geste romantique, une caresse, une étreinte, une attention amoureuse, toutes choses qui, pour elles, sont érotisme. Pour l'homme, l'esprit chevaleresque n'est pas de l'érotisme, pas plus que le fait d'offrir des fleurs ou la gentillesse, ou les caresses. Pour lui, l'érotisme est une région particulière, splendide, torturante, toujours désirée et toujours fuyante, qui apparaît et disparaît tour à tour, tel un mirage.

Le drame de l'homme est donc celui qui l'entraîne à aimer une femme et à en désirer une autre, qui lui fait éprouver un sentiment de *culpabilité* inexplicable, le sentiment d'un péché originel auquel il tente d'échapper en prenant toujours plus de responsabilités, en redoublant de prévenance, en multipliant ses devoirs ; en vain, car ce n'est pas ce qui lui est demandé. Ce qui lui est demandé, c'est l'union en lui de deux facettes incompatibles et qui se divisent capricieusement. C'est leur conflit qui est la cause de l'autodiscipline que les hommes se sont imposée depuis la nuit des temps. C'est la raison pour laquelle ils sont contraints de juger méritoires la maîtrise de soi et la répression sexuelle. Nous l'avons déjà mentionné et nous le retrouvons ici : érotisme et morale vont de pair aux yeux de la femme mais pas dans l'esprit de l'homme.

2. Wilhelm Steckel [1] a montré au début du siècle que la femme devient frigide si elle ne se sent pas aimée, appréciée et entourée d'attentions, ou encore lorsqu'elle a l'impression d'être rejetée. L'homme aussi a besoin d'être stimulé érotiquement, il a besoin du désir de l'autre et de se sentir apprécié sexuellement par la femme, mais cela ne l'empêche pas de se lasser de la répétition et d'exiger la diversité pour alimenter son désir. C'est une règle générale et, même si tous les hommes sont prêts à la dénier, elle n'en reste pas moins vraie. Même s'il a une femme dont il est follement amoureux, l'homme a parfois besoin de fantasmer sur d'autres femmes ou d'imaginer que la sienne fait l'amour avec d'autres hommes. S'il s'agit d'amour, ces fantasmes permettent de concentrer sur une seule une énergie érotique fixée sur plusieurs ; la femme devient donc toutes les femmes et, du même coup, l'homme devient tous les hommes qui ont été ses amants.

Les conséquences d'un tel fantasme ne sont pas indifférentes. Si, dans le mariage ou dans la vie commune, la femme se sent aimée avec tendresse et prévenance, si elle se sent entourée d'attentions, elle sera satisfaite érotiquement et pourra même voir s'accroître son désir. L'homme,

1. Wilhelm Steckel, *La Femme frigide, op. cit.*

au contraire, n'est pas excité par cette sorte de stimulations. Un univers fait de tendresse, d'attentions, d'amour exclusif, d'habitudes sereines, peut devenir pour lui une véritable prison qui tue son érotisme jusqu'à la nausée, jusqu'à l'impuissance. Si la cause de la frigidité féminine est à chercher dans l'insensibilité et la brutalité masculines, une des causes fréquentes de l'impuissance masculine est l'amour possessif que lui voue la femme.

3. Le drame particulier de l'homme se manifeste sous la forme du *sentiment de culpabilité*. Lorsque la femme décide d'avoir une relation érotique avec un nouvel homme, elle n'éprouve en général aucun sentiment de culpabilité. Elle se sent attirée affectivement et elle commence même à éprouver quelque chose comme de l'amour. Si la relation se transforme en un lien érotico-amoureux plus profond, elle veut alors avoir l'homme pour elle toute seule et ne supporte plus ses liens précédents. Si elle est mariée, elle voudra divorcer et, après avoir divorcé, elle réduira au minimum les contacts avec son ex-mari. En aucun cas, elle n'éprouvera un sentiment de culpabilité vis-à-vis de lui.

L'homme au contraire éprouve ce sentiment du début à la fin. Au début car si, pour lui, la rencontre érotique se limite au champ sexuel et n'a pas d'implications affectives, il sait qu'il n'en est pas de même pour sa femme qui se sent trahie. Même si elle n'accorde que peu d'importance au rapport sexuel et si elle a surtout besoin de tendresse, d'affection, de prévenance et de baisers, la femme n'autorise pas pour autant celui qu'elle aime à entretenir des rapports sexuels avec d'autres qu'elle : même si le sexe ne l'intéresse pas, elle veut en avoir le monopole. L'homme a l'impression de la frustrer, de la faire souffrir, et ce nouveau sentiment est en opposition totale avec la vocation morale qui le conduit à prendre sur lui la responsabilité de ceux qu'il aime. Le seul remède qu'il puisse trouver pour rassurer sa femme consiste à ne pas agir, à ne rien faire, à renoncer à ses désirs.

Son *sentiment de culpabilité* va encore s'aggraver si l'amour vient s'ajouter à un nouveau rapport dans lequel il s'est engagé. Chez la femme, l'amour trouve sa légitimité en lui-même. Sa morale lui dit : « Si tu l'aimes, va avec lui. » Chez l'homme au contraire, l'érotisme appartient au domaine du plaisir mais sa morale lui dit : « Respecte ton contrat, prends soin de ceux qui dépendent de toi, ne fais pas souffrir ceux qui t'aiment et que tu aimes. » À ses yeux, seul le fait de tomber amoureux légitime l'amour, et encore, en partie seulement. Il faut que la passion vienne faire exploser et bouleverser les règles de la morale courante pour qu'il se sente, au fond de lui, le droit de suivre son désir ; mais l'autre morale, celle des responsabilités, reste toujours à l'œuvre. L'homme amoureux continue donc à se préoccuper de celle qu'il a quittée et se sent responsable de sa souffrance. Mais c'est une autre femme qui le pousse à quitter la sienne, c'est une autre femme qui lui explique qu'il a le droit de le faire, qu'il en a même le devoir car, s'il reste avec elle sans l'aimer, il ne saurait que lui faire du mal.

Il serait faux de juger un tel comportement comme de la rivalité féminine. La femme pense simplement que si l'on aime quelqu'un, on ne doit aimer que lui, et que toute morale doit céder devant cet amour. « Va avec celui que tu aimes » : la femme respecte ainsi ses engagements moraux. Pendant des milliers d'années, l'homme a appris, au contraire, que son premier devoir devait s'exercer envers la communauté, la famille, son épouse, ses enfants, et que l'érotisme était quelque chose en plus, quelque chose qu'il pouvait obtenir de sa femme, mais aussi de ses concubines ou de ses esclaves ; quelque chose qu'il pouvait obtenir par la guerre et le saccage ; mais il a appris en même temps que rien de tout cela ne devait interférer avec ses premiers devoirs qui n'appartenaient pas au domaine de l'érotisme.

Les femmes ont raison de dire que les hommes montrent davantage d'hésitation, d'incertitude, de doute dans les choses de l'amour. Elles sont quant à elles pour le oui ou pour le non, sans position intermédiaire ; c'est précisément cette façon de penser qui est restée, pour l'homme, pendant des millénaires l'image même de l'immoralité et de l'irresponsabilité. Ce n'est que tout récemment, avec la disparition du patriarcat, l'indépendance féminine, la chute de la natalité et les progrès sociaux que le traditionnel poids des responsabilités masculines a commencé à s'alléger. Il en reste aujourd'hui une habitude mentale et une certaine sensibilité morale sans la moindre justification objective. Le modèle féminin tend à dominer et l'homme éprouve désormais son incertitude et son indécision non pas comme des vertus, mais comme des faiblesses coupables, et donc, encore une fois et paradoxalement, avec un *sentiment de culpabilité*. Par ailleurs, il existe également une inertie des vieux comportements chez la femme : elle est érotiquement attirée par l'homme fort, qui inspire confiance et dont les bras sont un refuge ; le héros qui sait vaincre tous les obstacles, au-dehors comme au-dedans, reste le maître de ses émotions. S'il aime, c'est profondément, généreusement, jusqu'au sacrifice, jusqu'à l'héroïsme. « L'homme vrai » ne doit pas tomber amoureux de la première nymphette venue, il ne doit pas partir avec la première danseuse aux jambes irrésistibles ; la femme s'attend que l'homme qui l'a choisie sache rester de marbre devant la passion suscitée par d'autres ; s'il cède il est un être faible, irresponsable et immoral.

Un seul personnage échappe à cette morale typiquement féminine : la star, le chanteur, l'acteur célèbre, idolâtré par les foules, adoré par toutes les femmes. Dans ce cas, la seconde composante de l'érotisme féminin se met en œuvre, la composante collective qui a renoncé à l'exclusivité. Le monde du spectacle est le grand temple où se célèbre cette sorte d'érotisme, en même temps qu'il sert de référence à tous les hommes des plus jeunes générations. Jusqu'aux années cinquante, les stars d'Hollywood étaient tenues, du moins formellement, à un type de moralité sexuelle conventionnelle, mais aujourd'hui, les nouvelles stars se présentent comme les champions de la transgression. Depuis les Beatles et les Rolling Stones, l'homme célèbre ne se marie plus, il est entouré d'un harem souvent bisexuel, il se drogue volontiers, il refuse tous les devoirs et toutes les responsabilités de l'homme marié. Les stars d'aujourd'hui correspondent à un fantasme très puissant pour les hommes qui s'identifient à elles : celui d'être libéré des responsabilités. Les stars exercent sur les femmes un attrait érotique direct et produisent sur les hommes un effet euphorisant, car elles incarnent une modalité érotique entièrement soustraite au sentiment de culpabilité, et néanmoins appréciée de l'autre sexe. C'est donc un modèle idéal que tous souhaitent atteindre un jour : aller, grâce au succès, au-delà du bien et du mal, dans le monde de l'arbitraire absolu.

Convergences

28 1. Certaines personnes disposent d'une charge
érotique importante. L'érotisme est un élément
important dans leur vie et, privées de la possibilité de le manifester, elles perdent de leur éclat comme
si elles manquaient d'air ou de nourriture. D'autres, au
contraire, en sont totalement dénuées, ce qui ne signifie
pas qu'elles s'en désintéressent, mais elles manquent néanmoins, selon toute apparence, de ce type de sensibilité
vitale. L'érotisme est presque toujours sujet à variations
et n'est en rien constant tout au long de la vie. Je ne parle
pas ici du peu d'énergie érotique susceptible d'être réveillé
à force de stimulations mais du grand érotisme, de l'érotisme comme fait central dans l'existence d'un individu,
comme événement qui lui donne un sens. La richesse
érotique ne se manifeste pleinement qu'à certains moments
de la vie : au cours de l'adolescence, par exemple, mais
surtout lorsqu'on tombe amoureux. Telles sont les époques
d'un éros extraordinaire, telles sont les saisons de l'amour.
Ensuite, lorsque le grand amour ou la passion a pris fin,
la vie quotidienne s'installe et l'érotisme se met en sour-
dine pour céder le pas devant d'autres intérêts et d'autres
préoccupations.

Depuis le fameux rapport Kinsey, les résultats de toutes
les recherches sur la sexualité humaine prouvent que le
temps réservé à l'activité amoureuse est, en réalité, extrê-
mement bref. Tous les sexologues confirment que ceux qui
trouvent l'envie, le temps et le désir de faire l'amour pendant de longues heures sont peu nombreux ; le nombre
de ceux qui, après l'acte sexuel, se sentent tristes et maus-
sades au lieu de se sentir heureux, renouvelés et sereins
est en revanche stupéfiant. En somme, la plupart des gens

sont d'accord avec l'adage latin : « *Post coitum animo triste.* » Dans ses derniers travaux, Michel Foucault a prouvé que cette conception remontait à la médecine grecque et romaine, selon laquelle le rapport sexuel entraîne une perte de la force vitale. La même idée a été reprise par le christianisme et c'est elle qui était en vigueur, il y a encore quelques décennies, quand on menaçait les garçons des pires maladies s'ils se masturbaient.

Une telle théorie n'existe pas dans la médecine orientale. Le taoïsme pense au contraire que des rapports sexuels longs et fréquents (et mieux encore, avec différents partenaires) accroissent les forces vitales et prolongent la vie, car l'homme s'enrichit du principe féminin *yin* et la femme du principe masculin *yang*. La peur de l'appauvrissement n'est pourtant pas absente du taoïsme qui recommande à chaque sexe de s'efforcer de tirer de l'autre la plus grande part possible du principe complémentaire tout en donnant le minimum de soi. La pratique taoïste invite l'homme à réduire ses éjaculations et, à partir d'un certain âge, il devrait même les suspendre tout à fait.

Le retournement de ces préceptes conservateurs et égoïstes ne se produit que lorsque survient l'amour, lorsque celui qu'on aime devient, à nos yeux, unique et irremplaçable. C'est le besoin de le voir, de le toucher, de l'embrasser, de l'étreindre, de lui tenir la main, qui domine alors. Chaque nouvelle rencontre est l'occasion de se recharger en énergie vitale. L'autre est porteur d'un fluide vivifiant qui nous redonne des forces. En faisant l'amour longuement, désespérément, le corps se recharge comme une batterie électrique ; sa vitalité et sa force s'accroissent en proportion. Ce que nous donne l'être aimé — ses baisers, son corps, ses liqueurs — compose la nourriture qui nous donnera l'énergie de nous lever, de partir, de travailler, et même celle d'affronter la séparation. Puis, après un certain temps, tout se passe comme si l'énergie accumulée se déchargeait. Nous éprouvons comme une fatigue, un sentiment de lourdeur, une faiblesse amère. Nous avons à nouveau besoin de sa bouche et de son corps ; il est le seul qui puisse nous transmettre cette énergie, le seul à la posséder.

Dans cette perspective, la seule idée que l'on puisse être

affaibli par le fait de faire l'amour paraît absurde. Ce n'est au contraire qu'en faisant l'amour, en se donnant l'un à l'autre, que chacun trouve sa force. L'être aimé est notre nourriture, l'eau que nous buvons, l'air que nous respirons. Et nous sommes, de même, tout cela pour lui. L'acte amoureux est notre façon de le nourrir tout en nous nourrissant nous-même.

C'est sur ce mode que les personnes douées d'une grande charge érotique vivent la sexualité : plus elles donnent, plus elles reçoivent. Quoique très étroitement lié à la passion amoureuse, cet érotisme généreux peut se présenter, dans certains cas, sous les apparences de la légèreté et de la sensualité. Il n'a nul besoin de se fixer sur un objet ; il est excité par des formes toujours neuves, des corps toujours nouveaux. Il est basé sur une excitabilité de tous les sens : vue, ouïe, odorat, toucher, mais aussi sensibilité musculaire et cutanée. Il répond aux stimulations les plus fugaces, aux signaux les plus ténus ; il déchiffre le moindre indice de séduction et y répond sur-le-champ. C'est ainsi qu'il fait s'épanouir l'érotisme autour de lui car il le reconnaît comme tel ; il lui renvoie sa propre impulsion, son sourire, son assurance et son énergie. Les gens ainsi faits aiment la vie et les plaisirs sous toutes leurs formes. L'homme de cette espèce trouve en toute femme quelque chose de beau et d'excitant. La femme, quant à elle, identifie au premier regard celui qui lui plaira et elle est heureuse de se sentir désirée d'emblée. L'homme enveloppe la femme de son désir jusqu'à la sentir vibrer ; la femme s'abandonne au plaisir de la séduction active et passive.

L'érotisme a toutefois besoin, pour se développer totalement, d'un objet unique dont il se plaît à découvrir tout le potentiel. L'amour ne lui est pas indispensable au début. Ce type d'érotisme n'est pas nécessairement très fidèle mais il n'est pas ouvert à toutes les stimulations : les sens ne sont pas toujours en éveil et prêts à accueillir les signes les plus légers de la séduction ; la faiblesse de ses réactions risque même de le faire passer pour limité. Sa force tient à sa concentration. Lorsqu'il a élu un objet, lorsqu'il l'a vu, lorsqu'il l'a distingué de la masse informe des autres, il se fixe sur lui et ce n'est qu'alors que ses sens s'éveillent. Les sensations que le premier type recueillait du monde, ce second type les trouve chez une seule personne dont il va découvrir toutes les facettes, toutes les nuances, odeurs, saveurs, formes, éclats, dans un tourbillon de visions concentrées en un seul objet. Tels les rayons du soleil à travers une lentille qui fait s'élever la chaleur jusqu'à l'embrasement, les sentiments s'élèvent jusqu'à l'incandescence de la sensualité et de la fusion.

2. L'érotisme est la manifestation d'une forme d'intérêt pour autrui. Il est générosité intellectuelle et affective, capacité à se donner, à s'abandonner. Le grand érotisme est à l'opposé de l'avarice, de la mesquinerie et de la prudence.

La générosité peut, bien sûr, exister sans l'érotisme. Prenons l'exemple d'une femme très maternelle, capable de se vouer tout entière à autrui, jusqu'à s'oublier elle-même, dans une forme de don qui n'a rien d'érotique. Elle prend sur elle tous les besoins de celui qu'elle aime : nourriture, vêtement, loisirs ; elle le veille la nuit, elle le soigne et le guide comme le ferait une mère ; elle peut même stimuler son excitation érotique, comme dans le récit de Colette où la femme amoureuse — mais totalement frigide — feint un orgasme qu'elle n'éprouve pas : son cri s'élève comme un chant très pur qui rend son jeune amant fou de bonheur [1]. Le véritable érotisme suppose une implication authentique de soi et de son propre plaisir ; il est tout à la fois altruisme et égoïsme ; il est la synthèse de ces deux pôles. Ce que le christianisme appelle « charité » est encore plus loin de l'érotisme. Dans la charité, l'amour ne se limite ni à l'enfant ni à l'amant : il déborde. Ceux qui sont capables d'un tel altruisme ne sentent plus leurs propres souffrances ; ils considèrent comme secondaires leurs propres préoccupations. Ils participent à la douleur des autres, ils souffrent avec eux et leur vouent leur vie entière. Ils ne pensent jamais à leur propre plaisir et l'érotisme est à mille lieues de leur esprit. Pourtant, ils sont beaucoup plus proches des personnes capables d'érotisme absolu que

1. Colette, *Le Pur et l'Impur*, op. cit.

des avares et des égoïstes glacés et renfermés sur eux-mêmes.

Le rapport entre la mystique orientale, chrétienne et islamique et l'amour-passion est très étroit. La poésie d'Ibn Al Djabari [1] est tout à la fois religieuse et érotique. Le long poème de Rumi (Mwlawi Jalal ad Din) est un très doux chant d'amour et d'espérance, de nostalgie et de foi. La poésie de Dante et de Pétrarque est toute traversée d'élans amoureux pour la femme et la divinité. C'est le mouvement érotico-religieux des béguines [2] qui est à l'origine de la mystique allemande, et le rapport entre saint François et sainte Claire était animé d'une forte composante amoureuse. Chez de nombreux saints chrétiens, de saint François à sainte Thérèse d'Avila, l'amour divin et la charge passionnelle coexistent avec l'altruisme. Le *Cantique des cantiques* dans la Bible est un des plus beaux chants érotico-amoureux qui soient au monde.

Cet élan altruiste devient érotique lorsqu'il passe à travers le corps, le sien propre et celui de l'autre, et qu'il cherche dans le corps même son plaisir, pour soi et pour l'autre, jusqu'à l'excès, jusqu'à la recherche du plaisir pour tous les autres. La poésie amoureuse et érotique est destinée à provoquer amour et plaisir érotique pour le bonheur des autres et du monde, et ce projet vaut pour toute forme artistique. La peinture et la sculpture ont assumé le même rôle dans le passé. L'artiste, amoureux de sa maîtresse et fasciné par elle, la transfigurait sous les traits d'une madone que tous les hommes pouvaient adorer et dont ils pouvaient apprécier la beauté.

À l'époque moderne, ce processus s'est transmis à la photographie et au cinéma. Von Sternberg a su déceler chez Marlene Dietrich un charme érotique qu'elle ignorait peut-être posséder. Il l'a vu car il était amoureux d'elle et il a réussi à l'objectiver, à le faire surgir, à le transmettre, jusqu'à produire chez les autres, chez tous les autres,

1. Cf. l'anthologie de René Khawam, *Propos d'amour des mystiques musulmans*, Paris, éd. de l'Orante, 1960, pp. 150-159.
2. Herbert Grundmann, *Religiöse Bewegungen im Mittelalter*, Hildesheim, 1961.

la même passion que celle qu'il éprouvait pour elle. Brigitte Bardot, l'un des plus grands mythes érotiques de ce siècle, est le produit de l'amour et de la passion de Roger Vadim pour elle. Il était simple photographe, assistant d'Allégret et amoureux de l'actrice. Il savait, de métier, identifier la beauté et la capter par l'image. Son approche du corps de la femme était esthétique. Il a su voir la beauté chez Brigitte Bardot et l'a transmise aux autres.

Une précision s'impose ici : les hommes sont fascinés par la beauté féminine mais ils la voient à travers leur œil érotique et non pas esthétique. Ils sont incapables de l'analyser. Ils en ont une vision d'ensemble ou sont, au contraire, attirés par un détail. Le regard érotique est fétichiste. C'est pourquoi lorsqu'un homme a vu une femme nue, il croit avoir « tout » vu. « Je l'ai vue nue », dit-il, et il pense n'avoir plus rien à découvrir. Une femme, en revanche, regarde une autre femme d'un œil esthétique. Elle observe que sa charpente est menue, ses épaules larges, sa taille fine, ses hanches galbées, ses jambes parfaites. Elle voit qu'elle a de longs cils, le dos droit, racé, les fesses rondes et une fossette au creux des reins. Elle sait si sa peau est soyeuse, sans duvet, ambrée. Elle devine de même si sa taille est épaisse, ses hanches trop larges et ses cuisses trop fortes. La femme apprend très tôt à discerner, sous le corps de l'adolescente, celui de la femme faite. Ce n'est pas le cas de l'homme. Lorsqu'il est excité érotiquement, il ne sait pas voir les défauts ; ils ne lui apparaissent confusément qu'après, et peuvent même aller jusqu'à le dégoûter. S'il est amoureux au contraire, il valorise l'ensemble des qualités de sa maîtresse dans un mouvement de transfiguration de la réalité. Seul un homme doué d'un talent particulier, qu'il soit photographe, metteur en scène ou peintre, sait voir et analyser la beauté qui (pour une époque donnée) est la même pour tous. Vadim a eu un tel talent ; il a vu que la beauté de la femme qu'il aimait pouvait être universelle. Mais cette beauté était encore une matière brute et il fallait l'animer d'un rêve. L'amoureux tend toujours à transformer celle qu'il aime de façon à la rendre encore plus désirable à ses yeux. Les femmes achètent des toilettes pour plaire aux hommes qui eux-mêmes influencent, par leurs goûts érotiques, le choix des toilettes féminines ; chacun veut, en effet, plaire à l'autre et il est prêt, pour cela, à modeler son goût sur celui de l'autre. Vadim a projeté sur l'actrice ses rêves, ses fantasmes érotiques, ses délires, et l'a conduite à en être l'instrument. Il lui a dit comment s'habiller, comment parler, comment regarder, comment bouger, comment s'asseoir, comment dire oui, comment dire non. La femme qui apparaît dans *Et Dieu créa la femme* est le produit de ce rêve d'amour. Il la montre au cinéma telle qu'il l'a imaginée pour la rendre infiniment désirable. Son génie lui a fait voir ce que les gens de son temps désiraient et ce qu'ils attendaient. Le film est la réalisation, en chair et en os, de ce rêve collectif. C'est ainsi que naît le mythe[1].

3. Les femmes reprochent quelquefois aux hommes de ne savoir ni saisir leurs sentiments ni déchiffrer les plus petits mouvements de leur âme, de ne pas savoir en parler. La femme qui étreint son amant croit pouvoir en embrasser l'essence même. C'est cette « intimité » qu'elle recherche dans les mots utilisés pour décrire, découvrir et déchiffrer ; l'homme, lui, reste fasciné par son corps, par son regard, par un détail auquel il donne le nom de beauté. La femme le sait ; elle l'accepte au point de se « faire belle » pour lui plaire quoique sur un mode qu'elle juge elle-même léger et superficiel. Les choses ne se passent pas toujours ainsi. La vision de l'homme est parfois beaucoup plus qu'une simple observation car elle a le pouvoir de transfigurer la réalité quotidienne et de voir au-delà. À moins qu'il ne contemple, fasciné, une réalité qui dépasse le rêve.

Nombreux sont les spécialistes qui ont expérimenté divers types de drogues. Tous sont parvenus à la même conclusion : la réalité se pare alors de couleurs tout autres. Citons un passage d'un livre d'Aldous Huxley : « *Istigkeit* — n'était-ce pas là le mot dont maître Eckhart aimait à se servir ? Le fait d'être. L'Être de la philosophie plato-

---

1. Cf. Milena Gabanelli et Alessandra Mattirolo, *Brigitte Bardot*, Rome, Cremese Editore, 1983. Marco Giovanni et Vicenzo Mollica, *Brigitte*, Rome, Lato Side, 1983. Et Rosa Giannetta Trevico, « *Regine ma non ancora un mito* » in *Il Giorno*, 6 septembre 1985.

nicienne — sauf que Platon semble avoir commis l'erreur
énorme et grotesque de séparer l'Être du devenir, et de
l'identifier avec l'abstraction mathématique de l'Idée.
Jamais il n'avait pu voir, le pauvre, un bouquet de fleurs
brillant de leur propre lumière intérieure, et presque fré-
missantes sous la pression de la signification dont elles
étaient chargées ; [...] une durée passagère qui était
pourtant une vie éternelle, qui était en même temps un
Être pur, un paquet de détails menus et uniques [...]. Des
mots tels que Grâce et Transfiguration me vinrent à
l'esprit [1]. » Il ne s'agit pas d'une expérience que l'on peut
décrire avec les mots de tous les jours. Il faut, pour cela,
avoir recours aux symboles et aux mythes. Il faut être
Platon.

L'homme amoureux fait souvent cette expérience, de
même celui qui est sous le coup du charme féminin. Nous
y avons fait allusion à propos de l'instant d'éternité. La
forme que perçoit l'homme, dans ce cas, est extraordinai-
rement proche de ce que la femme appelle l'âme, et qu'elle
découvre à travers d'autres stimulations : odeurs, sons,
sensations, paroles. Mais cette âme est forme, mais cette
âme est beauté. Dans les deux cas, c'est une essence qui
est tout à la fois le but et la source de tous les émerveille-
ments.

1. Aldous Huxley, *Les Portes de la perception*, Paris, Éd. du Rocher,
1954, p. 20. Huxley utilise ici de la mescaline ; d'autres ont obtenu des
résultats analogues avec des drogues complètement différentes comme
le LSD. Cf. par exemple George Leonard, *The End of Sex*, New York,
Bantam Books, 1983, pp. 78-80.

29 1. L'érotisme est une forme de connaissance de notre corps propre et de celui de l'autre ; une connaissance qui passe par le corps devenu lui-même objet érotique dans le processus de la séduction ; et c'est le désir de l'autre qui met en œuvre notre connaissance. Les religions ascétiques qui combattent l'érotisme cachent le corps et défendent à leurs fidèles d'en prendre soin et même de le laver. Le toucher, la sensibilité cénesthétique et l'odorat s'affaiblissent. Il y a dans les êtres et dans les lieux habités par les membres des religions ascétiques, dans leurs vêtements, dans leurs réfectoires et dans leurs couvents, quelque chose de sordide, de mauvais goût et qui sent mauvais. Ce sont les aristocrates, les commerçants et le haut clergé qui, en Europe, ont fait leur place à la beauté, au raffinement, à la poésie, à la peinture, aux vêtements colorés, aux parfums, à la curiosité, à l'étude de la nature et du corps humain, à la médecine. La Renaissance italienne, qui est à l'origine du monde moderne, est une découverte du corps, de son harmonie et de sa beauté.

Il ne faut pas négliger la connaissance qui passe par le corps. Lorsque nous entrons en contact avec une autre personne, nous sommes, tous, profondément influencés par ses expressions physiques. Nous percevons d'abord et avant tout le langage non verbal qu'émet son corps. La femme en a une conscience plus aiguë que l'homme et ce qu'elle perçoit en premier, c'est l'odeur du corps de l'homme. L'odeur est pour elle déterminante. C'est souvent sur cette base qu'elle décide de revoir ou non un homme. Elle l'évitera si l'odeur est négative et provoque en elle un mouvement de répulsion. L'odeur est perceptible à distance : il suffit, pour en faire l'expérience, d'avoir un voisin en train, en avion, en voiture, au restaurant ou dans un ascenseur. L'haleine de l'homme est, pour la femme, plus déterminante encore car, si l'on peut modifier l'odeur corporelle grâce aux déodorants et aux parfums, on peut difficilement modifier celle de l'haleine. D'instinct, la femme fait en sorte de la percevoir. Il lui suffit de s'approcher, sous prétexte de rajuster la cravate d'un homme qui, de son côté, ne manque jamais d'apprécier ce geste.

L'odeur du corps et de l'haleine est une condition *sine qua non* pour la poursuite d'une relation. Si elle est positive, le rapport peut continuer. De ces deux odeurs du corps et de l'haleine, la femme est capable de déduire celle du sexe. Même après une douche, le sexe de l'homme garde toujours une odeur particulière.

Les créateurs de parfums possèdent un véritable savoir sur le rapport entre le corps et les odeurs. L'art de créer des parfums est un art érotique établi sur une connaissance profonde de la psyché de la femme et des métamorphoses de l'odeur naturelle de son corps mélangée au parfum. Le même parfum sur des femmes différentes prend, en effet, des fragrances diverses. Les créateurs de parfums sont de grands amateurs du corps féminin. Le savoir sur le parfum masculin, au contraire, est toujours à l'état brut, peut-être parce que les femmes ne se sont pas encore engagées dans la création de parfums masculins, ou peut-être, parce qu'elles préfèrent le parfum naturel de l'homme.

Après les odeurs, la femme passe aux saveurs, mais cet acte de connaissance a besoin de prémices érotiques : le baiser. Pour l'homme, en revanche, le baiser introduit à l'exploration car, jusque-là, il n'avait pu capter que le parfum artificiel de la femme et non pas son odeur. Avec le baiser, il découvre l'haleine qui, parfois, peut provoquer en lui un geste de répulsion ; néanmoins, il n'y accorde pas la même importance que la femme. S'il est excité érotiquement, il peut même cesser tout à fait de percevoir une odeur désagréable. Pour l'homme, l'haleine n'est qu'un obstacle, jamais une barrière.

Pour la femme, la saveur de la bouche est aussi déterminante, sinon plus, que les odeurs. Le baiser est la première des modalités qui consistent à offrir quelque chose de son propre corps. C'est le premier geste pour goûter le corps de l'homme. Dès le baiser, une femme experte comprend le caractère d'un homme, et cela à des détails qu'on jugerait insignifiants. Elle a l'intuition, par exemple, qu'il veut mener le jeu, ou qu'il est disposé à lui céder la place ; elle devine que, dans l'acte sexuel, l'homme est capable de différer son orgasme, ou qu'il a des problèmes d'éjaculation précoce ; elle peut deviner aussi s'il est généreux ou avare à donner du plaisir, s'il est intelligent ou sensible ; elle peut encore déceler mille autres caractéristiques de l'homme, mais garde néanmoins secrète la façon dont elle les découvre, et se garde bien de le dire à qui est incapable de l'entendre. C'est un savoir ancien, initiatique, qui pourrait même être jugé obscène, mais qui requiert à la fois complicité et réserve. Une femme ne parle jamais de ces choses-là avec une jeune fille qui n'a jamais été profondément amoureuse. Pareillement, elle ne parle jamais d'érotisme avec un jeune garçon, préférant lui transmettre son savoir en faisant l'amour avec lui.

La connaissance du corps de l'homme permet aussi à une femme d'évaluer les autres femmes. Elle les écoute, elle observe leurs moindres gestes et elle devine si elle a affaire à des amoureuses ou à des indifférentes ; elle sait si elles acceptent le corps de leur amant ou si elles le refusent ; elle sait si leur amour est un véritable amour ou un simple sentiment de possession, animé d'un désir de protection ou d'autorité.

L'étape suivante est la connaissance du corps de l'homme à travers son propre corps. La femme utilise en effet davantage son propre corps que sa raison pour explorer l'homme. Elle se fie davantage à ses sensations qu'à son raisonnement ou même à ce qu'il lui dit. La femme a tendance à considérer ce que l'homme fait pour elle, ses gestes vis-à-vis d'elle, comme plus importants que ce qu'il lui dit ou lui promet. Une étreinte, une vibration, un soupir, la chaleur de sa peau, son excitation, son abandon comptent davantage que les « je t'aime » ; plus authentique encore est le « je t'aime » qui vient du corps, dans un moment quelconque, qu'un « je t'aime » dicté par l'esprit et qui n'est fait que de mots. Les mots sont ambigus ; ils sont des instruments et elle ne l'ignore pas, alors que les pulsions du corps sont authentiques. On peut contrôler les mots mais non pas les corps, qui transmettent toujours quelque chose de ce qu'ils éprouvent, surtout sous l'effet de la fatigue ou de la tristesse.

La femme la plus naïve, la plus fruste, la plus incapable d'aimer et de se donner, possède, dans ce domaine, un savoir naturel supérieur à celui de l'homme le plus sensible et le plus cultivé. Autrement dit, la femme utilise son corps pour passer à travers le corps de l'homme et pour atteindre à sa psyché, et souvent, cette région de l'esprit de l'homme lui reste à lui-même inconnue.

Au cours des siècles où la femme est restée enfermée à la maison et écrasée par le pouvoir masculin, elle a appris aussi à utiliser son savoir dans le but de vaincre l'homme, de le dominer, de lui faire faire ce qu'elle voulait. Aujourd'hui encore, dans les relations professionnelles, surtout lorsqu'est en jeu quelque chose d'essentiel, la femme ne se contente pas d'abandonner son corps, objet maudit, parce que l'homme le désire ; elle l'utilise aussi comme un moyen de connaissance de l'autre. Il lui est facile, si elle en a le désir, de faire l'amour avec lui. L'homme peut tirer quelque orgueil de sa conquête mais, elle, à travers ce rapport, peut apprendre quelque chose de lui dont il n'a aucune conscience, et mettre en lumière un aspect de son caractère. Dans un rapport avec un collègue de travail ou avec un supérieur, elle peut ainsi parvenir à saisir ses faiblesses, ses peurs, ses réticences, les raisons de son agressivité, tous comportements qui, auparavant, restaient sans explication. Elle peut comprendre ses désirs, ses mécanismes de défense, et apprendre du même coup à s'en défendre. Elle peut même découvrir des qualités cachées et des vertus qui ne pouvaient se révéler qu'à travers son corps.

Ce type de connaissance est le même que celui dont use la femme vis-à-vis du mari avec qui elle vit encore, mais qu'elle hait ou dont elle n'est plus amoureuse. Elle s'en sert pour contrôler ses réactions, pour le dominer et briser sa confiance en lui. Pour accomplir cette sorte de manœuvre, elle se sert davantage de son corps que des mots. Elle en joue, par exemple, en faisant alterner le désir et le refus : un jour elle est élégante, le lendemain déprimée ; un jour elle est passionnée, le lendemain indifférente ; un jour son corps vibre, le lendemain elle est de glace. C'est ainsi qu'elle produit, dans l'esprit de l'homme, cet effet déconcertant qu'il ne sait provoquer, quant à lui, qu'à travers des mots : en promettant et en manquant à sa parole, en disant une chose et en ne la faisant pas. Sur le plan social, l'homme qui se comporte ainsi est jugé comme un être immoral, il se met en désaccord avec les valeurs éthiques qui lui imposent de respecter la parole donnée et d'être cohérent. En se servant de son corps et des capacités expressives de celui-ci, la femme se soustrait à toute critique morale. Le corps n'est pas la raison — dit-elle aux autres et à elle-même —, il réagit d'instinct, on ne peut lui en tenir rigueur, et elle n'est donc pas coupable. C'est ainsi que nous retrouvons la « surcharge morale » typique de l'homme de ce temps dont nous avons déjà longuement parlé.

Cette extraordinaire importance du corps féminin capable de juger, de connaître, de contrôler sa force même, le rend en même temps très vulnérable, car les hommes, au fil des siècles, ont appris à freiner ce pouvoir occulte, sans renoncer pour autant à la femme et à l'acte sexuel, trop important pour eux. Ils se sont contentés de réduire le contact avec elle et la durée de la rencontre pour retrouver tout de suite après leur autonomie. La discontinuité de l'homme est sa façon de se préserver de toute atteinte. L'inconstance de l'érotisme masculin est un subterfuge, un artifice pour se soustraire au jugement. La femme s'emploiera à étudier minutieusement ses réactions mais elle ne pourra le démasquer, pas plus qu'on ne devine l'enfant qui va faire l'école buissonnière pour échapper à une interrogation.

2. L'homme n'a pas la même connaissance de son corps et du corps féminin. À la manière dont la femme s'approche, dont elle le regarde, dont elle répond à son regard, dont elle s'assoit, dont elle croise les jambes, le séducteur peut deviner si elle est disponible. Il connaît toutes les zones érogènes du corps et de l'esprit de la femme, il sait comment les toucher et comment provoquer ses réactions mais, en général, ce n'est pas la part la plus profonde de

l'âme féminine qui l'intéresse. Ce qui l'intéresse, c'est de faire l'amour avec elle, et il emploie son savoir comme un moyen pour atteindre son but. L'acquisition de la connaissance féminine à travers le corps est fondée sur un besoin de savoir très profond et très ancien. Pour réaliser ses désirs, pour se défendre contre le pouvoir masculin, la femme a dû observer pendant des siècles tous les gestes de l'homme-maître, tous ses mouvements involontaires, et sans jamais laisser faiblir sa vigilance.

Seuls les homosexuels ont su développer une capacité analogue. L'érotisme est, chez eux, plus étroitement mêlé aux questions professionnelles, au succès et au pouvoir. Il existe souvent, entre eux, des rapports semblables à ceux que la femme entretient avec l'homme susceptible de lui procurer un travail, d'assurer sa carrière, ou d'en faire une femme riche. Dans le monde intellectuel, la connaissance du corps et par le corps est une autre modalité de la connaissance intime de la pensée et de la sensibilité de l'autre, de la perception de certains aspects de sa personnalité, autrement inaccessibles : toutes qualités et nuances que l'hétérosexuel est condamné à ignorer. Les homosexuels tendent à former une communauté en s'appuyant précisément sur cette capacité à se connaître, sur cette intimité exclusive et sur ce savoir initiatique réservé aux adeptes.

3. À chaque instant de la relation amoureuse, la femme garde sa capacité de percevoir et d'évaluer. Quand il est excité érotiquement, l'homme perd au contraire le peu de vigilance dont il dispose. Il n'est dominé que par une seule émotion et il n'est plus en situation de dire si celle avec qui il fait l'amour est belle ou laide, grosse ou maigre, si elle a une poitrine grosse ou menue. La femme est stupéfaite d'apprendre que son amant a fait l'amour avec une autre qui, à ses yeux, est très laide, voire répugnante. Dans l'excitation érotique, l'homme apprécie tout en bloc, et lorsque l'excitation disparaît, l'impression de beauté disparaît avec elle ; il croit parfois sortir d'un rêve. Il se retrouve, étonné, auprès d'un corps qui lui est étranger, très différent du sien, d'une femme maigre ou grosse qui ne lui rappelle rien.

S'il arrive à un homme amoureux de se laisser entraîner par un attrait érotique momentané, jusqu'à faire l'amour avec une autre femme que celle qu'il aime, il se sent ensuite comme souillé et a le plus grand mal à se libérer d'un sentiment de malaise. Cette mésaventure arrive moins souvent à la femme car elle fait toujours une évaluation préalable et elle sait à l'avance si l'homme lui plaît ou non. Si elle est amoureuse, il est rare qu'elle se laisse prendre par le premier venu. L'homme au contraire n'évalue rien à l'avance et il est ensuite stupéfait de son choix. Mais sa stupeur ne lui procure aucune expérience, elle est fille du non-savoir et de l'oubli et rien n'empêchera l'homme de recommencer à la première occasion.

S'il arrive à la femme de se tromper dans son évaluation et de se donner à un homme qui lui inspirera du dégoût après coup, elle sera prise de colère contre elle-même et c'est son corps qui réagira. C'est ce que décrit Milan Kundera dans un de ses romans : « À ce moment-là une terrible répugnance s'empara de Tamina, elle se leva de sa chaise et courut aux toilettes ; l'estomac lui remontait dans la gorge, elle s'agenouilla devant la cuvette pour vomir, son corps se tordait comme si elle étit secouée de sanglots et elle voyant devant ses yeux les couilles, la queue, les poils de ce type, et elle sentait le souffle aigre de sa bouche, elle sentait le contact de ses cuisses sur ses fesses et l'idée lui traversa l'esprit qu'elle ne pouvait plus se représenter le sexe et la toison de son mari, que la mémoire du dégoût est donc plus grande que la mémoire de la tendresse (ah oui, mon Dieu, la mémoire du dégoût est plus grande que la mémoire de la tendresse !) et que dans sa pauvre tête il n'allait rien rester que ce type qui avait mauvaise haleine, et elle vomissait, se tordait et vomissait [1]. »

Par bonheur pour l'homme, et surtout pour la complémentarité entre les sexes, le dégoût n'est jamais si fort que la tendresse ou le désir ; car l'homme n'a pas la mémoire du dégoût mais seulement celle du plaisir érotique. Au fil

---

1. Milan Kundera, *Le Livre du rire et de l'oubli*, Paris, Gallimard, 1978, p. 167.

du temps, de toutes ses expériences érotiques, fût-ce celle dans laquelle il s'est étonné de se retrouver auprès d'une femme laide, ou encore celle qui lui a laissé une sensation de dégoût, il ne retiendra dans sa mémoire que le seul aspect excitant : un détail étrange ou attirant, un éclat de beauté susceptible d'éveiller son désir.

30 1. L'érotisme est, chez l'homme, profondément lié à la beauté du corps féminin. Cela ne veut pas dire que seules les belles femmes suscitent son intérêt érotique, mais qu'il sait reconnaître la beauté en toute femme. L'*œil érotique* saura extraire la beauté d'un geste, d'un sourire, d'un regard, de la courbe des hanches, de la rondeur des épaules, du pli de l'aine, du renflement du pubis, de la couleur de la peau, du reflet de la chevelure, d'une ombre, du jeu de la lumière selon les heures du jour. La beauté érotique du corps des femmes est, pour l'homme, comparable à la nature ou au monde ; elle est source d'émerveillement continuel. Il en subit le charme et elle le ravit. C'est pourquoi les couvertures des magazines représentent toujours les femmes nues. C'est pourquoi, aux États-Unis, les hommes paient pour voir les *gogo girls* danser devant eux. C'est pourquoi les shows télévisés montrent toujours de belles danseuses, parées de plumes et de strass, qui laissent entrevoir ou deviner leur corps nu. L'homme a besoin de voir le corps féminin, de se nourrir de sa beauté, tout comme la femme a besoin d'être courtisée, tout comme elle a besoin de l'attention et de l'admiration de l'homme.

Le développement d'un rapport amoureux suit, pour l'homme, la découverte progressive et émerveillée de la beauté d'une femme en particulier, la sienne le plus souvent. La beauté n'apparaît jamais dans sa totalité au début d'une relation. Les hommes se retournent sur elle en pleine rue. Les femmes même la reconnaissent ; elles sont, comme nous l'avons vu, beaucoup plus habiles à évaluer l'aspect esthétique de la beauté féminine, et savent en saisir toute la terrible puissance. Les belles femmes sont fières de leur beauté et jalouses lorsqu'elles croisent une femme plus belle encore ou plus élégante.

L'admiration qu'un homme peut manifester pour la beauté d'une femme à peine entrevue est en général éphémère. Le regard érotique est aussi facilement excitable que prompt à disparaître. Le plus souvent, les hommes ne sont pas très profondément touchés et troublés par la beauté particulière d'une femme. Ils savent en faire compliment, bien sûr, mais il leur faut le prétexte d'un beau vêtement, d'une coiffure originale, ou de la gentillesse de telle ou telle femme. C'est au fil du développement du rapport érotique que l'homme découvre, chez une femme, le trouble provoqué par sa beauté. Il sait voir soudain ce qu'il n'avait pas aperçu tout d'abord. C'est une véritable émotion poétique qui lui arrache un cri d'émerveillement et de reconnaissance. Dans l'amour, le miracle se répète une seconde fois, puis une troisième, et chaque rencontre révèle un détail nouveau, toujours différent, donnant à l'homme l'occasion de faire la déconcertante expérience de la perfection. La femme aussi éprouve cette sorte d'émotion lorsqu'elle regarde celui qu'elle aime, mais l'expérience de l'homme est plus violente. Elle s'apparente à l'émerveillement reconnaissant de la mère qui regarde, fascinée, son enfant de deux ans. Il faut dire aussi que pour les hommes, la beauté de la femme aimée a toujours été rapprochée de celle des enfants : elle suscite la même tendresse, voire même un sentiment douloureux.

2. La femme a, elle aussi, besoin de temps pour connaître celui qu'elle aime et pour se donner à lui. Lorsqu'elle tombe amoureuse à l'improviste, elle se sent attirée par tel homme et veut rester avec lui mais, en même temps, elle en est stupéfaite. Ses sensations l'étonnent. Tout se passe comme si l'homme avait fracturé la porte de sa maison et était entré de force, sans être attendu, mais néanmoins bienvenu. Elle éprouve de la reconnaissance à son égard, mais elle ne le conduit pas tout de suite dans les multiples salles de son corps et de son âme. Elle reste auprès de lui dans une pièce, sous le charme ; elle a besoin de temps pour l'emmener ailleurs et pour lui dévoiler les potentialités de son corps. Elle va jusqu'à feindre de ne

disposer que de quelques chambres, même si, au fond, elle souhaite l'entraîner dans chacune, et même si elle ignore, au juste, combien elle en possède. Pour s'engager dans ce voyage, la femme se met à l'écoute du plus petit battement de cœur de l'homme, de la pulsion la plus ténue. Elle s'accorde à toutes les nuances, avant, pendant, et après l'acte sexuel. L'homme, nous l'avons vu, est surpris par les métamorphoses de la femme : il la voit tout d'abord vêtue, distante et coupée de lui, ensuite abandonnée, nue et frémissante. La femme, quant à elle, est étonnée par les métamorphoses du sexe de l'homme — de petite taille, il grossit jusqu'à devenir énorme et perd jusqu'au souvenir de son aspect initial ; elle est incapable de se rappeler sa forme érigée lorsqu'il est au repos. Cet oubli, et son étonnement devant la métamorphose, lui donnent envie de le caresser longuement. Elle aime son amant mais elle n'est jamais sûre de voir encore une fois se renouveler le miracle. La surprise causée par l'érection devient presque de l'effroi, une sensation d'étouffement, lorsque c'est sa bouche qui s'en fait l'artisan et qu'elle sent le sexe grossir entre ses lèvres. Cet émerveillement est celui de la création, car c'est la femme elle-même qui est l'auteur de la métamorphose de la matière. L'enchantement ne faiblit pas tant que dure l'amour.

La femme n'est pas surprise par le seul miracle de l'érection ; son désir d'embrasser le corps de l'homme tout entier, à l'intérieur comme à l'extérieur, la suffoque, elle voudrait embrasser tous ses organes, naviguer dans ses fluides, en éprouver la chaleur mouillée, en respirer l'odeur, se cacher dans un repli du corps. Un nouveau miracle s'accomplit lorsque le corps de son amant s'abandonne et s'offre entre ses mains, entre ses bras, et qu'il ne cherche pas seulement à se glisser entre ses jambes pour la pénétrer en hâte et avec rage, l'écrasant sous lui et lui coupant le souffle dans sa frénésie pour atteindre l'orgasme.

Dans ce cas, c'est elle qui devient l'objet à prendre, l'objet maudit, le vagin d'où tirer du plaisir et qu'on abandonne ensuite, une fois le but atteint. L'homme ignore que plus il prend la femme avec violence, plus il se jette sur elle, plus il veut se saisir de cet objet maudit, et plus la femme se contracte, plus elle se défend. Son esprit se retire en lui-même, son vagin se referme, elle se sent déchirée. Alors elle hait cet homme et sa force, son obstination à la prendre, sa rage d'extorquer du plaisir sans savoir en donner en retour. Elle hait cet homme, mais elle se hait elle-même, elle se méprise d'avoir accepté un rapport sans désir. Parfois, pour surmonter sa colère et son dégoût, elle s'impose de ravaler sa répulsion et se laisse faire. Elle accepte passivement, en espérant que les choses aillent très vite ; elle est même prête à dispenser quelques caresses et à répéter quelques mots suggestifs pour accélérer la fin.

Tout se passe différemment si elle aime et si elle est aimée, si l'homme la paie de retour. Alors se réalise ce qu'elle recherche chaque fois : leurs corps se fondent en harmonie ; l'homme ne la prend ni avec force ni avec rage ; il ne l'écrase pas sous son poids ; il est attentif à sa fragilité ; il ne l'empêche pas de respirer bien qu'il la serre contre lui ; il s'adapte à son rythme, son corps se fait doux et ses gestes souples. Elle-même est comme une fleur délicate et généreuse. Il lui semble que les bras de celui qu'elle aime et son corps à elle se fondent en une seule et même substance tout à la fois solide et fluide. Et c'est cette fluidité du corps de l'homme qui lui permet de se détendre, de s'offrir, de faire vibrer son corps, de l'envelopper sans le contraindre.

Tandis que le corps de l'homme passe d'une phase de grande énergie à un état de relaxation totale après l'orgasme, celui de la femme vibre entre deux polarités semblables : l'une définie par une énergie colossale et une très grande force physique, l'autre par un éclat de faiblesse et de fragilité infinies, qui lui fait peur en même temps qu'il l'attire. Elle sait qu'elle peut donner à celui qu'elle aime le meilleur d'elle-même. Lorsqu'elle s'abandonne, tout son sexe — qu'elle perçoit comme formé de trois parties distinctes — devient un seul et vaste espace constitué, non plus de substances souples, mais d'essences fluides. C'est l'équivalent de l'éjaculation masculine dans laquelle l'homme se dissout en un fluide. Mais cette dissolution est très brève pour lui alors que pour la femme, le flux paraît provenir de l'esprit et s'animer d'un orgasme continu. Le cerveau est alors incapable de donner l'impulsion nerveuse qui commanderait aux trois régions du sexe féminin de se séparer, à la porte de se refermer. C'est l'état d'excitation dans lequel se trouve le corps qui la rend fragile, l'état de vibration fluide dans lequel il glisse. La femme veut être tenue embrassée car elle se sent chavirer, mais les bras de l'homme doivent être accueillants comme l'eau. Elle sent son esprit planer : elle perçoit son corps comme séparé d'elle-même et n'a plus de contrôle sur lui ; il flotte dans des substances liquides comme s'il était lui-même liquéfié. Elle éprouve une émotion mêlée d'effroi, comme si elle marchait sur un fil et qu'elle pouvait à tout instant tomber dans l'abîme, tout en laissant son corps suspendu au-dessus du vide. Elle est toute hors de soi. C'est l'extase en même temps qu'une façon d'étreindre l'âme de celui qu'elle aime, de la connaître dans son essence car, au même instant, il est lui aussi entraîné en un lieu où il ne peut plus mentir. Il n'y a pas de langage plus sincère que celui du corps amoureux.

3. Il existe des moments privilégiés dans l'expérience, la connaissance de l'autre et le rapport à l'autre, où l'homme parvient à entrevoir la nature de l'érotisme féminin, des moments où, à travers la femme, il atteint à l'universel, à une essence de la sienne mais qui lui est transparente. Envahi par l'érotisme féminin, il peut alors sentir la féminité dans sa différence absolue et dans toute sa spécificité, non pas en tant qu'idée abstraite mais en tant que corps, sens, émotions. Il saisit la nature de l'étreinte féminine et de son amour, et il en est surpris et bouleversé. Il ne pense plus en termes de « femme » mais de « femelle », et il en comprend toute la valeur : car cette différence irremplaçable, unique et précieuse, est une valeur. Il sent, entre ses bras, que c'est la femme, au plus profond, qui l'aime. Il comprend l'amour érotique qu'elle lui porte à travers le corps moite, tendu et vibrant qui se plaque contre le sien, à travers la douceur infinie du sein qui le caresse, à travers le vagin qui s'ouvre comme une orchidée emperlée de rosée pour l'accueillir, à travers l'utérus qui se porte à la rencontre de son sexe dans un baiser de bienvenue. Il sent que la féminité consiste en une suite de portes qui s'ouvrent pour lui, pour l'accueillir toujours plus loin,

plus intimement, plus amoureusement. Et cette ouverture dans l'ouverture est un accueil d'amour chaque fois plus profond et plus total. Il voit et il comprend le sens du visage empourpré, des lèvres fraîches, du corps soudé au sien dans une étreinte qui ne veut pas se défaire, de la peau parcourue de frémissements et qui palpite au plus léger contact. Il sait que telle est la forme de l'amour que la femme a pour lui.

4. Puis viennent les instants où, contemplant le corps de la femme, souvent un détail — les épaules, la courbe d'un sein, la forme de la bouche, la ligne de l'œil —, l'homme voudrait *arrêter le temps*. Il voudrait que cette beauté divine, cette perfection ne disparaissent jamais à ses yeux. Aucun mythe d'Orient ou d'Occident ne raconte ce désir de beauté et d'éternité. Les mystiques orientaux tendent à transcender le désir et la beauté. En Occident, la béatitude a toujours été recherchée en Dieu. Goethe a parlé du besoin continu de transcendance de l'être humain qui souffre de ne pouvoir ordonner : « Instant, arrête-toi, tu es beau. » Nombreux sont ceux qui, comme Lacan, écrivant sur l'amour, ont souligné le fait qu'il est toujours « pas encore ». Pourtant, une telle expérience est possible et constitue, peut-être, le summum du bonheur érotique, car alors il n'y a plus ni passion, ni désir d'autre chose, ni attente. Nous tenons l'objet du désir entre nos bras, nous l'avons sous nos yeux. Nous voyons et percevons la perfection de l'instant. Il devrait donc se trouver un mythe dans lequel l'homme demanderait à Zeus de satisfaire ce désir : « Fais que les choses restent telles qu'elles sont en cet instant, sans rien changer, pour l'éternité. Fais que, pour l'éternité, je puisse contempler cette beauté douloureuse. Douloureuse parce que éphémère et que le temps va engloutir. Je voudrais la garder. Je voudrais ne jamais rien voir d'autre. Je voudrais ne pas éprouver d'autres sentiments que celui-là. Telle est l'éternité que je te demande. Telle est la béatitude que je te conjure de m'accorder. »

La femme vit, elle aussi, ce type d'expérience mais il ne se fonde pas sur la vue comme pour l'homme. Ce n'est pas un détail de son corps qui la fascine, mais une sensation physique, une odeur, un son, un regard amoureux. Lorsque, souvent, la femme prétend que le rapport sexuel n'est pas nécessaire pour vivre l'amour le plus intense, c'est à cette sorte d'expérience, plus profonde que l'orgasme le plus violent, et qui comble son cœur et son esprit, qu'elle fait référence. « Je voudrais que tu ne me quittes jamais. Je voudrais te garder toujours ainsi contre moi », tels sont les mots que la femme prononce ; son besoin de continuité et de contiguïté y rencontre celui d'arrêter le temps, pour l'homme. Ces deux expériences n'en forment peut-être qu'une seule, quoique les termes pour les décrire diffèrent. Pour l'homme comme pour la femme, l'érotisme de ces instants d'éternité va au-delà du sexe. La sexualité est toujours un acte qui se déroule dans le temps, mais l'aspiration profonde, le lieu même de la rencontre érotique, se situe dans une contemplation extatique et hors du temps.

31 1. Faut-il tirer des conclusions ?

L'érotisme féminin tend vers une structure continue, cyclique, récurrente, comme la musique
orientale qui n'a ni commencement ni fin, ou comme un
morceau de jazz constitué d'innombrables variations sans
rupture brutale, sans l'irruption d'une différence radicale.
L'érotisme masculin tend au contraire au discontinu, à la
révélation de la différence, à la nouveauté. L'homme est
touché, en chaque femme, par la différence. Les mille
femmes qu'il voit sur la plage, en maillot de bain, grandes
ou petites, maigres ou rondes, avec une poitrine généreuse
ou de petits seins pointus, au ventre musclé ou tout en
douceur, peuvent toutes susciter son intérêt et son désir ;
et cela précisément parce que ces différences font entrevoir des plaisirs différents, pas encore éprouvés. Chaque
nouvelle rencontre, chaque nouvelle femme est, pour
l'homme, une révélation : au fond de lui, l'homme s'attend
toujours à se voir révéler quelque chose de totalement
nouveau.

Il arrive que ces deux types d'érotisme se rencontrent
et c'est alors qu'apparaît le véritable et grand érotisme.
L'homme et la femme font chacun exactement ce qu'ils
aiment et, ce faisant, ils se donnent un plaisir réciproque.
Il ne faut pas considérer l'érotisme en termes d'échange :
l'un concéderait quelque chose à l'autre dans le but d'en
retirer du plaisir. L'art érotique n'est pas l'art de donner
du plaisir pour en recevoir en retour. L'érotisme sublime
est tout à la fois expansion de son propre érotisme et identification avec l'érotisme de l'autre, capacité à se l'incorporer. Chacune de ces deux formes d'érotisme, prise
isolément, est incomplète. Livrée à elle-même, poussée à

257

l'extrême, elle finirait par s'appauvrir jusqu'à disparaître. Si la femme s'abandonne à son instinct, elle perd le pouvoir de distinguer l'érotisme sexuel d'autres formes de plaisir différentes ; elle perd littéralement ses possibilités érotiques. Il en va de même pour l'homme. Le don Juan obsédé par la recherche de la différence en chaque femme ne parvient plus à en goûter le plaisir profond.

Le vrai, le grand érotisme, est celui qui se réalise dans la relation érotico-amoureuse individuelle entre une femme et un homme. Chacun la nourrit d'un apport unique et irremplaçable : la femme de la continuité, de son désir d'union, du contact, de la durée ; l'homme du besoin de la différence, de la nouveauté, de la révélation ; la femme de la recherche d'une perfection dans la fusion ; l'homme de la recherche dans la découverte et dans la différence. Et lorsque ces deux pouvoirs se rejoignent, la continuité demeure, mais syncopée, intermittente. Pour exister, elle doit se reprendre, renouer ses fils, accepter de se renouveler. La différence aussi demeure, mais elle est à rechercher dans une même personne par la démultiplication des capacités sensorielles, perceptives et intellectuelles.

La femme ne s'abandonne pas au rythme monocorde et obsédant de sa propre musique érotique : elle s'identifie à l'homme, elle partage ses exigences, elle se comporte comme lui ; elle regarde le corps de l'homme comme lui-même regarde le sien, sans honte ; elle en admire le détail comme il le fait pour elle ; elle fait sien l'étonnement de l'homme à la vue de son corps à elle. Mais elle le fait suivant ses propres rythmes, lents et indéfiniment repris ; elle le fait avec toute la richesse de sa sensualité de femme ouverte aux odeurs, aux saveurs et aux sons. La femme qui aime érotiquement peut rester des heures contre le corps nu de son amant, à écouter son cœur battre, à l'écouter respirer, ronfler. Elle peut rester des heures à le contempler, à le caresser, à toucher sa peau, à respirer son odeur. Le réveil de l'homme, son activité, peut venir troubler cette paix mais elle peut aussi, tout à la fois, être une remise en œuvre. Le voilà disponible à nouveau ; le pénis de l'homme durcit entre les doigts qui le caressent. Et elle sait qu'elle est l'artisan de ce prodige, que l'érection de son amant n'est pas involontaire. Lorsqu'elle l'accueille en elle, elle le garde, gonflé de son désir, et le plaisir qu'elle éprouve est celui d'une femme comblée par le sexe d'un homme en même temps que le plaisir de son désir à lui, pour elle. Elle sait, elle sent qu'il aime être ainsi en elle. Et c'est son érotisme à elle, son érotisme continu, qui lui a donné, à lui, cette longue, cette interminable érection. De même que c'est son érotisme à elle, son érotisme continu, qui conduit l'homme à désirer l'infinitude de l'amour.

C'est le même homme qui la surprend quand il change soudain de position, quand il s'éloigne, quand il la regarde, sous le charme, quand il l'entrouvre avec douceur et, attendu et inattendu, quand il entre en elle et lui impose son rythme à lui, quand, à son tour, il exige et se donne, toujours imprévisible.

Le grand érotisme n'est possible qu'entre un homme et une femme qui portent à son extrême ce qui est spécifique de l'érotisme de l'un et de l'autre. Alors, seulement, s'enchaîne la succession des révélations. Alors, seulement, survient la lente apparition de quelque chose de neuf. Ce que, dans un précédent chapitre, j'ai appelé le *plus*. La femme ne saurait le découvrir sans l'homme : seule, elle ne trouverait qu'une extase prolongée, cyclique, récurrente. L'homme ne saurait le découvrir sans la femme : seul, il ne trouverait que la diversité. Le *plus* est la révélation du nouveau dans le continu, dans ce qui est déjà là. Le nouveau est alors apport et enrichissement. Seul ce qui existe, ce qui vit dans la durée et la continuité, peut prendre de l'extension. Mais seul ce qui est discontinu peut être confronté, comparé, enregistré dans la mémoire. C'est l'union du continu et du discontinu qui crée l'identité, et donc la possibilité de croissance, la tension vers le haut, vers la perfection.

Table des matières

Préface 5

Différences 7

Le rêve de la femme 23

Le rêve de l'homme 61

Promiscuité 111

Objets d'amour 147

Contradictions 205

Convergences 231

DANS LA MÊME COLLECTION

FRANCESCO ALBERONI
Le choc amoureux

BERNARD ALLIOT
L'adieu à Kouriline

JEAN ANGLADE
La bonne rosée
Le parrain de cendre
Les permissions de mai
Une pomme oubliée
Le tilleul du soir
Le tour de doigt
Qui t'a fait prince ?
Les ventres jaunes
Le voleur de coloquintes

MARIE-PAULE ARMAND
La courée
La courée 2

GEORGES ARNAUD
Le salaire de la peur

GEORGE J. ARNAUD
Les moulins à nuages

EMMANUELLE ARSAN
Emmanuelle

ARTHUR
Mon école buissonnière

SUSAN AZADI
Fugitive

PHILIPPE DE BALEINE
Les éléphants roses de
  Bangkok
Le petit train de la brousse
Le nouveau voyage sur le
  petit train de la brousse
Voyage espiègle et romanes-
  que sur le petit train du
  Congo

BETTE BAO LORD
Une mosaïque chinoise

MICHEL BAR-ZOHAR
L'espionne du diable

RENÉ BARJAVEL
Les chemins de Katmandou
Les dames à la licorne
Le grand secret
La nuit des temps
Une rose au paradis

MICHEL BATAILLE
L'arbre de Noël

LAURENT BECCARIA
Hélie de Saint Marc

PIERRE BELLEMARE
Les crimes passionnels
  (2 tomes)
Nuits d'angoisse (2 tomes)
La peur derrière la porte
  (2 tomes)

ISI BELLER
Le feu sacré

AÏCHA BENAÏSSA/
 SOPHIE PONCHELET
Née en France

ERWAN BERGOT
Les 170 jours de Diên Biên
 Phû

PATRICK BESSON/
 DANIÈLE THOMPSON
La boum

JANINE BOISSARD
Les trois amours de
 Napoléon

GENEVIÈVE BON
La poupée du loup
La saison des bals

GILBERT BORDES
Le roi en son moulin

ROGER BORNICHE
Borniche story
La cible
La filière
Kidnapping

NANCY BOSSON
Maîtresse détresse

HUGUETTE BOUCHARDEAU
George Sand
Rose Noël

PIERRE BOULLE
La baleine des Malouines
Contes de l'absurde
L'épreuve des hommes
 blancs
Un métier de seigneur
La planète des singes
Le pont de la rivière Kwaï
Le sacrilège malais

OLIVIER BOURGOIS
La chambre d'Icare

PHILIPPE BOUVARD
Contribuables, mes frères

JEAN-DENIS BREDIN
L'affaire

J.-D. BRIERRE/
 M. FANTONI
Johnny Hallyday

ANDRÉ CASTELOT
Talleyrand

ÈVE DE CASTRO
Les bâtards du soleil
La Galigaï

ANTOINE DE CAUNES
C'est bon mais c'est chaud

CAVANNA
Maman au secours !

JACQUES CELLARD
Les petites marchandes de
 plaisir

Isi Beaati
Le Torrent

SACHA BRNARSA
SOPHIE POCHETTE
Mie ch France

ERWAN BERGOT
Les 170 jours de Dien Bien
Phu

PATRICK BESSON
DANIÈLE THOMPSON
La boum

JANINE BOISSARD
Les trois amours de
Napoléon

GENEVIÈVE DON
La poupée du loup
La saison des bals

GILBERT BORDES
Le roi en son moulin

ROGER BORNICHE
Flic story
La cible
La filière
Kidnapping

NANCY BOSON
Maîtresse dresse

HUGUETTE BOUCHARDEAU
George Sand
Rose Noël

PIERRE BELLEMARE
La baleine des Tuileries
Contes de l'abattoir
L'aventure des hommes
blanc
Un métier de seigneur
La planète des singes
Le bout de la table Kwaï
Le meilleur matin

OLIVIER BOURGEOIS
La chambre d'Icare

PHILIPPE BOUVARD
Contribuables, mes frères

JEAN-DENIS BREDIN
L'affaire

J.-D. BELPEUX,
M. PANTONI
Johnny Hallyday

ANDRÉ CASTELOT
Talleyrand

IVE DE CASTRO
Les brûlés du soleil
La Galigaï

ANTOINE DE CAUNES
C'est bon mais c'est chaud

CAVANNA
Maman au secours !

JACQUES CELLARD
Les petites marchandes de
plaisir

FRANÇOIS CÉRÉSA
La Vénus aux fleurs

GILBERT CESBRON
Il est minuit, Docteur
  Schweitzer

JEAN CHALON
Chère Marie-Antoinette
Le lumineux destin
  d'Alexandra David-Néel
Les paradis provisoires

SIMONE CHALON
L'enfance brisée
L'enfance retrouvée

**FRANÇOISE
  CHANDERNAGOR**
L'allée du roi

JUNG CHANG
Les cygnes sauvages

CHARLIE CHAPLIN
Ma vie

LOWELL CHARTERS
Cœur de tonnerre

JEAN-FRANÇOIS COATMEUR
Des croix sur la mer

JEAN-PIERRE COFFE
Le bon vivre
Le vrai vivre
Au secours le goût

COMTESSE DE PARIS
Blanche de Castille

JAMES F. COOPER
Le dernier des Mohicans

CLAUDE COUDERC
Les enfants de la violence
Mourir à dix ans

CLAUDE CHOURCHAY
Jean des Lointains

GEORGES COULONGES
La liberté sur la montagne

**JACQUES-YVES COUSTEAU/
  FRÉDÉRIC DUMAS**
Le monde du silence

CHARLELIE COUTURE
Les dragons en sucre

HENRI CROUZAT
Azizah de Niamkoko

MARIE-THÉRÈSE CUNY
La petite fille de Dar El Beida

MARIE-CHRISTINE D'WELLES
Folle... moi ?

PIERRE DAC
Les pensées

DALAÏ LAMA
Océan de sagesse

MICHEL DAMIEN
Raymond Pin, vingt ans
   dans la forêt

ALEXANDRA DAVID-NÉEL
Au pays des brigands
   gentilshommes
L'inde où j'ai vécu
Journal (2 tomes)
Le Lama aux cinq sagesses
Magie d'amour et magie
   noire
Mystiques et magiciens du
   Tibet
La puissance du néant
Le sortilège du mystère
Voyage d'une parisienne à
   Lhassa

MILES DAVIS
Autobiographie

DIDIER DECOIN
Béatrice en enfer
Il fait Dieu

JEAN FRANÇOIS DENIAU
La Désirade
L'empire nocturne
Un héros très discret

JEAN-PAUL DESPRATS
Le marquis des éperviers
Le camp des enfants de Dieu
Le secret des Bourbons

LILAS DESQUIRON
Les chemins de Loco-Miroir

RAYMOND DEVOS
À plus d'un titre

FRANÇOISE DOLTO
L'échec scolaire

FRANÇOISE DORIN
Va voir maman, papa
   travaille !

KIRK DOUGLAS
La danse avec le diable

LOUP DURAND
Daddy
Le jaguar

ADRIENNE DURAND TULLOU
Le pays des asphodèles

BORIS ELTSINE
Jusqu'au bout !

PHILIPPE ERLANGER
La reine Margot

GUILLAUME FABERT
Autoportrait en érection

**ALBERT FALCO/
   YVES PACCALET**
Capitaine de la Calypso

FATY
Mémoires d'une fouetteuse

**JEAN-LOUIS FESTJENS/
   PIERRE ANTILOGUS**
Le guide du jeune couple
Le guide du jeune père

DAVID FISHER
Ultime otage

LEONORE FLEISHER
Fisher King
Rain Man

JEAN-CHARLES DE FONTBRUNE
Nostradamus historien prophète

DIAN FOSSEY
Gorilles dans la brume

JEAN-PIERRE FOUCAULT
Est-ce que la mer est belle ?

DAN FRANCK/ JEAN VAUTRIN
La dame de Berlin
Le temps des cerises

PETER FREEBORN
Un homme sous influence

AVA GARDNER
Ava

CHARLES DE GAULLE
Mémoires de guerre (3 tomes)
Mémoires d'espoir

VIRGIL GHEORGHIU
La 25e heure
La vie de Mahomet

MEP GIES
Elle s'appelait Anne Frank

FRANÇOISE GIROUD
Alma Mahler
Jenny Marx

FRANÇOISE GIROUD/ GÜNTER GRASS
Écoutez-moi

ALMUDENA GRANDES
Les vies de Loulou

MICHEL DE GRÈCE
Le dernier sultan
L'envers du soleil
La femme sacrée
Le palais des larmes

LUANSHYA GREER
Bonne Espérance

JEAN GRÉMION
La planète des sourds

JOËLLE GUILLAIS
La Berthe

JAN GUILLOU
La fabrique de violence

SACHA GUITRY
Les femmes et l'amour

CAROLINE GUTTMAN
Le secret de Robert le Diable

MAREK HALTER
Argentina, Argentina
Le fou et les rois
La mémoire d'Abraham
Les fils d'Abraham
Un homme, un cri

JOSÉPHINE HART
Dangereuse

BILL HAYES
Midnight Express

JEANINE HENRY-SUCHET
La fontaine couverte

KATHARINE HEPBURN
Moi, histoire de ma vie

CATHERINE
   HERMARY-VIEILLE
Un amour fou

DAVID HEYMAN
Jackie

ALICE HOFFMAN
La ville qui avait peur
   d'une enfant

STEPHANE HOFFMANN
Château Bougon

JERRY HOPKINS/
   DANIEL SUGERMAN
Personne ne sortira d'ici
   vivant

THOMAS HOVING
L'affaire Vélasquez

CLAIRE HOY/
   VICTOR OSTROVSKY
Mossad

CHRISTOPHER HUDSON
La déchirure

NICOLAS HULOT
Les chemins de traverse

DENIS HUMBERT
La malvialle

JILL IRELAND
La brisure

SUSAN ISAACS
Une lueur dans la nuit

CHRISTIAN JACQ
Champollion l'Égyptien
Maître Hiram et le roi
   Salomon
Pour l'amour de Philae
La reine Soleil

JOHN JAKES
Nord et Sud (5 tomes)
California Saga (2 tomes)

ANNETTE KAHN
Robert et Jeanne

BRIGITTE KERNEL/
   ÉLIANE GIRARD
Les mecs

OLIVIER DE KERSAUSON
Fortune de mer
Mémoires salées
Vieil océan

MICHAEL KORDA
Les monstres sacrés

ROSELYNE LAELE
Marie du Fretma

JEAN-YVES LAFESSE
Les grandes impostures
  téléphoniques

FRANÇOISE LALANDE
Madame Rimbaud

ALEXANDRA LAPIERRE
L'absent

ÉRIC LAURENT
Tempête du désert

ÉRIC LAURENT/
  PIERRE SALINGER
La guerre du Golfe

MARIE LEBEY
Un ange en exil

ANDRÉ LEGAL
L'or des sables

CAPITAINE LEGORJUS
La morale et l'action

CHRISTIAN LEHMAN
La tribu

MARTY LEIMBACH
Le choix d'aimer

SERGE LENTZ
La stratégie du bouffon

MARIE-LAURE DE LÉOTARD
Nous les bourgeoises

IRA LEVIN
Sliver

MICHEL LÉVINE
La comtesse de Monte-Cristo

AGNÈS L'HERBIER
La vie aux trousses

BETTY JEAN LIFTON
Janusz Korczak : le roi des
  enfants

JEAN-MARIE LUSTIGER
Dieu merci, les droits de
  l'homme

JENNIFER LYNCH
Le journal secret de Laura
  Palmer

SAVADOR DE MADARIAGA
Christophe Colomb
Hernán Cortés

BETTY MAHMOODY
Jamais sans ma fille

MICHÈLE MANCEAUX
Le fils de mon fils

RAYMOND MARTIN
Souvenirs d'un médecin
  légiste

RONALD MARY
Tout ce que vous pouvez
  faire pour sauvegarder
  l'environnement

BRUNO MASURE
À pleins tubes
Le dictionnaire analphabé-
tique

SYLVIE MATHURIN
Le temps passe... le cœur
  reste

ROBERT MATTHIEU
Échec à la dictature fiscale
Le racket fiscal

JACQUES MAZEAU
De l'autre côé de la rivière

**RAYMONDE
  MÉNUGE-WACRENIER**
Zabelle

ROBERT MERLE
Fortune de France
En nos vertes années
Paris, ma bonne ville
Le prince que voilà
La violente amour
La pique du jour
Le jour ne se lève pas pour
  nous
L'idole

MAX MEYNIER
Quoi de neuf mon cœur ?

CLAUDE MICHELET
Cette terre est la vôtre
Edmond Michelet, mon père
J'ai choisi la terre
La grande muraille
Rocheflame
Une fois sept
Des grives aux loups
Les palombes ne passeront
  plus
L'appel des engoulevents

JAMES A. MICHENER
Alaska (2 tomes)
Caraïbes (2 tomes)

RACHID MIMOUNI
De la barbarie en général et de
  l'intégrisme en particulier

HUGUES DE MONTALEMBERT
À perte de vue

HUBERT MONTEILHET
Néropolis

**MARCEL MORIN/
  FRANÇOISE WISSEN**
La planète blanche

ELVIRE MURAIL
Bingo !

ANNIE MURAT
Le servan

ZANA MUSHEN
Vendues

JEAN-FRANÇOIS NAHMIAS
L'homme à la licorne

**GEORGES N'GUYEN
  VAN LOC**
Le Chinois

HAING N'GOR
Une odyssée cambodgienne

BESS NIELSEN/
  MARCO KOSKAS
L'étrangère

BRUNO OUACHEE
L'asticot

MICHEL PEISSEL
La Tibétaine

FRANÇOIS PÉRIER
Profession menteur

NATHALIE PERREAU
L'amour en soi

MICHEL PEYRAMAURE
La passion Béatrice

COLETTE PIAT
Adieu Moïse

BERNARD PIERRE
Ils ont conquis l'Himalaya

Le roman du Danube
Le roman du Mississipi
Le roman du Nil

BERNARD POUCHÈLE
L'étoile et le vagabond

MARIO PUZO
Le parrain

YANN QUEFFÉLEC
La femme sous l'horizon
Le maître des chimères
Prends garde au loup

NANCY REAGAN
À mon tour

FRANÇOISE RENAUDOT/
  MARCELLE ROUTIER
L'enfant né à la fin d'un
  monde

GEORGES RENAULT
La mort de Marie

GRISELIDIS REAL
Le passé imaginaire

FRANÇOISE REY
La femme de papier

JEAN-MICHEL RIBES
J'ai encore oublié Saint
  Louis

PIERRE RICHARD
Le petit blond dans un
  grand parc

VALÉRIE RODRIGUE
La peau à l'envers

NADINE DE ROTHSCHILD
Le bonheur de séduire,
  l'art de réussir

MARIE ROUANNET/
  HENRI JURQUET
Apollonie

FRANCIS RYCK/
  MARINA EDO
Les genoux cagneux

JOSEPH SAADE/
   FRÉDÉRIC BRUNNQUELL/
   FRÉDÉRIC COUDERC
Victime et bourreau

CAMILLE SAFERIS
La manuel des premières
   fois

THÉRÈSE DE SAINT-PHALLE
L'odeur de la poudre

SAN-ANTONIO
Béru Béru
Béru et ces dames
Les clés du pouvoir sont dans
   la boîte à gants
Les cons (2 tomes)
Faut-il tuer les petits garçons
   qui...
Histoire de France vue par
   San-Antonio
Le mari de Léon
La sexualité
Le standinge selon Bérurier
Un tueur kaput
Les vacances de Bérurier
La vieille qui marchait dans
   la mer
Y a-t-il un Français dans la
   salle ?

BÉATRICE SAUBIN
L'épreuve

NATHALIE SCHWEIGHOFFER
J'avais douze ans...

ÉDOUARD SCHURÉ
Les grands initiés

FANNY SEGUIN
L'arme à gauche

CLAUDE SEIGNOLLE
Le diable en sabots
La malvenue
Marie la Louve
La nuit des Halles

JACQUES SERGUINE
Cruelle Zélande

ALEX SHOUMATOFF
Qui a tué Chico Mendes ?

CHRISTIAN SIGNOL
Les amandiers fleurissaient
   rouge
Antonin, paysan des Causses
Les cailloux bleus
Les chemins d'étoiles
Marie des brebis
Les menthes sauvages
La rivière Espérance
Le royaume du fleuve

MITCHELL SMITH
La cité des pierres

WILBUR SMITH
Au péril de la mer
Le léopard chasse la nuit
L'œil du tigre
L'oiseau de soleil

ANDRÉ SOUSSAN
Octobre II

JOSEPH ZÁADIN
FRÉDÉRIK TRISTAN
Vagina et bouteau

CAMILLE BAZBIN
Le manuel des premières
fois

THÉRÈSE DE SAINT-PHALLE
L'odeur de la poudre

SAN-ANTONIO
Béru Béru
Béru et ces dames
Les clés du pouvoir sont dans
la boîte à gants
Les cons (2 tomes)
Faut-il tuer les petits garçons
qui...
Histoire de France vue par San-Antonio
Le standing selon Bérurier
Un truc kaput
Les vacances de Bérurier
La vieille qui marchait dans la mer
Y a-t-il un Français dans la salle?

BÉATRICE SAMBO
L'épreuve

NATHALIE SCHWEIGHOFFER
J'avais douze ans...

EDOUARD SCHURÉ
Les grands initiés

FANNY SIDNEY
L'une à petite

CLAUDE SEIGNOLLE
Le diable en sabots
La malvenue
Marie, la louve
La mort des Halles

JACQUES SPRINGER
Cruelle Zélande

ALEX SNOWMAN
Qui a tué Chloé Meades?

CHRISTIAN SIGNOL
Les amandiers fleurissaient rouge
Antonin, paysan du Causse
Les cailloux bleus
Les chemins d'étoiles
Marie des brebis
Les menthes sauvages
La rivière Espérance
Le royaume du fleuve

MORGAN SMITH
La clé des pierres

WILBUR SMITH
Au péril de la mer
Le léopard chasse la nuit
L'œil du tigre
L'oiseau de soleil

ANDRÉ SOUSSAN
Octobre II

CATHY CASH SPELLMAN
L'Irlandaise

BRAM STOCKER
Dracula

PAUL-LOUP SULITZER
Les riches (I)

HAROUN TAZIEFF
La terre va-t-elle cesser de
tourner ?

JEAN-PIERRE THIERRY
Bon appétit, messieurs !

JEAN-MICHEL THIBAUX
L'or du diable

ANDRÉ TILIEU
Brassens auprès de son arbre

DENIS TILLINAC
L'hôtel Kaolack
Maisons de famille
Un léger malentendu

CAROLINE TINÉ
L'immeuble

ALFRED TOMATIS
Les troubles scolaires

HENRI TROYAT
La clef de voûte
Faux jour
La fosse commune
Grandeur nature
Le jugement de Dieu
Le mort saisit le vif

Les semailles et les moissons
(5 tomes)
La tête sur les épaules

LÉON URIS
Exodus

ANNE VALLAEYS
Coup de bambou

VALÉRIE VALÈRE
Laisse pleurer la pluie sur
tes yeux

JEAN-MARC VARAUT
L'abominable docteur
Petiot

D. VARROD/C. PAGE
Goldman, portrait non
conformiste

JUNE CLARK VENDALL
La vie sauvage

FRANÇOISE VERNY
Le plus beau métier du
monde

**CHARLES VILLENEUVE/
PATRICE DE MERITENS**
Les masques du terrorisme

**RUDOLPH VRBA/
ALAN BESTIC**
Je me suis évadé d'Auschwitz

MIKA WALTARI
Les amants de Byzance

Jean le Pérégrin

KIM WOZENCRAFT
Rush

WRIGHT
Christina Onassis

XXX
Constance
Souvenirs d'une gamine
 effrontée

JACQUES ZELDE
Gribiche

Achevé d'imprimer en décembre 1995
sur les presses de l'Imprimerie Bussière
à Saint-Amand (Cher)

POCKET - 12, avenue d'Italie - 75627 Paris Cedex 13
Tél. : 44-16-05-00

— N° d'imp. 2902. —
Dépôt légal : avril 1994.
Imprimé en France